JN085380

# コミュニケーション場の
# メカニズムデザイン

谷口忠大・石川竜一郎 [編著]

中川智皓・蓮行・井之上直也・末長英里子・益井博史 [著]

慶應義塾大学出版会

### ▶「コミュニケーションをよくしたい！」

多人数で集まった時に私たちは語り始める。言語を用いたコミュニケーションは人類が得た進化上の産物である。私たちは言語的コミュニケーションにより情報共有や集団的意思決定を行い、社会や文明を形作ってきた。文明の進歩に伴って、コミュニケーションのあり方も変化してきた。スマートフォンを用いたSNS経由のコミュニケーションに、WEB会議。しかしスマートフォンやパソコンといったテクノロジーが介在したとしても、私たちがコミュニケーションをとおして一人ひとりの情報を引き出し、そして様々な意思決定につなげていることに変わりはない。むしろますますコミュニケーションの重要性は増している。

時代は情報化社会から知識創造社会へと進み、産業においては第三次産業であるサービス業の割合が圧倒的に多くなっている。インターネットや人工知能技術の進歩により、データサイエンス分野が注目され、農業や製造業といった第一次産業や第二次産業においてもデータや情報の意味が増している。自然とデータや情報の共有や統合、データや情報に基づく適切な議論の重要性も増す。情報には環境から物理的に計測されるものもあれば、人がその頭の中に持っている情報もある。人が持つ情報はコミュニケーションをとおして聞き出さなければ活用できない。

人と人とのコミュニケーションによって成り立つ経営やマネジメントの重要性は企業や自治体、学校や地域コミュニティといった様々な場所で以前から言われてきたことであるし、いかに高い技術力を持った製造業であっても、その経営意思決定に失敗してしまっては高い付加価値を生み出すことは期待できない。組織とて人間の集まりである。従業員一人ひとりの思いを十分に組み上げて動きを決めていかねば、そのうち従業員の貢献意欲は失われ、組織はその競争力を失うのだ。民主主義社会における国家

運営もまさにコミュニケーションの産物である。民主主義社会は様々な政策を議論し、国民の知識や思いを集約して、前進すべきなのだ。

これらのことはすべて、今の社会におけるコミュニケーションの重要性を物語っている。だからこそ私たちは「コミュニケーションをよくしたい！」と願うのである。

そんな「コミュニケーションをよくしたい！」という思いは現代社会において普遍的なものであろう。本書ではこの問題に対して「コミュニケーション場のメカニズムデザイン」という研究および実践のアプローチを紹介する。

横文字で「メカニズムデザイン」と言われると難しく思われて、顔をしかめる人もいるかもしれない。「メカニズムデザイン」は日本語では「制度設計」となる。制度設計という言葉は政治や行政の世界で馴染みのある言葉であろうし、会社やボランティア組織、家族といったより小さなコミュニティにおいても何らかの制度やルールを設計するということは身近な話としてある。例えば子どもがYouTube動画を見るのは一日30分まで、などというのもある意味では身近な制度設計だ。

経済学の分野においては、「メカニズムデザイン」という言葉はゲーム理論に基づき理論的に体系化された学問分野を指す。これは注目されている分野であり、近年では幾つもノーベル経済学賞が生まれている。本書で展開するコミュニケーション場のメカニズムデザインは経済学におけるメカニズムデザインから着想を得ながら、もう少し緩やかな「コミュニケーションをよくするためには、その場においてどんなルール作りをすればよいのだろう？」という問いを立てる。しばしば曖昧になりがちなコミュニケーション場の諸相を制度設計という視点から見ることで一本の筋をとおそうとする。

設計（デザイン）という言葉はそもそも「工学」的である。何かの機能を得るために私たちは何かを設計する。そこには確たる意思が存在するのが常だ。私たちはコミュニケーションを改善したい。だから何かを設計（デザイン）する。そこには当然にして幾つもの問いが生まれる。「どのように制度を設計すればよいのか？」「その制度は実際のコミュニケーション場

にどのような影響を与えるのか？」「ある効果を得るためにはどのような
ルールを導入すればよいのか？」などなどである。これらに答えるのが
「コミュニケーション場のメカニズムデザイン」の研究なのである。

## ▶本書の構成

　本書の構成を簡単に紹介しよう。まず第1章では序論としてコミュニ
ケーション場のメカニズムデザインとは何であるかについて簡単に説明し
たい。また本書をとおして重要となる、自律分散システムとしてコミュニ
ケーション場を見る視点について説明する。特にコミュニケーションの参
加者が持つ自己閉鎖性と自己決定性に関しては、全章をとおした前提条件
として理解したい。また本書独自の考え方であるメカニズムの設計変数と
いう概念も導入する。これは本書で紹介する様々なコミュニケーション場
のメカニズムを統一的に考える上での横串となる。

　本書前半となる第2章から第5章では事例編としてコミュニケーション
場のメカニズムとして四つの事例を取り上げたい。第2章ではビブリオバ
トルを主題とする。ビブリオバトルは本書の著者である谷口がコミュニ
ケーション場のメカニズムとして提案した書籍の紹介ゲームである。「人
を通して本を知る、本を通して人を知る」のキャッチフレーズと共に親し
まれ、多くの人々の参画を得ながら2010年代をとおして全国的な普及に
至った。書籍に関する情報を共有し、それぞれの参加者の人物や趣味、嗜
好、知識といった私的情報をコミュニティにおいて共有する機能を持つメ
カニズムである。その詳しい機能やメカニズムとしての性質を紹介する。

　第3章ではパーラメンタリーディベートを主題とする。パーラメンタ
リーディベートは議会制民主主義発祥の地であるイギリスにおいて、その
議会の議論を模倣してゲーム化されたものである。明確に政府と野党とい
う二項対立を作り、その二者間での討議をゲーム化している点に、コミュ
ニケーション場のメカニズムとしての特徴がある。また論理的対立構造を
メカニズムに埋め込むことにより、多面的な視点を抽出するという点も興
味深い。実践報告的側面も含めて紹介する。パーラメンタリーディベート
自体を紹介するというよりも、それをコミュニケーション場のメカニズム

として位置づけた時に、どのようなものが見えてくるかを明らかにしたい。

　第4章では演劇ワークショップを主題とする。特に直接民主制による意思決定を体験するアクティビティ型の演劇ワークショップである件の宣言を取り上げる。コミュニケーション場を改善すると言ったときに、コミュニケーションを行うのが人間であるという事実から、私たちは逃れられない。私たちが発話する際に、そこには少なからず表現の問題が関わってくる。ノンバーバルなものも含めて、である。ここに演劇的要素の一つが現れる。また私たちは常に組織や集団の中で社会的な役割を演じている。上司として部下として、顧客として業者として、先生として生徒として、親として子として……。この社会的な制約がコミュニケーションを硬直化させることが多くある。ここにもう一つの演劇的要素が現れる。この視点から演劇という要素を改めて明示的に捉え、この章において議論する。

　第5章では発話権取引を主題とする。発話権取引は会議における発話の不均等や、会議時間がだらだらと延びることを問題として考案されたコミュニケーション場のメカニズムである。発話権取引という名称からもわかるように、$CO_2$の排出権取引から示唆を受けており、その背景には経済学における市場メカニズムとの関連性が想定されている。そのような関連性も意識しつつ、会議の場に市場を見出すということの意味も説明する。

　本書後半となる第6章以降では理論編として事例を飛び越えて、コミュニケーション場のメカニズムデザインを分析する視点や支える情報技術についても説明していきたい。第6章ではゲーム理論を主題とする。先にも述べたようにコミュニケーション場のメカニズムデザインの「メカニズムデザイン」とは経済学やゲーム理論におけるメカニズムデザインから着想を得たものである。オークション理論やマッチング理論などゲーム理論には、多人数にまたがる情報集約に関するメカニズムの数理的な理論が既に存在しており、学術的にはそれを敷衍することで、コミュニケーション場のメカニズムデザインの数学理論に到達する道筋が考えられる。ゲーム理論の基礎からマッチング理論などまでを紹介しつつ、それらの数理モデルとコミュニケーション場のメカニズムデザインの接合点を論じたい。

第7章では議論のための言語処理技術を主題とする。先に述べたようにコミュニケーション場のメカニズムを発展させていくためには新たな情報技術が助けになることがしばしばある。またその一種である言語処理や音声認識といった人工知能技術の発展にコミュニケーション場のメカニズムが寄与する可能性もある。2010年代には深層学習（ディープラーニング）の躍進もあり、人工知能技術の一種である言語処理技術は大いに発展した。言語処理技術はコミュニケーション場の評価やフィードバック、またメカニズムを構成する要素としての活用が期待される。言語の総合的な意味理解は現代の人工知能技術にはまだまだ難易度の高い問題ではあるものの、議論評価の自動化などにおいても言語処理技術はコミュニケーション場のメカニズム研究において重要な位置を占めるものであろう。そこで第7章では議論の言語処理の現状と展望をまとめる。

　最後に、第8章はコミュニケーション場のシステム理論と銘打ち、これまでの議論をまとめる。紹介したコミュニケーション場のメカニズムの事例を改めて振り返りながら、コミュニケーション場とはどのような階層性をもつシステムであり、そこにおいてコミュニケーション場のメカニズムデザインはどのように位置づけられるのかを議論する。また研究者や学生がこの研究領域に参画し、実践や研究を行うためにどのような研究を行っていけばよいのかも議論する。さらにコミュニケーション場のメカニズムの設計原理と設計変数に関して整理を行う。最後に関連分野を紹介したい。

### ▶ 本書の読み方

　本書は様々な読者を想定している。本書の各章の関係を図（ix頁）に示す。特に第2章から第5章は事例ごとにトピックが分かれており、興味のある章から読んでもらってよいだろう。第6章のゲーム理論に関しては各事例を読んだ後に訪れていただけると、その中で触れられている事例に関しても理解しやすいだろう。第7章は比較的独立しているので、順序を気にせず読んでいただいても構わない。

　想定する様々な読者のイメージを、図の外側に示す。コミュニケーショ

ンを学ぶ学生や研究者および実践家には、第1章から順番に読んでもらうのがよいだろう。ビブリオバトルやディベート、演劇ワークショップに興味や経験のある読者にはその該当の章をまず読んでもらうと導入としてよいかもしれない。会社やサークルにおける議論を活性化させたいというようなニーズを持つ人は第5章の発話権取引に興味を持ってもらえるだろう。また経済学におけるメカニズムデザインという概念に馴染みのある人や、理論的議論に興味のある人は第6章から読んでもらってもよい。情報系出身の読者や人工知能 (AI) 技術に興味を持っている人は第7章から入ってもよいだろう。第8章はこれらを総括しつつ学術的な視点を与える。そのために若干議論が抽象的になると思われるので、第7章までで具体的なイメージを持ってから臨んで頂くのがよいかと思われる。

　さて「コミュニケーション」というと比較的柔らかなイメージがあるにもかかわらず、メカニズムだとか、システム論だとか、ゲーム理論だとか、言語処理だとか言われると、難しそうで読みすすめるのをためらわれる人もおられるかもしれない。また途中で現れてくる実証的な実験の報告や、数理的な記述に戸惑われる人もおられるかもしれない。しかし怖がらないでほしい。ビブリオバトルや演劇ワークショップを始め、扱う具体的な対象は身近で簡単なものばかりだ。さらに図を見てもらってもわかるように、本書の内容は学際的で多岐に渡り、そのすべてに詳しい人などまずいない。その意味では身近な内容から入っていただいて、まずは読める範囲で読み進めていただくのがよいのだろうと思う。もちろん最終的には読者のみなさんがすべての章を読んでいただいた上で、まとめにあたる第8章に到達していただき、「コミュニケーション場のメカニズムデザイン」の概念を理解してくださることを願っている。

　それでは「コミュニケーション場のメカニズムデザイン」を始めよう！

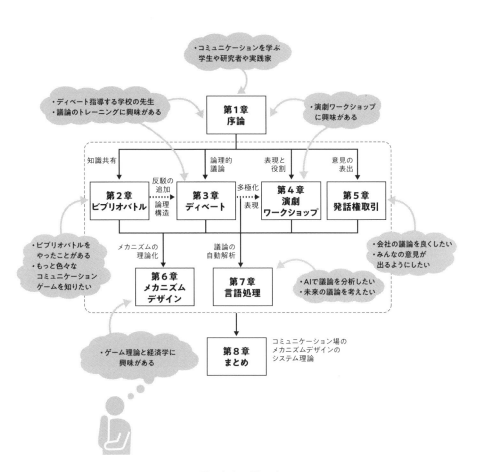

図：本書の読み方

# 目次

## 第1章 コミュニケーション場の メカニズムを始めよう！

## 第2章 ビブリオバトル
### ゲーム感覚で知識に出会う

第
3
章

# ディベート
## ルールに基づく討論のメカニズム

中川智皓　55

# コミュニケーションの言語処理
## 人工知能による議論の支援

井之上直也　197

# コミュニケーション場のシステム理論
## 論点整理と課題

谷口忠大　231

# コミュニケーション場の メカニズムをはじめよう！

### 谷口忠大

## はじめに

▶ **コミュニケーション場のメカニズムデザインってなんですか？**

　「コミュニケーション場のメカニズムデザイン」は社会におけるコミュニケーションを改善していくための研究開発および技術開発のアプローチである。ここで言うコミュニケーションには会議における議論から、コミュニティにおいて好きな本を紹介しあうような場、ただ雑談を重ねて近況報告をしあうような場までを含む。

　メカニズムデザインにおけるメカニズムとは「制度」のことであり、デザインは「設計」のことである。それゆえに平易な日本語に置き換えれば「コミュニケーションする場を運営するための制度」がコミュニケーション場のメカニズムであり、それを設計することがコミュニケーション場のメカニズムデザインであると言えよう。

　自治体における住民参加、企業の中でのインフォーマルコミュニケーション、中学高校における英語教育など様々なところで、ルールを導入したコミュニケーションの場作りが展開され、注目されている。例えば、ビブリオバトル、パーラメンタリーディベート、件の宣言、発話権取引、ブレインストーミング、ワールドカフェ、オープンスペーステクノロジーなどがコミュニケーション場のメカニズムの例として挙げられる（谷口

1

2019)。これらは会議や情報共有といったコミュニケーションの場に、ゲームのような何らかのメカニズムを導入している。それぞれのルールに基づいてコミュニケーションの場を運営するという点においてこれらは共通している。

　様々なルール、ゲーム、ワークショップの運営技法はそれぞれ個別に進化してきた。これらに統一的な視点を与えることで、よりよいコミュニケーション場のメカニズムを創造し活用するための道を切り開きたい。それが、本書で語るコミュニケーション場のメカニズムデザインという研究アプローチの野心である。

## ▶ 情報を表出し統合する

　世の中はコミュニケーションに溢れている。仕事の会議に、サークルの幹事会での打ち合わせ、町内会の集まりに、PTAの役員会。よりプライベートなところでは友達との雑談に、家族での会話などなど。人々がそれぞれのコミュニケーション場に求める目的は様々だ。仕事の会議の場合は、皆でアイデアを出してその後に業務上の意思決定として議決する。それに加えて、会議では皆で共有しておきたいことを情報伝達したり、日々の活動で困ったことや問題がないかを情報収集したりもする。

　それぞれのコミュニケーション場において事前に設定された目的だけが、話し合いや会議の目的というわけではない。人々が集まった時に何気なく交わされる言葉から得られる気づきや、短期的な目的とは関係ない「あのアプリ便利だったよ」とか、「先週、A社の営業さん退職しちゃったらしいよ」といった、噂話か業務上の情報共有かわからない偶発的な会話さえも、回り回って私たちの業務や日々の活動に大きな影響を与えうる。社会や組織における情報の流れは合目的的なものだけでよいわけではない。様々な形でコミュニケーションの価値は生まれ、情報は流れ、解釈され、活用される。

　本書ではしばしば「コミュニケーションの場」や「コミュニケーション場」といったフレーズを用いるが、この言葉は広く素朴な意味で用いている。上で列挙したような会社の会議であったり、SNSのスレッドだった

り、公園での保護者同士の立ち話だったりがコミュニケーション場だ。人々が集まりコミュニケーションする時、そこにコミュニケーションの参加者が作り出す「場」が生じる。

　コミュニケーション場は、自律的なコミュニケーション主体である人々が何らかの集まり、議論、討議、話し合い等を行う場だ。それは空間的な概念のみならず、その状況を包み込む社会的なルールや、構成員に与えられた役割等を広く包含する概念である。

　「場」が「場所」とは異なる概念であることには注意しよう。「場所」は一般的に物理的もしくは情報的な空間的まとまりを表す。例えば会議室や公園、WEB掲示板はコミュニケーションを行うことができる場所であるが、そこに人が参画して会話を交わしていなければそこはコミュニケーション場にはならない。コミュニケーション場自体は、空間的な存在でも理念的な存在ではなく、むしろ言語的コミュニケーションが生じている現場そのものを指す。

　本書で問題とするのは、私たちはこのコミュニケーション場を制御し改善するために、コミュニケーション場というシステム全体をどう捉え、何をどのように設計すべきかということである。コミュニケーション場のメカニズムデザインは、このような問題に対して「工学」的発想を持ち込む。

### ▶ 工学的な技術開発と実証研究

　議論や話し合いは言語的コミュニケーションであるため、「人文科学的な研究対象であり、工学からは遠い」という印象を持たれるかもしれない。それゆえに技術開発と言われてもピンと来ないだろう。しかし、その無意識的な発想自体が、コミュニケーション場の改善を妨げてきた遠因であるとさえ思われる。工学とは狭義にはエネルギーや自然の利用を通じて便宜を得る技術一般のことを指し、機械工学や資源工学、生体工学などを含んだ幅広い分野である。物質やエネルギーを扱うモノの学問だというイメージがあるが、必ずしもそうとは限らない。教育工学や知識工学、交通工学などはモノではなく主にコトを対象とする学問もある。つまり「工

学」とは、広くは現実に問題を解決する方法の体系のことを指すのだ。

　「工学」という研究態度は必ずしも研究の対象が何であるかのみにより決定されるものではない。工学とはより望ましい状態、未だ存在していない状態、目指す成果を得るためにどのようにすれば良いかを追求する学問である。言語的コミュニケーションを行い、集団の構成員が持つ知識や思考を表出させ、それを統合し、意思決定に至る場を改善したい。そう考えて研究を積み上げるならば、対象が人間の集団であれ、それはやはり「工学」なのだ。

　ここで「技術」と「技能」という言葉の違いについて説明しておこう。技術とは何かを解決するために物事を扱ったり、処理したりする方法や手段を指し、これは知識として他者と共有しうるものである[1]。技能とは主に個人の経験を通じて獲得されるものである。ゆえに誰かが技能を会得したとしても、他者がその技能を直接活用することはできない。

　しばしば「コミュニケーション力を高める」などと言われ、コミュニケーションの問題を個々人の能力の問題に帰着させる考え方が喧伝されるが、これは「技能」に焦点を置いたアプローチである。これまでコミュニケーションの改善に関しては、司会の技能や参加者自身のコミュニケーションスキルといった「技能」にばかり注目が集まってきた。しかし、「技能」にのみ焦点を置いたアプローチでは、その成果を全国的に展開することが難しい。「技術」であれば他者に伝達することが可能であり、それを活用することで全国的に展開することも可能である。本書で語るコミュニケーション場のメカニズムデザインはコミュニケーション場を改善するための「技術」開発という立ち位置をとる[2]。コミュニケーション場の限界までの性能向上を目指して、工学的研究を展開しようとするのが本書の立場だ。

　コミュニケーションの研究というと自然に生じた会話の記録を分析しようとする場合が多い。これに対してコミュニケーション場のメカニズムデザインの研究では、制度設計という形で明示的にコミュニケーション場に影響を与え、その効果を観察し、分析することでより良いコミュニケーション場のメカニズムデザインを探求する。その意味で被験者実験に基づ

く実証的研究が積極的に行われる。本書の中では様々な実験結果も紹介されるだろう。一方で多人数のコミュニケーション場は複雑で様々な要因を含む。それゆえに実験に基づく帰納的な思考だけで、コミュニケーション場に内包される構造を明らかにすることはできない。理論的で演繹的な思考が必要である。それゆえにゲーム理論を中心とした数理的な議論もなされる。これらトップダウンとボトムアップのアプローチ両方をもって挟撃することが、コミュニケーション場のメカニズムデザインという学問には必要なのだ。

　コミュニケーション場に望ましい振る舞いをさせ、価値のある成果を生むために、どのような人工物を設計し、どのようにコミュニケーション場を制御するかというのは工学的な問いとなり得る。そしてその問いに対する一つの答えとして、本書で改めて概念構築を行い、その具体像を探求するのが「コミュニケーション場のメカニズムデザイン」である。


## 2. コミュニケーション場のメカニズムデザイン

### ▶化学工場(プラント)のようなコミュニケーション場

　参加者が情報を表出し統合するコミュニケーション場は何にたとえるとわかりやすいだろうか。ここでコミュニケーション場を、一つの化学工場(プラント)と見なしてみよう。図1に一つの記述的モデルを示す。そこには入力される要素と、プラント(化学工場など)に相当するコミュニケーション場、そして出力される要素が存在する。

　コミュニケーション場には資源が入力(投入)され、議論が行われた後に資源が出力(生産)される。入力の中で最も重要な資源は参加者である。この状況をあえてシステム科学や制御工学でなされるように数理モデル的な表現で書いてみよう。仮に$i$番目の参加者の状態を表す変数を$X_i$と置く。その要素としては、少なくとも、参加者の議論に関わるスキル$S_i$、議題に関わる知識$K_i$といったものが考えられる。知識には、大きく分けて個々人の願望に関する知識と事象に関する知識がある (川上 2017)。客観的

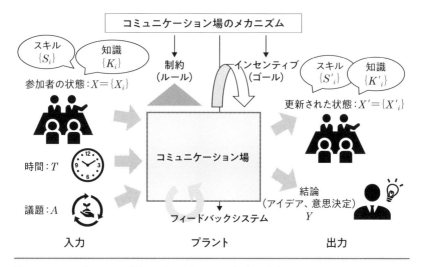

図1：コミュニケーション場のメカニズムとその入力と出力

注：谷口（2019）を元に作成。

な知識ではなく、組織の構成員たる参加者一人ひとりが何を望んでいるか
という主観的な知識もまた組織の意思決定には重要である。これに加え
て、時間$T$や、議題$A$といったものがコミュニケーション場へと投入さ
れる。

　このプラントの中で、各参加者は発言を行い、有機的な相互作用を行い
続ける。時にプラントの中で、コミュニケーションを通して誰かのアイデ
アと誰かのアイデアが化学反応を生み出す。

　プラントの中で人々の行動は、その場が持つ制約条件やインセンティ
ブ、フィードバックに影響を受ける。これらがコミュニケーション場のメ
カニズムの主たる構成要素である。マクゴニガルはゲームの4要素として
ゴール、ルール、フィードバック、自発的な参加を挙げている[3]（マクゴニ
ガル 2011）。これらにより構成されるメカニズムが、参加者の状態変数$X_i$
間の相互作用や発言内容、その時間発展に影響を与える。この間、各参加
者のコミュニケーション行動は、発言するにしろ、黙り込むにしろ、それ
らはそれぞれの参加者がそれぞれの考えに基づき、自ら意思決定した結果
である。その振る舞いは経済学的には合理的行動選択の帰結であると考え

ることもできるだろう[4]。時間が尽きる、全員が話し終わる、議題が尽きる、などの終了条件が満たされればプラントの中での化学反応——つまりコミュニケーション場での議論は終わるわけである。

　このプラントからの出力は大きく分けて2種類存在する。一つ目は議論の上で得られた結果、つまり、議決された議案や、出されたアイデアなどの形式知としての成果 $Y$ である。集団的意思決定の議論では、この出力に主たる焦点が置かれてきた。これに対して、二つ目は各参加者の内面に於ける変化である。コミュニケーション場での相互作用を終えた時に、その場に投入された参加者の状態は $X_i'$ へと変化する。知識やスキルも $K_i'$、$S_i'$ へと変化するであろう。世の中における議論では結論のみならず、議論を通して共有された知識や認識、または、その議論自体を通して高められる個々人の議論のスキルが重要となる場合も多い[5]。

　本節で導入したコミュニケーション場の記述的モデルは極めて一般性の高いものであり、$\{X_i, K_i, S_i\}$、$Y$ といった変数の設定に関してもコミュニケーション場のメカニズムデザインに関する議論を進める上では十分な表現力を持っていると考えている。本モデルは暫定的なものではある。しかしこれらの変数群や制約条件、インセンティブ、フィードバックといった要素の存在を念頭に置いて、様々なメカニズムを分類し、整理し、解釈し、議論を進めていくことは重要だ。

### ▶ 自律分散システムとしてのコミュニケーション場

　文献（谷口・須藤 2011）ではコミュニケーション場のメカニズムデザインを

> 参加者が自らの効用を最大化するように行動する結果、実りあるコミュニケーションがなされることによって目的がみたされるメカニズムを構築するという問題をたて、これに対する設計解を提案すること。

として定義している[6]。これは合理的意思決定主体を仮定した上で市場や制度を見て、その制度設計の質を論じる経済学の考え方に示唆を受けたものである。ミクロ経済学やゲーム理論は、人間集団の個体ごとの行動と、

その集団としての帰結を、各行動主体の自律的意思決定に基づいて論じる学問である。

　コミュニケーション場のメカニズムデザインの議論では、経済行動を主に問題とする経済学における議論をコミュニケーション場へと拡張し、言語的コミュニケーション行動を主たる対象とするコミュニケーション場の議論へと発展させようとするのである。

　コミュニケーション場には多くの参加者がいる[7]。私たちのコミュニケーション場を考える際に忘れてはいけない大前提は、私たち一人ひとりが自律的な存在だということだ。一人ひとりは誰かに制御される他律的な機械でもなく、自律的に意思決定する主体ということを意味している。一般的に多数の自律的な主体が存在し、それらがそれぞれに意思決定することで全体が成り立つ系を自律分散システムと呼ぶ[8]。

　この自律分散システムにおける自律的なコミュニケーション主体は二つの重要な特徴を持つ。一つは自己閉鎖性である。つまり「他人の頭の中は覗けない」ということ。もう一つは自己決定性である。つまり「やりたいことはやるが、やりたくないことはやらない」ということだ。

　まず自己閉鎖性であるが、「他人の頭の中は覗けない」というのはコミュニケーションの大原則である。相手が何も語らなければ相手が何を言いたいのかはわからないし、何を知っているのかもわからない。だからこそコミュニケーションが必要であり、語ることで情報を共有したり議論したりすることが重要なのである。これは私たちが黙っていては相手が何かを理解してくれることは期待できないことや、他者が語ってくれることなしに、私たちは他者から知識を得ることができないことを意味する。個々人の知識や認識は、外部から観測することが不可能な私的情報なのである。言語的コミュニケーションにおける諸問題の多くは「他人の頭の中は覗けない」という前提から生じる。

　次に自己決定性である。各主体は何かを話すにしろ話さないにしろ、自分がどうするかを自己決定する。自分が話したいことは話すし、話したくないことは話さない。外部から強制的に話させることは実のところしばしば困難である[9]。

　ここで北風と太陽の寓話を思い出そう。北風は風を強く吹かせることで旅人のコートを吹き飛ばそうとしたが、旅人はより強くコートを自らの身体に引き寄せ脱がなかった。太陽が暖かく照らしたところ、旅人は自ら意思決定を行い、コートを脱ぐのである。コミュニケーションにおける発話とは、この旅人のコートに他ならない。

　コミュニケーション場をよくしようとした時、そもそもコミュニケーション場において情報源となる参加者の発話は参加者の自己決定の元でのみ出力されるということを忘れてはならない。それゆえに自律的な主体としての参加者の動機やインセンティブ（誘因）に、私たちは注意を払うべきである。しばしば会議の場で運営側が「意見が出ない」と不満を口にすることがあるが、参加者の側からすると不用意な発言が会議参加者からの低評価を導いてしまうといったことや、そもそも皆が発言すると会議が果てしなく長くなってしまうからそれを避けたいというような負のインセンティブがその場に見出されている場合が多い。ゲーム理論的な言葉で言えば、自律的な主体としての各参加者の合理的意思決定の先の均衡として「意見が出ない」会議ができ上がっているのである。

　だからこそコミュニケーション場では、個々の参加者の発話行動を直接制御しようという視点ではなく、制約条件やインセンティブ（誘引）を設計することで個々の参加者の行動を促して、システム全体を望ましい方向に持っていこうとする視点が必要がある。このような制御を自律分散システムにおける周縁制御（もしくは間接制御）と呼ぶ。

　これは「北風と太陽」の寓話に沿えば、北風ではなくまさに太陽を目指せということだと言えよう。

### ▶議論の生産性向上

　コミュニケーション場のメカニズムはどのような目標に向けて改善されていくべきだろうか。図1は既にその指針を与えている。

　コミュニケーション場の成果は二つの出力によって特徴づけられる。それはコミュニケーション場において議論の結果得られた結論やアイデア（図中の$Y$）と、参加者全員の知識（$K$）やスキル（$S$）の変化である。議論の

結果得られた結論のみならず、その場を通した参加者の変化や成長にも焦点を置くのがコミュニケーション場のメカニズムデザインに関する議論の特徴である。前者を会議の生産性向上、後者をコミュニケーション場の持つ教育効果と呼んでもよいだろう。

　生産性とは一般的に、得られる出力の価値を投入する入力の量で割ったものであり、生産性が高いということは、より少ない入力でより多くの出力が得られるということを意味する。特にコミュニケーション場のメカニズムデザインにおけるコミュニケーション場の生産性は、労働生産性に近い。労働生産性とは労働力の1単位に対してどれだけの価値を産むことができたかを表す。つまりコミュニケーション場で言えば、1人の人間が1単位時間の間、議論に参加することが労働力の1単位である。コミュニケーション場ではできるだけ少ない時間で、参加者の持つ情報を集約し、より質の良い結論を生むことが望まれる。会議の生産性を高くするためには何が必要であろうか。

　まず、それぞれの参加者が自らの意見や知識を効率的に表出すること（効率的表出）が求められる。他の参加者の意見を否定することを禁止し、ひたすらアイデアを表出させようとするブレインストーミングはまさにこの点に集中したものだ。発話権取引は参加者からのバランスよい表出を目指している。

　発言の論理的な整合性も重要である。会議においては皆が好き勝手なことを言っても場は混乱し続けて、議論はどこにもたどり着かない。せめて議論はかみ合わないといけないし、堂々巡りは避けたい。意見にもなっていない詭弁（きべん）や、生産的でない屁理屈（へりくつ）や個人への人格攻撃なども避けたい。また主張を支持する根拠や追加説明は理路整然と述べられることが望ましく、それに対する反論もやはり明確になされることが望ましい。この意味で、各発言は論理的に噛み合っていること（論理的整合性）が求められる。これらが時間効率的になされた時に、会議はよりよい結論へと導かれ、会議の生産性は向上すると考えられる。

### ▶教育効果

　コミュニケーション場のメカニズムにより得られる教育効果にはどのようなものがあるだろうか。ここでは参加者全員の知識 $(K)$ やスキル $(S)$ の変化に分けて議論したい。

　私たちはしばしば話し合いを通じて「気付き」を得ることがある。これが知識 $(K)$ の変化である。ビブリオバトルに参加したあとに「そんな面白い本があったのか」や、日常の議論に参加したあとに「あの人はそういう部分にこだわっていたのか」「そういう考え方があるのか」などと知識状態を変化させることである。あらゆるコミュニケーション場は多かれ少なかれ、情報共有の側面を有している。コミュニケーション場の価値を考える時に、議論の結論ばかりに目を向けると、私たちの日常におけるコミュニケーションの重要な側面を見落とすことになってしまう。

　次にスキル $(S)$ の向上である。ビブリオバトルやパーラメンタリーディベート、件の宣言といったゲーム化されたコミュニケーション場のメカニズムには、コミュニケーションスキルの向上への期待がかけられることがしばしばある。論理的思考力や表現力の向上がその最たるものである。パーラメンタリーディベートは明確な主張とそれに対する反論を行うことをゲーム化することにより批判的精神に基づく論理的思考力を鍛えることが期待されている。また、ビブリオバトルがその機能の一つに「スピーチ力向上機能」を謳（うた）うように表現力の向上はコミュニケーション場のメカニズムにしばしばかけられる期待である。件の宣言は、元々、演劇ワークショップの一種として開発されたものであるが、演劇ワークショップはそれ自体が表現力の向上を目的の一つとしている。

　さてコミュニケーションにおいて、発話者による情報の表出の改善は会議の生産性を向上させる意味でも、教育効果の結果としても重要である。コミュニケーション教育目的で理想に近いコミュニケーションをメカニズムにより一時的に体験させることで、その教育効果を得ようとする場合がある。パーラメンタリーディベートにおける論理的な議論であったり、ビブリオバトルにおける自らの考えや思いの主張であったり、件の宣言における直接民主主義の体験であったりだ。この意味で、生産性を向上させる

にしても、教育効果を上げるにしても、メカニズムそのものが意見の表出の質を良くする仕組みを持っていることは重要となる。

意見の表出における質の良さとはどのような観点から論じられるべきだろうか。まずそれは内容と表現に分けられるであろう。

内容はきちんと自分の考えや知識を表出するかといった、実際に表現される対象に関わったものである。私たちが話し合いをしていると自分の考えを言うことなく黙りこくったり、色々と忖度<sup>そんたく</sup>して本来思っていることとは異なることを表出してしまったりすることがある。これが表出の内容に関わる部分である。表出される内容の関係性に関するものとして論理構造をあげておきたい。専門家の会話ならいざしらず、日常的な生活空間における会話では、話される内容に関してきちんとした論理的な関係性が維持されていることは稀といっても構わないだろう。「逆に〜」と言って話しだした意見が逆でもなんでもなかったり、「それで〜」といって話しだしたことが全く主題に関係のないことだったりする。また言い草が気に食わないからと反論した内容が、根拠に基づかず、論理的にも整合性のない感情論でしかない場合などもある。

一方で表現とは、レトリックを含んだ言い回しや、その抑揚や身振り手振りといったノンバーバルコミュニケーションをも含む表出の側面である。コミュニケーションにおける演劇的側面と言ってもよいかもしれない。表現に関する教育効果を得ることができるコミュニケーション場もまた、一つの目指されるべき設計のゴールだろう。


## 3. メカニズムの設計原理と設計変数

### ▶ 設計原理と設計変数

本書ではコミュニケーション場のメカニズムデザインという学問の構築に向けて、後の章を展開していく。そこでは様々な事例が紹介されるが、それらに横串を通し、統一的な視点を与えるために、ここではコミュニケーション場のメカニズムに対して設計原理と設計変数という二つの概念

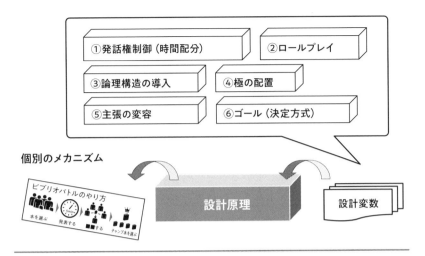

個別のメカニズム

ビブリオバトルのやり方

本を選ぶ　発表する　■■する　チャンプ本を選ぶ

設計原理

設計変数

図2：コミュニケーション場のメカニズムの設計原理と設計変数の初期リスト

を導入したい（谷口 2019）。

　コミュニケーション場のメカニズムをビブリオバトルやディベート、ブレインストーミングといった具体的なゲームそのものとするならば、「コミュニケーション場のメカニズムの設計原理」とは、そのさらに一段階上の上位概念──抽象的な存在である。

　この世の中に「コミュニケーション場のメカニズムの設計原理」という抽象的な法則が存在し、ビブリオバトルやパーラメンタリーディベートを始めとするコミュニケーション場のメカニズムが、たった一つの設計原理から生まれたと考えるのだ。すべてのコミュニケーション場のメカニズムを束ねる設計原理があったとしよう。その設計原理に様々な変数をセットすることで、ビブリオバトルやパーラメンタリーディベートといった具体的なコミュニケーション場のメカニズムの実体（インスタンス）が生成されると考えるのだ（図2参照）。この変数を本書ではメカニズムの設計変数と呼ぶことにする。

　もしこの一般的なメカニズムの設計原理なるものが見いだせれば、私たちはきっとよりよく各メカニズムを理解できるし、比較でき、また、それらの活用や改善の指針を得られるというわけである。また、対象系に合わ

せて新たなコミュニケーション場のメカニズムを構築することできるかもしれない。

　本書では、第2章から事例としてビブリオバトルやパーラメンタリーディベート、件の宣言や発話権取引といったメカニズムを紹介するが、これらはそれぞれ独立に開発されたメカニズムである。意識的に設計されたものもあれば、パーラメンタリーディベートのように歴史を通して徐々に形成されてきたものもある。しかし俯瞰的にあらためてこれらを眺めてみると、それらの間に類似している点を見出すこともできる。

　例えば、ビブリオバトルを2人の発表者で行った場合、それは「自分の紹介する本が面白いから読むべきだ！」と主張する政府側と、「対案としてこちらの本を読むべきだ！」と主張する野党側によるパーラメンタリーディベートに似てくる。しかし、そのように類似性に着目して二つのメカニズムを重ね合わせても、幾つかの差異が残る。パーラメンタリーディベートには主張のターンの後に反論が存在するが、ビブリオバトルでは他人のおすすめする本に対して反論する機会はない。発表の後のディスカッション時間においては、むしろ、他人の紹介本を否定するのではなく、「チャンプ本」を選ぶ参考になるような情報を引き出すことが奨励されている。この批判を避けるという点に関してはブレインストーミングに似ている。また、ビブリオバトルでは自分自身の意見、つまり、自分自身のおすすめする本を読むべしという意見を主張するが、パーラメンタリーディベートでは、賛成か反対かの立場を乱択によって選ぶ。これら二つのコミュニケーション場のメカニズムは異なる効果を目指しており、結果として異なるメカニズムが設計されているのだ。

　しかしビブリオバトルとパーラメンタリーディベートはそもそも異なる目的を持ったコミュニケーション場である。それゆえに異なる設計を行うことで、それぞれの目指す機能を実現しているという見方もできる。異なる設計——つまり、どのように対立構造の極配置をするのか、反駁の時間をどのように設定するのか、役割と人格をどのような手法で切り離すのかといったメカニズム設計上の「変数」を選択することにより、異なる機能を持った二つのコミュニケーション場のメカニズムが設計されたと考え

ることができる。

## ▶設計変数の初期リスト

　設計原理と設計変数を明らかにすることは、コミュニケーション場のメカニズムデザインの研究における究極的な目標であると言ってよい。

　その一方で、設計変数は様々なメカニズムを比較する軸として役立つ。ここでは筆者らが研究を通して得た設計変数の暫定的なリストを示し、次章以降で紹介する具体的なコミュニケーション場のメカニズムを比較検討する上での軸として活用したい。

①発話権制御（時間配分）：誰がどれだけ話すかを決定するルール。特定人物に発話が集中することを避け、参加者に情報を表出させる意味で重要である。ビブリオバトルではそれぞれの参加者の発話時間を事前に決定し、発話権取引ではルールに基づき動的に割り当てる。

②ロールプレイ：コミュニケーション場の外部における人間関係や立場等が発話を抑制してしまう現象があるが、これを緩和するために役（ロール）になりきるというロールプレイがしばしば導入される。心理的圧迫の緩和のみならず、視点を変えることで柔軟な発想や多様な意見の表出も期待される。パーラメンタリーディベートでは誰が政府で誰が野党かがランダムに決定され、その役割を演じることが求められる。

③論理構造の導入：それぞれの発言にはお互いに論理的な関係が存在する。反論や追加説明などである。このような論理的な関係が明確になるように、メカニズム自体に論理構造が導入されている場合がある。パーラメンタリーディベートでは反論を必ず入れる構造が事前に与えられており、その意味で議論の流れがわかりやすくなっている。

④極の配置：メカニズムにおいて主張が立てられる際に、その極を明示的に配置するメカニズムが存在する。パーラメンタリーディベートでは2極、件の宣言では4極、ビブリオバトルでは多極となる。

⑤主張の変容：コミュニケーションの過程による主張の変容を許容するかしないか。許容すれば広がりのある議論ができるが、個々の主張や論理

関係が混乱しやすくなる。パーラメンタリーディベートでは意図的にこれを抑止している。特にデザインを施さなければ、それぞれの参加者は議論の途中で自由に意見を変えられる。

⑥ゴール（決定方式）：ゲームにおけるゴールに相当。場のゲームとしてのゴールを明確化し、個々人の努力や意見表出を促す。コミュニケーション自体の目的と、ここでのゴールは決して同一ではないことに注意が必要である。

　これらの設計変数の詳細や、各メカニズムにおける実態やその機能に関しては、次章から記述する具体例の中で説明する。その後に、最終章にて再度整理することでコミュニケーション場のメカニズムの設計原理と設計変数に関わる全体像をあらためて俯瞰したい。

## ▶ コミュニケーション場の「ゲノム」を探す

　コミュニケーション場のメカニズムデザインの理論を探求することは、設計原理の存在を仮定し、設計変数を発見し、その設計変数の変化がもたらす機能を研究することに他ならない。

　本書で紹介する事例のみならず、コミュニケーション場のメカニズムは幅広く存在する。これまでファシリテーション技法や、場作りの手法、ワークショップ運営手法、WEBサービスなどと呼ばれていたものの中にも、コミュニケーション場のメカニズムと見做せるものはたくさん存在する。コミュニケーション場のメカニズムとしてのそうした様々な手法の分析、整理や比較を行うことは、コミュニケーション場のメカニズムデザインの研究を進める上で重要になるだろう。

　比喩的に述べるならば、これは生命科学におけるゲノム研究に近い。分子生物学ではゲノムにおけるそれぞれの遺伝子配列にどのようなものがあり、それが表現型にどのような影響を与えるかを明らかにする。私たちはコミュニケーション場のメカニズムにどのような設計変数があり、それが実際のコミュニケーション場にどのような影響を与えるのかを明らかにすることである。たとえるならコミュニケーション場のメカニズムの設計変

数は観測されるコミュニケーションという表現型を生み出す遺伝子なのである。

　コミュニケーション場のメカニズムの設計変数のリストを明らかにすること自体は、コミュニケーション場のメカニズムデザインの研究の大きな目標である。それは、生命科学において一時、ヒトのゲノムを明らかにするのが、その分野の大きな目標であったことに等しい。コミュニケーション場のメカニズムデザインに関して我々が十分な知見を持つことの意味は、これらの設計変数がコミュニケーションに与える影響を事前に予測できるようになることにあるのだ。

　このような前提を共通認識としながら、次章から個別事例を通してコミュニケーション場のメカニズムとその研究に触れていきたい。

---

### 注

1) デジタル大辞泉では「物事を取り扱ったり処理したりする際の方法や手段。また、それを行うわざ」、「科学の研究成果を生かして人間生活に役立たせる方法」としている。

2) もちろん「技能」の向上も重要であるが。「技能」の向上に関しても、それを自動的に実現する「技術」開発に焦点を置くのがコミュニケーション場のメカニズムデザインだ。

3) ここでのゲームとはゲーム理論の意味でのゲームではなく、テレビゲームやスポーツといった意味でのゲームであることに注意する。

4) 利得最大化行動や利己的行動と呼んでもよい。これらは経済学やゲーム理論における用語であるが、それらの視点からの議論に関しては第6章で詳述する。

5) コミュニケーション場のメカニズムデザインは、世の中におけるより多くのコミュニケーション場の生産性を高めることを目指すので、前者のみならず後者も重要な研究対象、及び、コミュニケーション場のメカニズムを設計するときに最大化すべき評価指標となる。

6) 引用文献では「コミュニケーションのメカニズムデザイン」という語を用いているが、論じているのは個別コミュニケーション場で用いられるメカニズムについてであり、以降、「コミュニケーション場のメカニズムデザイン」という言葉が用いられるようになった。本章でも後の用法に従う。

7) しばしばこのような参加者をゲーム理論においてはプレイヤー、情報科学においてはエージェントと呼んだりする。

8) マルチエージェントシステムと呼ぶ場合もあるが、各主体が自律的であるという視点を強調するために本書では自律分散システムと呼ぶ。

9） 推理小説やミステリー漫画の中では、自らの犯行を認めたくない犯人を探偵や刑事があの手この手を使って追い込むことで、犯行の動機などを話させるシーンがあるが、話したくないことを誰かに話させるということはそれほどの労力を要する。

## 参考文献

川上浩司（2017）『不便益――手間をかけるシステムのデザイン』近代科学社
谷口忠大（2019）「コミュニケーション場のメカニズムデザインに向けたシステム論の構築と展望」『システム制御情報学会論文誌』第32巻第12号，pp. 417–428.
谷口忠大・須藤秀紹（2011）「コミュニケーションのメカニズムデザイン：ビブリオバトルと発話権取引を事例として」『システム／制御／情報』55.8: pp. 339–344.
マクゴニガル，ジェイン（2011）『幸せな未来は「ゲーム」が創る』早川書房

# 第 2 章

# ビブリオバトル
### ゲーム感覚で知識に出会う

## 谷口忠大、益井博史

## 1. ビブリオバトルのメカニズム

#### ▶ ビブリオバトルの概要

　ビブリオバトルとは、「人を通して本を知る。本を通して人を知る」を
キャッチコピーに全国各地へと広がった書評ゲームである（谷口 2013）。
元々、大学の研究室の中で「勉強会で使う本を選ぶ」という目的のため
に、「参加者それぞれが 1 冊本を選んできて、紹介して、投票により 1 冊
を選ぶ」というゲームとして作られた。多くの場合、教育機関において勉
強会の教科書や課題図書は先生や他の指導的な立場の人物によって選ばれ
るが、これに対して「そのような指導的な人物が不在の中でどのように手
分けし、『自分たちにとって良い本』を探し出せばよいか？」という問い
に答えるために生み出されたのがビブリオバトルというゲームなのだ。
　ビブリオバトルは、手軽さとゲームとしての楽しさ、そしてその機能の
魅力が相まって、2010 年代に全国的に普及していった。現在では、図書
館、書店、大学のサークル、地域のコミュニティ、教育現場、企業研修な
ど、多様な場面で活用されている。今となっては「大学の研究室での勉強
会のため」というものとは異なる目的で用いられることの方が多くなった
が、ビブリオバトルが読み手の読み手による読み手のためのゲームであ
り、また個々の参加者に分散する書籍や他の参加者に関する知識を徹底し

て活用しようとするメカニズムであることは、現在の活用や普及へと繋がっている。コミュニケーション場のメカニズムの第一例として、本章ではビブリオバトルを取り上げ議論したい。また最後にはビブリオバトル普及の現状などについても紹介する。

## ビブリオバトル公式ルール

1. 発表参加者[1] が読んで面白いと思った本を持って集まる。
2. 順番に一人5分間で本を紹介する。
3. それぞれの発表の後に参加者全員でその発表に関するディスカッションを2〜3分行う。
4. 全ての発表が終了した後に「どの本が一番読みたくなったか?」を基準とした投票を参加者全員一票で行い、最多票を集めたものを『チャンプ本』とする。

　ビブリオバトルは各参加者がそこに集まる人々に推薦したい本を持ってきて、それを自分の言葉で紹介することで「チャンプ本」の栄誉を得ることを目指すゲームである。ビブリオバトルは明確にそのメカニズムが公式ルールとして定義されており、コミュニケーション場のメカニズムの好例と言える。

　以下にこのメカニズムの詳細を、公式ルールの項目別に、設計意図に踏み込んでもう少し詳しく説明したい。

## 1. 発表参加者が読んで面白いと思った本を持って集まる。

　あくまで自分が面白いと思った本を選ぶことが重要だ。ビブリオバトルのメカニズムを駆動する発表参加者の動機の一つは「自分が読んで面白いと思った本」を紹介したいという素朴な欲求である。その欲求(もしくは愛情)がバトラーの語りを情熱的にも、誠実にもする。自らの好きな本だからこそ、その本を「チャンプ本」にしたいという動機も生じやすくなる。

逆に「この本を紹介しなさい」と自分が好きでもない本の紹介を強要された場合には紹介のモチベーションも低下しがちだ。

　また本人が選ぶことで、その本自体は発表参加者の嗜好や個性を表象する記号として働くという点も重要である。聞き手は発表参加者の選書を通じて、その発表参加者の個性を理解できるようになるのだ。「ああ、この人はこんな趣味を持っていたのか。こういうのが好きな人だったのか」と。ビブリオバトルが「本を通して人を知る」というキャッチフレーズで語られる場合に、この選書が果たす役割は大きい。

　その発表参加者が知っている面白い本に関する知識はその人自身にとっての私的情報、つまり話してもらわないと周囲は知ることのできない情報である。この情報を表出させるという意味においても、本人が選書をすることが重要となる。

## 2. 順番に一人5分間で本を紹介する。

　ビブリオバトルでは、本を紹介する時間として5分間という設定がある[2]。これは4〜7人程度の発表参加者全員が口頭で紹介しあうのに長すぎず短すぎない時間として設定された時間である[3]。

　発表時間をどう用いるかは発表参加者の自由であるが、ビブリオバトルというゲームにおいてゴールは「どの本が一番読みたくなったか？」を基準とした投票により最多票を得ることなので、発表者はそれぞれに工夫して聴衆に向けて言葉を紡ぐことになる。

## 3. それぞれの発表の後に参加者全員でその発表に関するディスカッションを2〜3分行う。

　ディスカッションは聞き手からの質問に発表参加者が答えるという形で進行する場合が多い。発表時間中の一方向的な発表を補って、ビブリオバトルを双方向的なコミュニケーションの場にする役割を担う。また、発表参加者にとってはこのディスカッションの時間も、票を獲得するための重要なアピールの場となっているため、「勝ちたい」と思う発表参加者は自然と真摯に受け答えを行うこととなる。

ディベートとビブリオバトルの顕著な違いは、質問に反論や反対尋問が想定されない点にある。このディスカッションでは「発表内容の揚げ足をとったり、批判したりするようなことはせず、発表内容でわからなかった点の追加説明や、『どの本を一番読みたくなったか？』の判断を後でするための材料をきく」と公式ルールの詳細説明に付されている点からも、ビブリオバトルとディベートの目指す方向性の違いは明らかである。

## 4. 全ての発表が終了した後に「どの本が一番読みたくなったか？」を基準とした投票を参加者全員１票で行い、最多票を集めたものを『チャンプ本』とする。

　ビブリオバトルに関する質問で頻出するのが、「なぜ本を紹介するという行為に、わざわざ勝敗をつける必要があるのか？」というものだ。これに対する一つの回答は、勝敗をつけてゲームにすることで、本の紹介という行為自体への参加意欲を高めることができるというものである。

　まず、勝敗をつけることにより、発表参加者は自分の好みだけでなく、その場に集まる人がどのような本を好むか？という視点を持って選書するようになる。発表参加者は他の人が興味をもってくれそうな本を考えて持ってくるため、すべての参加者が面白い本に出会える可能性も高まるのだ。

　ゲーム化することで、本の紹介の仕方にも工夫が見られるようになる。「チャンプ本」を獲得するためには、聞き手にその本の魅力を伝えなければならない。独りよがりな喋り方では、票を得ることが難しい。そのため、ビブリオバトルの発表は一般的な書評スピーチより躍動的なものとなる傾向がある。

　さらに見過ごされがちな視点だが、チャンプ本を決めるために投票を使うことは聞き手の姿勢にも影響を与える。参加者全員が投票権を持つということは、すべての聞き手が審査員としての責任を負っていることを意味する。自分の１票が、チャンプ本がどの本になるかを決めると感じられることで、聞くだけの参加者も真剣に発表を聞くようになるのだ。

## ▶ 自律分散システムとしてのビブリオバトル

ビブリオバトルというメカニズムが生み出す体験は「人を通して本を知る、本を通して人を知る」というキャッチフレーズで表現される。このような体験はビブリオバトルのメカニズムがどのように機能することで生まれているのだろうか。

ビブリオバトルのようなゲーム形式を取らなくとも、本を紹介しあう場を設ければ「人を通して本を知る」は一定程度実現できそうに思われる。しかし単純に人々に集まってもらい本を紹介しあってもらうというような場を作っても、実際には人々が本を推薦するコミュニケーションは上手く駆動されず、ビブリオバトルと同じような体験は生まれない。

ビブリオバトルが作るコミュニケーション場は複数の自律的なコミュニケーション主体からなる自律分散システムである。ビブリオバトルはその提案時から明確にその場に参画する参加者を自律分散システムに属する主体とみなして、それぞれが自らの知識を活用しながらその場に「良書」を持ち寄るダイナミクスを生み出すメカニズムとしてデザインされていた[4]。そのダイナミクスを一つのイメージ図としてまとめたのが図1である（谷口 2010）。

私たち一人ひとりが持つ書籍に関する知識は限られている。どんな読書家でもその人物が読んでいる書籍の量には限度がある。世の中には大量の書籍群が存在しており、何人たりともそのすべてを読破することはできていない。さらに書籍には読んでみないと内容がわからないが読むこと自体にかなりの労力がかかるという特性がある[5]。それゆえに自分自身が読むことなく、自分自身の興味や関心に合った書籍と出会うこと自体が読書活動の全体において重要な意味を持つ。そこでビブリオバトルのメカニズムには、コミュニティのメンバーが「読みたい」と思う本を見つけてきて、持ってくることを各参加者に誘導するようなインセンティブが備えられている。このインセンティブが「チャンプ本」である。

「チャンプ本」を取りたいと考えた場合、各参加者はどのような行動を取る必要があるだろうか。まずは自らの読書経験や新たな読書を通して「みんなが読みたくなる本」を探し出し、選択しなければならない。ビブ

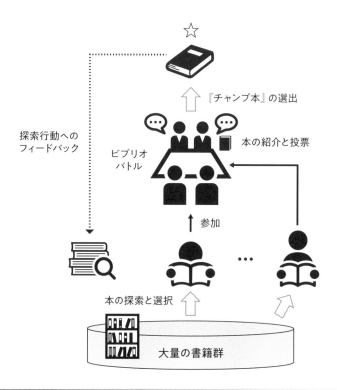

図1：ビブリオバトルは2段階のフィルタリングシステムとして動作する
　　　自律分散システムとみなせる

リオバトルというゲームの最も大切な部分は、参加者が一堂に会する前から始まっている。この時、「みんな」とはビブリオバトルの場に集まってくる参加者のことであり、世の中の平均的な人々ではない。

　いくら自分が好きな本であっても、そこに集まる人々が全く関心を持たないものを持ってきて、独りよがりな紹介をするような選書ではビブリオバトルというゲームに勝つことはできない。

　一方で、では「みんな」が好きそうな本ということで、自分自身の嗜好や面白いと思った気持ちを脇に置いた選書をしてしまうと、それはそれで「チャンプ本」を得ることは難しい。その発表者がどれだけその本を好きか、良いと思っているかは、スピーチを通してやはり参加者に伝わるから

だ。自分の「好き」と他者の「好き」のバランスを取ることがビブリオバトルの選書において重要な要素になるし、「チャンプ本」を選ぶというメカニズムの根幹を成す部分なのだ。

　さて現実的な問題として、「みんなが好きそうな本」を選んでくるのは決して簡単なタスクではない。その理由の一つに、他者がこれまで何を読んでいて、どんな嗜好を持っているのかがわからないという点がある。つまり自己閉鎖性の問題である。読書経験や趣味嗜好は個々人に閉じられた私的情報なのである。ビブリオバトルに参加する前に、本棚を前にして「○○くんこの本好きかなぁ」「あ、この本は△△さんが食いつくかもしれない」などと考えたりする。これは自分自身の知識を参照しながら、他者の書籍に関する嗜向を予測している過程なのである。この予測に用いられる知識もビブリオバトルで活用される知識の一つなのだ。

　ビブリオバトルはそのコミュニティにおける共通の興味を「チャンプ本」として浮かび上がらせるメカニズムでもあるが、コミュニティにおける共通の興味の表出はまず発表者の選書の過程において自律分散的になされるのだ。各発表者が持つ他者の興味に関する知識は選書において活かされる。各発表者の知識により本棚にある本はフィルタリングされて、発表本としてビブリオバトルの場に提出される。

　その結果個々の参加者によって選ばれてビブリオバトルの場に出された複数冊の書籍は、投票による「チャンプ本」の選択によって、実際の参加者の興味に基づいてさらなるフィルタリングを受ける。

　ビブリオバトルはコミュニティにおける共通の興味をよく表象する書籍を、発表者による選書と参加者による投票という2段階のフィルタリングにより抽出するプラントなのだ[6]。

　ここで整理のために、書籍に関してビブリオバトルの参加者が持つ私的情報を4種類に分解しよう。


　①発表参加者がどんな本を読んでいるかという情報
　②読んだ本がどういう内容だったかという情報
　③紹介する書籍の内容に関して発表参加者がどのような感想を持ったか

という情報

④各参加者がどのような本が好きかという情報

　読書は個人的な活動であるがゆえに、これらの情報は本人が表出させない限り、外部からは観測できない。

　あるコミュニティにおいて「みんなが読みたいと思う本」を見つけようとしても、上記①〜④の情報が外部からアクセスすることが不可能である限り、また個々人がそれらを表出させてくれない限り、「みんなが読みたいと思う本」を計算することはできない。ビブリオバトルのメカニズムは「チャンプ本」というインセンティブを軸としながら、①〜④に関わる情報を参加者に表出させ、推定させ、またそれに基づき選択させることで、「みんなが読みたいと思う本」を浮かび上がらせるコミュニケーション場のメカニズムなのだ[7]。

## 2. ビブリオバトルの機能と実証研究

### ▶ ビブリオバトルの持つ四つの機能

　発案者の谷口は『ビブリオバトル――本を知り人を知る書評ゲーム』において、ビブリオバトルには以下の四つの機能があると主張している（谷口 2013）。

①書籍情報共有機能　「参加者で本の内容を共有できる」
②スピーチ能力向上機能　「スピーチの訓練になる」
③良書探索機能　「いい本が見つかる」
④コミュニティ開発機能　「お互いの理解が深まる」

　これらの機能はビブリオバトルの提案当時においては仮説的に提示されたものであり、当時は実証的に示されていなかった点には注意が必要である。後に示すように、その一部はその後、実証的に検証されてきたが、現

在でもまだビブリオバトルがコミュニケーション場にもたらす機能のすべてが明らかにされているわけではない。

　上記の仮説的な機能を本当にビブリオバトルが持っているのかどうかは、実証的な研究を通して検証されなければならない。本節ではこれまで行われてきた上記機能に関わる実証研究を紹介したい。

　コミュニケーション場のメカニズムデザインの研究における、実証研究の重要さも伝えることができればと思う。

### ▶ ビブリオバトルの良書探索機能

　ビブリオバトルにおいて「いい本が見つかる」という良書探索機能はどれほどの性能を持っているのだろうか。いくら理屈上でビブリオバトルが良書探索機能を持つと主張されていても、実際のコミュニケーション場においてそれが実現されているかどうかはわからない。コミュニケーション場のメカニズム研究として、それは実証的な研究によって示される必要がある。

　ビブリオバトルの良書探索機能について実証的に検討した研究に奥らの研究がある（奥・赤池・谷口 2013）。良書探索機能はそれぞれの参加者の視点からすれば「ビブリオバトルに参加すると読みたい本が見つかる」という経験に対応する。それは「ビブリオバトルで発表者によって、読みたくなる本が推薦してもらえた」という経験と同義である。それならばビブリオバトルという場が良書探索機能を持つかという評価は、他の書籍推薦機能を持つ場やシステムとの比較によって評価されるべきであろう。推薦システムの研究者である奥はビブリオバトルを推薦システムの一種と見立て、既存の書籍推薦の技術とビブリオバトルを比較した研究を行った。

　書籍推薦は推薦システムにおける主要な課題の一つであり、様々な手法が提案されている。書籍推薦を実現する主な情報技術として、内容に基づくフィルタリングと協調フィルタリングがある。

　内容に基づくフィルタリング（content-based filtering）では、書籍の情報をその内容に基づいて様々な特徴量として表現しておくことで、対象ユーザーの興味や嗜好のプロファイルに合致する書籍を推薦する。ここで特徴

量とは対象（ここでは書籍）の特徴を表わす数値データのことである。書籍の特徴としては書籍の内容を表すタイトルや説明文に含まれる語句やジャンル情報などが含まれる。実際に奥らの実験では書籍のタイトル、サブタイトル、著者名、出版社名、発売年、定価、書籍ジャンルを書籍の特徴量に変換し、これらの情報を元に書籍データベース内の各書籍間の類似度を算出している。

　協調フィルタリングには大きく分けて、近傍ベース方式とモデルベース方式がある。その中で近傍ベース方式にはさらにユーザーベース方式とアイテムベース方式に分けられる[8]。ユーザーベース方式では対象ユーザーと嗜好が類似する他ユーザーを予め算出しておいて、その類似ユーザーが好む書籍が対象ユーザーへの推薦書籍として選び出される。「あなたと似た購買履歴を持っている人は、こんな本を買っています」というような推薦方法はユーザーベース方式の協調フィルタリングだ。これに対して、アイテムベース方式では、ユーザーによる評価付けの類似性からアイテム間の類似度を予め算出しておき、対象ユーザーが興味を持っているアイテムに類似したアイテムを推薦アイテムとして選び出すのだ。「この本を買った人は、こんな本も買っています」というような推薦方法がアイテムベース方式の協調フィルタリングだ。これらの推薦システムは機械学習技術により支えられ、人工知能技術の一種として捉えることができる。

　奥らはこの2種類の情報推薦技術に加え、キーワード検索による推薦システムをビブリオバトルと比較するためのシステムとして準備した。キーワード検索は基本的には情報検索システムであるが、「キーワードに関連した書籍を推薦する」という見立てをすると推薦システムの一種として見ることができる。この三つにビブリオバトルを加えた四つのシステムの書籍推薦機能を、奥らは被験者実験を通して比較した。

　実験では12名（男性10名、女性2名）の実験協力者が集められた。実験は楽天ブックスにおいて販売されている書籍を対象として約67万件の書籍データが推薦の対象とされた。四つの手法を平等に扱うために以下のような手順で実験は行われた。

1. テーマを設定する。
2. 被験者にテーマから連想されるキーワードおよび書籍を指定してもらう（以下、それぞれ入力キーワード、入力書籍とよぶ）。
3. 入力キーワードおよび入力書籍に基づき、比較対象となる3種類の推薦システムおよびビブリオバトルにより、各5件の推薦書籍を被験者に提示する。
4. 被験者は推薦書籍に対して評価を行う。

　実験において各システムによる推薦は、より具体的には以下のように行われた。

(a) キーワード検索システム (KW) では入力キーワードを書籍タイトルまたは書籍サブタイトル、商品説明文に含む書籍から、楽天ブックスにおけるレビュー件数が最も多い5件を推薦書籍として選択した。

(b) 内容に基づくフィルタリングによる推薦システム (CB) では入力書籍から、書籍の属性値（タイトル、サブタイトル、著者名、出版社名、発売年、定価、書籍ジャンル）を取得し、入力書籍との類似度を算出して、その類似度が最も高い5件を推薦書籍として提示した。

(c) 協調フィルタリングによる推薦システム (CF)。入力書籍をAmazon.comで表示し、その中で協調フィルタリングにより「この商品を買った人はこんな商品も買っています」として表示された、推薦書籍リストの上位5件を推薦書籍として提示した。

(d) ビブリオバトルによる推薦 (BB) では各参加者が入力書籍をおすすめの本として持ってきてビブリオバトルを開催した。発表参加者6名で開催し、結果として1人の参加者につき5冊の書籍が推薦されるようにした。

　まず、推薦システムに対する主観的評価が六つの尺度によりなされた。各実験協力者には表1に示す質問がなされ、5段階（(1) 強く同意しない、(2) 同意しない、(3) どちらでもない、(4) 同意する、(5) 強く同意する）での回答が求められた。この際の平均評価値を図2に示す。統計的なばらつきがあるた

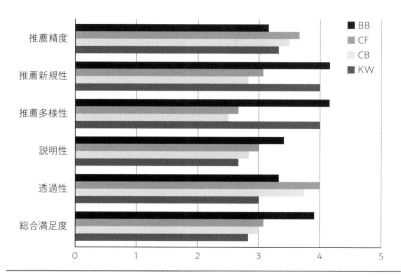

**図2：各推薦システムに対する平均評価値**

注：奥・赤池・谷口（2013）より。

めに、平均値が高い手法が優れているとは限らないことに注意しよう。そのために統計的有意性を見出すための仮説検定が行われた。

　推薦多様性および推薦新規性の尺度においては、BBが、CFおよびCBに対して有意に評価が高かった。BBでは、CFおよびCBに対し、ユーザーにとって多様かつ新しい書籍が推薦されたといえる。CBやCFではユーザーの入力書籍に類似した本を推薦する。情報推薦の基礎にある考え方が、「こういう本が好きなあなたは、こういう本も好きですよね？」という類似性に基づく推薦なのだ。それゆえにどうしてもCBやCFでは多

| 推薦精度 | 私の興味に合う本を推薦してもらえた。 |
|---|---|
| 推薦新規性 | 私にとって新しい本を推薦してもらえた。 |
| 推薦多様性 | 私にとって多様な本を推薦してもらえた。 |
| 説明性 | 本の推薦理由について十分に説明してもらえた。 |
| 透過性 | 私はなぜその本が推薦されたかを理解できた。 |
| 総合満足度 | 総合的に私はこの推薦のされ方、もしくは、検索の方法に満足している。 |

**表1：推薦システムに対する評価尺度および質問**

注：奥・赤池・谷口（2013）より。

様性や新規性が低下する。またKWにおいても推薦多様性および推薦新規性が高かったが、これはむしろキーワード検索においては表層的にそのキーワードを含むだけの関連性の低い書籍が推薦されることがしばしばあり、これが推薦多様性および推薦新規性を押し上げていたと考えられる。

　推薦多様性に関わる結果は主観的な評価だけでなく、客観的な評価からも確認された。推薦された書籍群のリスト内類似度を図3に示す。リスト内類似性とは、推薦リストに含まれる各書籍間の類似度を平均したものである。リスト内類似度が高いということは、同じような書籍で構成されていることを意味する。すなわち、リスト内類似度が低い方が推薦多様性が高いことを表す。書籍の類似性に基づいて推薦しているCBの場合、推薦された書籍間の類似性が極めて高く、ついでCFも高い。これに対して、BBでは多様な書籍が紹介されていることがわかる。統計的にもBBのリスト内類似度とCBおよびCFのそれとの差は、有意水準1％で有意差がみられた。

　総合満足度については、KWに対し、BBが有意に高かった（有意水準5％）。推薦される側の入力書籍やキーワードに依存せずに推薦がなされるBBではあるが、KWとは異なり参加者にとって満足のいく推薦を実現

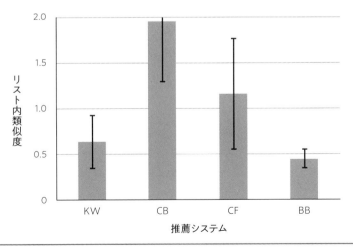

**図3：各推薦システムによる推薦リストのリスト内類似度**

注：奥・赤池・谷口（2013）より。

できていることがわかる。なお、推薦精度に関してはいずれの手法の間にも有意差はなく、全手法で大きく変わらないことがわかる。

　本実験は比較的親しい関係にあるコミュニティにおいてビブリオバトルを行ったものであるために、「友人が興味をもっているから」ということが、その書籍に興味をもつきっかけにもなったと考察し、ビブリオバトルでは信頼性のあるコミュニティにおいて十分な説明を添えて書籍が推薦されるため、ビブリオバトル全体に対する満足度も高くなると奥らは結論づけている。このように参加者の間の人間関係や信頼関係が推薦システムの性能に良い影響を与える点は、コミュニティ型のビブリオバトルの持つ推薦システムとしての特徴であると言えよう。

　奥らによってビブリオバトルにおける良書探索機能の実態は一定程度明らかになった。それと同時に、現在存在するインターネット上の推薦システムとの対比により、その違いもより明確になった。

　推薦には「相手の好きそうなものを推薦する」という立場と、「自分が好きなものを推薦する」という二つの態度がある。内容に基づくフィルタリングや協調フィルタリングは基本的にユーザーの登録情報や購買履歴からユーザーの好みを推定し、それに合致する書籍を推薦する。その意味で「相手の好きそうなものを推薦する」という立場を暗黙の前提とする。ビブリオバトルには往々にして発表者側からの「布教」的な側面があり、これが発表参加者による「自分が好きなものを推薦する」という極めて属人的な知識の活用と、共感的な語りを生み出す。このような推薦は人工的なシステムでは代替することが難しい。ビブリオバトルのような人手による推薦活動の存在意義は、人工知能の時代にあっても少なくともしばらくは残ることになるだろう。


▶ スピーチ能力の向上

　ビブリオバトルにおいて「チャンプ本」を取りたいと思った時、それぞれの発表者はどのようなスピーチへと導かれるのだろうか。本項ではビブリオバトルの機能の一つである、「スピーチの訓練になる」というスピーチ能力向上機能に焦点を合わせる。

ビブリオバトルにおける語りは「読んでみたいと思わせる」という目的を持っている。その意味においてビブリオバトルという場では、ただ本の感想を述べたり、書評を行ったりするという行為を超えた、説得的コミュニケーションが求められるのだ。

　本来、私たちの日常的なコミュニケーションの多くは他者の行動変容を促したいという話者の欲求に基づいている。言語行為論が扱うように、人間の言語的コミュニケーションは宣言的な事実を伝える情報伝達のためだけのものではない。むしろ私たちの発話は相手の行為を期待するものであり、それが目的となり、私たちが何を語るかに影響を与えるのだ。

　この意味で、不特定多数に向けてただ自分の考えを述べるスピーチや、語りかける対象を明らかにしない読書感想文は、語る目的が不確定であり、言葉を選ぶのが難しいコミュニケーションとなる。

　この点において「チャンプ本」の存在はビブリオバトルをより日常の説得的会話に近いものとし、目的あるスピーチの場を形成する[9]。ビブリオバトルが説得的コミュニケーションであるという点は、いわゆる読書感想文と根本的に異なる点である。

　議会制民主主義およびパーラメンタリーディベート発祥の地であるイギリスをはじめとする欧米の諸外国に比べて、日本はパブリックスピーチの教育が立ち遅れ、またその訓練のための場も少ないと言われる。そのような現状においてビブリオバトルは、本を紹介するという多くの人にとって身近な活動をスピーチ形式で行うために、スピーチ能力を訓練する場として格好の場となるであろう。

　ビブリオバトルにおけるスピーチについての実践および実証的研究も存在している。山路らは留学生に対する日本語教育においてビブリオバトルを活用している（山路・須藤・李 2013）。そして日本語パブリックスピーキング入門として大学・大学院留学生を対象とする日本語教育に取り入れた実践を報告している。ビブリオバトルではスピーチの現場そのものが聞き手によるフィードバックを発表者が直接受ける場となる。聴衆によって「チャンプ本」が選ばれるというゲーム性が、スピーチを行う者のモチベーションを高め、聴衆の理解や共感に対する配慮をもたらしたと山路ら

は報告し、ビブリオバトル導入が日本語学習者のパブリックスピーキング技能向上に有効であると示唆している。

　菅原らは、ビブリオバトルのスピーチは聞き手を意識する点が他のスピーチと大きく異なると考え、ビブリオバトルを実施して、そのスピーチが狙い通りに聞き手を意識したものになっているかどうかを検討している（菅原・虫明 2014）。意見スピーチとして類型化される従来のスピーチでは、自らの主張を聞いてもらうという形で、聴衆に受動的行為を求めるだけであった。日本語のスピーチ教育では、自分の言いたいことを話すことと同時に、聞き手を意識して話すことの重要性が指摘されてきたが、そのような場をいかに作るかは重要な問題である。菅原らは9名の日本語学習者の意見スピーチとビブリオバトルにおけるスピーチを録音して「主張」「挨拶」「質問」などの表現類型にもとづき、現れた表現の数を比較した。その結果、ビブリオバトルのスピーチの特徴は、話し手が聞き手に直接質問したり、同意を求めたり、本を勧めたりする言語表現を用いることによって、聞き手に働きかける点にあることが明らかになったと報告している。ビブリオバトルという場は、聞き手に「本を選択する」という能動的行為を起こさせたいと発表者に考えさせる点に、特徴があると言えるだろう。この意味で、ビブリオバトルは日本語のスピーチ教育で求められる「自分の言いたいことを話すことと同時に、聞き手を意識して話す」ことを促す場になっているのだと考えられる。

　深澤らはビブリオバトルにおいて成功したスピーチとそうでないスピーチの差異を検証することから、ビブリオバトルがどのようなスピーチへと参加者を導くのかを検討している（深澤・山路・須藤 2018）。深澤らの研究では全国大学ビブリオバトルの決勝戦で行われたスピーチを「成功したスピーチ」とみなして、これと準決勝のスピーチ、および初心者によるスピーチを精緻に比較している。全国大学ビブリオバトルの決勝と準決勝に関しては録画データがYouTubeに公開されている。具体的には2011年から2015年にわたる「全国大学ビブリオバトル」の決勝戦データ合計25件、2013年の準決勝戦データ合計25件を用い、また、初心者の大学生5名の行った発表を記録したものを比較対象とし、本を読ませたいという説

得的コミュニケーションがどのように行われているかをコンテクスト共有とメタディスコースの枠組みを使って分析している。コンテクスト共有（context sharing）とは「話し手と聞き手に共通する経験や考え、感情等に言及することにより、両者が共有する理解基盤を顕在化させる行動」であり、全国大学ビブリオバトルの決勝戦で発表されたスピーチの分析に基づき、成功したスピーチに共通する特徴として挙げられたものである。また、メタディスコースとは文章において書き手が自分の主張や読み手に対する態度を伝えるために用いる対人的な方策のことである。

　深澤らの分析の結果、決勝戦データと準決勝戦データとではメタディスコースの使用回数に有意水準5％で差があることが確認された。さらに決勝戦データと初心者データのメタディスコース使用回数についても同様に比較したところ、有意水準1％で強い有意差が確認された。特にどのような種類のメタディスコースにおいて差が生じているのかを検証したところ、決勝戦データと準決勝戦データとの間で自己言及（self mention）と指示（directives）に有意水準10％の有意傾向が確認されたと深澤らは報告している。自己言及は一人称代名詞を使うことなどにより、内容や対人関係、感情を強調するものであり、指示（directives）は動詞の命令形を使って、読者に何らかの行為をさせることを指す。具体的には聴衆に対して「皆さん、ぜひ読んでください」のようにはっきりと指示するような形をとって働きかけを行っていることを指すが、これが決勝戦の方に多く現れるということは説得に効果を持ったことを意味している。これに関連し、初心者データでは疑問形（questions）や指示が全く出現しておらず、初心者には聴衆への働きかけがうまくできていないことの現れであると言えると報告している。またコンテクスト共有に関して、決勝戦データではコンテクスト共有をするだけでなく、コンテクスト共有を起点とした展開をメタディスコース表現の効果的な利用により成功させているスピーチが多かったと深澤らは報告している。そして、それがスピーチの説得の要因の一つであると結論づけられるだろうと推論している。

　上記のような研究によってビブリオバトルが持つそのスピーチへの影響に関しては少しずつ明らかになっている。それらの研究は、聴衆に「チャ

ンプ本」への投票権を持たせることが、それにより生まれるコミュニケーション場に即時的なフィードバック構造を持たせており、さらに明確なゴールを持った説得的コミュニケーションの場にしている、という意味で重要であると示唆している。一方で、1人の話者を経時的に追跡してビブリオバトルのスピーチ能力向上を明らかにするといった、スピーチ能力の向上を客観的尺度に基づき報告したような研究は未だ存在しない。この点に関しては今後の研究が期待される。

## ▶ コミュニティの開発

　ビブリオバトルの四つ目の機能が「お互いの理解が深まる」というコミュニティ開発機能である。ビブリオバトルの説明でよく使われるキャッチフレーズは「本を通して人を知る」であるが、これは「その人の趣味や嗜好といった」という参加者個人に関する情報の表出と考えられる。

　常川はビブリオバトルを集団的読書活動の一種と捉えて、ブッククラブ、ブクブク交換、リテラチャーサークル、リーディングワークショップなどと比較している (常川 2019)。コミュニティの形成という視点からビブリオバトルを捉えなおすことは、ビブリオバトルというコミュニケーション場のメカニズムを議論する上で重要な視点となる。

　宮澤は国語科の授業における3年間のビブリオバトル実践を経て、ビブリオバトルが読書コミュニティの形成に役立つと指摘する (宮澤 2017)。そして特に「『簡便で短い時間でできる』ビブリオバトルを『授業開き』の方法として行うことは、生徒はもちろん、教師にとっても多様な意義を持つ活動であり、クラスや学年の読書コミュニティを形成する一助になる」と展望を述べている。宮澤は「現代の『孤立した読書』が、読むことに『意味』(=社会的文脈) を喪失している事態を乗り越えて、その『意味』を回復するためには、読むことが発信型の生産的行為 (=意味を生み出す行為) となる必要がある (塚田 2014, p. 189)」とする塚田の言葉を引用しながら、ビブリオバトルを行うことで「行為としての読書」の楽しさや重要性を知ることができ、読者が書評者になることで自身の読書世界を構築するための手立てとしてビブリオバトルが機能しうると主張する。

　東は白山市立松任中学校において保護者や地域住民らと生徒の交流活動として実施された白山市立松任中学校ビブリオバトルの取り組み実施結果に基づき、学校を舞台として地域コミュニティ形成にビブリオバトルを活用した場合の効果に関して検証を行っている（東 2020）。参加者から回収した自由記述アンケートをビブリオバトルの四つの機能に関わるカテゴリーに分類し分析を行った。全体としてビブリオバトルがコミュニケーションの場を形成して、地域交流の中で参加者の対等な関係が作られていると東は評価するが、特に興味深いのは参加者の層による感想の大きな違いである。中学生の感想は主に良書探索機能に関するものが多かったのに対して、保護者等の感想ではコミュニティ開発機能に関するものが目立った（中学生においては24.0%であるのに対して、保護者等では58.1%）。これは一般的に、参加者の属性によってもビブリオバトルにおいて表れ出てくる機能が異なるという点を強く示唆しており、興味深い研究報告である。

　コミュニティの形成というと、それは書籍の情報共有とは随分とかけ離れたことのようにも考えられがちだ。なぜなら読書とは従来、個人に閉じた静かな活動であるとみなされてきたからだ。そしてまさにその点にこそ、ビブリオバトルがコミュニティ開発機能を持つ理由と重要性がある。

　岡野は「ビブリオバトルを通して読書について考える」という読書論に関わる論説の中で、先に触れた「個人に閉じた静かな活動」としての読書を「狭義の読書」と呼び、それよりも広い活動としての「広義の読書」と区別している（岡野 2016）。「狭義の読書」とは本を手に持って文字を目で追う行為を意味する。私たちの人生において読書という活動は「狭義の読書」だけでは成立していないという点が重要である。「本を読む」と表現した際にはこの「狭義の読書」を指す。

　そもそも私たちが本を読むという行為に至るためには、本と出会うプロセスが必要になる。書店や図書館で並べられている本を手にとったり、誰かから本を手渡されたり、新聞やインターネットで書評を見たりというようなプロセスである。また、本を読み終わった後に、その本について考えたり、ブログやSNSで書いてみたり、誰かに話したりすることもある。このような、本を読む行為の前後に位置する活動も「広義の読書」の中に

含めることができるだろう。岡野は、①本に出会う、②本を読む、③本を語る、④本を伝える、という流れで読書のプロセスを細分化してみると、ビブリオバトルにおける読書という行為が拡張され、より重層的なものとして見えてくると言う。

　ビブリオバトルのスピーチをいくつか聞くと、その多くにおいて「どこでその本に出会ったか」についての語りが発生していることに気づく。ビブリオバトルでは本の内容を分かち合うだけではなく、本との出会い方を分かち合うことになる。また、ビブリオバトルでは紹介した本の内容をどのように読み取ったかという感想や批評の言葉も分かち合うことになる。本の読み方を分かち合うことになるのだ。何を読んでどう思ったか、何を面白いと思ったか、何に興味があるのか？　次節で紹介する赤池らの研究でも、ビブリオバトルにおける発話の３割程度が、本の内容ではなく発表者自身のことに関する語りとなっていることが示されている。ビブリオバトルは「狭義の読書」を「広義の読書」に広げながら、その読書体験を分かち合うことで、お互いの個性をわかり合うことにもつながっていくのだ。これがコミュニティ開発機能の基礎であり、それは読書という行為を広く捉え直すことと分かちがたく結びついている。

　ビブリオバトルによって、読書という概念は自分一人だけの静的なものから、複数の人同士の動的なコミュニケーションツールへと変わっていくわけである、と上述の論説において岡野は結論付けている。

　１節において、ビブリオバトルの参加者が持つ書籍に関する私的情報を４種類に分解した。①その人がどんな本を読んでいるかという情報、②読んだ本がどういう内容だったかという情報、③そしてその書籍の内容に関してその人がどのような感想を持ったかという情報、④それぞれの人がどのような本が好きかという情報、という四つの情報の中で、①、③、④は特定の書籍に関する情報ではなく、むしろ人に関する情報である。

　私たちが本を読むためには、読みたいと思えるような本の存在を知らなければならない。それを知るための活動は「広義の読書」に含まれる。それと同じように、本について誰かと語り合おうとすれば、それ以前に相手がどんな本を読んでいるか（①）、どんな本が好きで、どんな感想を持つタ

イプの人なのか（③、④）といったことを知っておく必要がある、もしくは知っておくことが望ましい。このようなコミュニティ内の共通知識は「鶏が先か、卵が先か」のようなものである。つまり共通知識はコミュニケーションを通じて育まれると共に、共通知識が存在することでコミュニケーションが加速されるのだ。その動態がコミュニティそのものだと言えるだろう。ビブリオバトルというゲームを行うことは「鶏が先か、卵が先か」の硬直状態においてとりあえず鶏と卵を生み出す。つまり本とそれぞれの人の個性に関するコミュニケーションを生み出すと共に、コミュニケーションを加速するための共通知識をコミュニティ内に生み出す。そして読書コミュニティは動き出すのだ。ビブリオバトルそのものは「狭義の読書」を拡張し「広義の読書」を生み出すエンジンなのである。

# 3. 設計変数としての制限時間

## ▶制限時間のデザイン

　コミュニケーション場のメカニズムの設計原理からビブリオバトルの公式ルール、つまりメカニズムそのものを見た時、そこには設計された様々な変数が存在することに気づく。ここでは第1章で述べた設計変数の初期リストの中の発話権制御（時間配分）に着目したい。発話権制御（時間配分）の視点から言えば、ビブリオバトルはそれぞれの発話者に順番に固定時間を与える形式を取っている。より具体的には、ビブリオバトルでは5分の発表時間と、2〜3分のディスカッション時間が発表者ごとに準備されている[10]。この公式ルールがビブリオバトルの定義であるので、原則的に発表時間を1分にしたり10分にしたり、無制限にしたりすると、それはビブリオバトルではなくなる。そのように変更してもコミュニケーション場のメカニズムとしてのビブリオバトルの効用が保持されるのであれば、公式ルールには5分であるということは明示される必要がない。その意味で5分間という数字自体がビブリオバトルの機能を維持するために意図的に設定されたものなのだ。コミュニケーション場のメカニズムデザインに

おける設計変数のわかりやすい例であると言えよう。

　しかし発案時には、5分間という発表時間は発表者にとっても他の参加者にとっても「長すぎず、短すぎず、ちょうど良い」という感覚的な基準に従って設計されていた。2007年の発案の後に、ビブリオバトルが全国に広まり、ビブリオバトル普及委員会に関わる多くの実践者の間の議論を通じても5分間という数字は維持されることになっていったが、コミュニケーション場のメカニズムデザインの立場からすれば、この数字が持つ意味については実証的に検証されるべきである。本節ではこの制限時間のデザインに関わって行われた赤池らによる実証研究（赤池・谷口 2014）について紹介したい。

#### ▶ 発表時間の変化が発話内容に与える影響

　赤池らは5分間という発表制限時間の妥当性に関して調査するために実証的な研究を行った（赤池・谷口 2014）。具体的には発表時間を1、3、5、7、10分としたビブリオバトルを複数回実施し、スピーチにおける発話内容を客観的に分析すること、および、発表者と視聴者双方にアンケート調査を実施することで分析した。

　この調査では4名の書評者発表者によるビブリオバトルが二つの被験者グループにおいて実施された。この実験では通常のビブリオバトルと同様に視聴のみを行う参加者も受け入れている。発話内容の分析では8名5条件、全40冊、延べ208分に及ぶ発表の全文書き起こしを行った上で分析を行っている。

　発話内容の分析では、まず分類に用いる発話内容のカテゴリーを準備した。詳細なカテゴリーを表2に示す。これらは大きく分けて「書評本」「書評者」「その他」に関するカテゴリーとして分類される。ビブリオバトルではしばしば「人を通して本を知る、本を通して人を知る」というキャッチフレーズに関連して、発表では「5分だからこそ本の内容と、書評者の考えがバランスよく話される」という言説がなされていた。この言説の妥当性を検証する意味でも、この3分類による検証は意義深い。

　分析では書き起こされたスピーチの各文に対して表2に示されたカテゴ

書評本に関する発話サブカテゴリー

| 内容 | 本の内容について紹介 |
|---|---|
| 構成 | 本の構成について紹介 |
| 著者 | 著者について紹介 |
| 引用 | 本から1文を引用している |
| 具体例 | 本の説明をする上で具体例を用いる |
| 導入 | 本や著者の名前、発行年度等の紹介 |
| まとめ | 書評全体のまとめ |

その他の発話サブカテゴリー

| 背景 | 社会情勢や一般常識等に関する発話 |
|---|---|
| 会場 | 会場となっている場に関する発話 |
| 訂正 | 一つ前の発話内容の誤りを訂正 |
| 挨拶 | 視聴者に向けての挨拶 |
| 補足 | 一つ前の発話内容の補足説明 |
| 質問 | 視聴者に質問を投げかける |

書評者に関する発話サブカテゴリー

| 推測 | 内容に関する自身の推測を紹介 |
|---|---|
| 共感 | 視聴者に対して共感できるであろう事柄を発話 |
| 感想 | 本を読んでの自身の感想 |
| 経験 | 自身が体験した経験 |
| 動機 | 本を選んだ、または勧めた動機 |
| 推奨 | 本を視聴者に推奨する |

発話カテゴリーの分類

| 書評本 | 書評本の内容や構成などに関する発話 |
|---|---|
| 書評者 | 書評者の考えや経験などに関する発話 |
| その他 | 挨拶や視聴者への質問などのそれ以外の発話 |

表2：発表内容の分析に用いられた発話カテゴリー

注：赤池・谷口（2014）より。

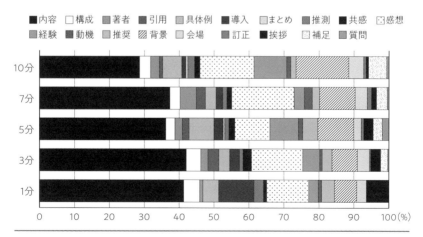

図4：発表制限時間ごとの詳細な発話カテゴリーの平均比率

注：赤池・谷口（2014）より。

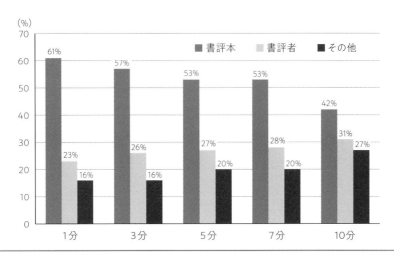

図5：各発表制限時間における発話タグの平均比率（割合は小数点第1位を四捨五入）
注：赤池・谷口（2014）より。

リー（発話タグ）が付与された。なお複数の意味を持つ文には複数の発話タ
グを振り、いずれにも当たらないような文には付与しないこととした。

　図4は発表制限時間ごとの詳細な発話カテゴリー比率の平均を表してい
る。また図5にはこれらを「書評本」「書評者」「その他」の三つのカテゴ
リーにまとめたものを示す。この結果からは、時間が長くなるにつれて書
評本に関する発話の比率が低下し、書評者自身に関する発話（自分語り）や
その他に関する発話の割合が増加することが見て取れる。ただし変化はす
るものの、いずれの条件でも書評者自身に関する語りは2〜3割程度の割
合を維持しており、5分の制限時間でなくとも「本の内容と、書評者の考
えがバランスよく話される」という現象はある程度維持されているように
見える。ただしこれはあくまでも割合に関するものであり、それぞれのカ
テゴリーに費やした時間は実験条件ごとに異なる。それが十分な長さで
あったかどうかはわからない。

## ▶発表時間の変化が参加者の主観的経験に与える影響

　感性評価アンケートの結果を示す。図6はそれぞれの項目の平均値を縦
棒で示している。また標準偏差を誤差棒で添えている。さらに各項目に関

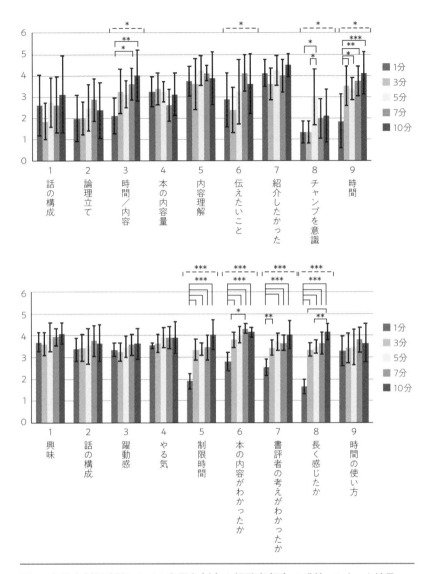

**図6：各発表制限時間における書評者（上）と視聴者（下）の感性アンケート結果**

注：赤池・谷口（2014）より。

しては分散分析を行い、有意差があったものについてはボンフェローニの方法に基づく多重比較を行っている。有意水準を＊5％、＊＊1％、＊＊＊0.1％で示している。つまり＊の数が多いほど差が顕著であると考えてもらえば

よい。

　特に時間に関わる部分を見てみよう。書評者に関しては「3．書評時間は話したいことに対して十分であったか」「9．制限時間は長く感じたか」について有意な差がみられた。特に3．に関しては1分の場合、7分と10分との間に、9．に関しては1分と他すべての時間で相互に有意差がみられた。これは3〜10分程度の違いであれば大きな差はないが、1分は書評者にとって短すぎるということを意味している。

　次に視聴者に関しては「5．この書評にとって制限時間は十分な長さだと感じたか」「6．書評を聞いて本の内容はわかったか」「7．書評を聞いて書評者の考えがわかったか」「8．書評時間を長く感じたか」の4項目に関して分散分析の結果、有意差がみられた。ここから、時間に関する感覚は、発表者以上に視聴者にとって重要であるように考えられる。ビブリオバトルの発表時間に関する議論は、とかく発表者にとっての時間が議論の中心的な話題となりがちだ。しかし、ビブリオバトルが参加者全員にとって実りある場であるべきだという考えに基づけば、適正な時間の決定にはむしろ視聴者側からの要請により「ちょうどいい」時間が決まるべきかもしれない。

　また、いずれの場合にも3分と5分、5分と7分の間には有意差がみられなかった。これより、1分や10分にするのは問題を含むが、3分〜7分の範囲で制限時間を変化させることはスピーチの内容や、発表者や視聴者の感性評価を変化させ、ビブリオバトルの効果そのものに多大な影響を与える可能性は小さいだろうと考えられる。

　ただし、この赤池らの研究では「書評者の発話」「参加者の感性評価」に対する影響のみを検証しており、ビブリオバトルの機能の側面から言えば、書籍情報共有機能にのみ関わる評価である。これらの時間変化がスピーチ能力向上機能、良書探索機能、コミュニティ開発機能にどのような影響を与えるかは、実証されていない。

　発表制限時間は設計変数であり、これを変化させることで創発するコミュニケーション現象や参加者の経験は性質を変える。十分な洞察力があればその変化に関して机上で予測を立てることもある程度は可能だが、実

際の影響は実証的な研究でもって明らかにしていく必要がある。このような地道な実証的研究の積み重ねが、コミュニケーション場のメカニズムに関する設計変数の意味を理解するためには重要なのである。

## 4. ビブリオバトルの開催形式と広がり

### ▶ ビブリオバトルの開催形式

　ビブリオバトルのメカニズムは公式ルールによって定義される。その意味ではこの公式ルールを守ってさえいればビブリオバトルであり、その効果が一定程度保たれることを設計者としては保証しているわけである。しかし実際にビブリオバトルを行う際には、メカニズム（公式ルール）に定められていない範囲で、コミュニケーション場をどのように準備するかが、その効果をある程度変容させることがある。

　ビブリオバトルにおいてこの水準にあるものとして、しばしば議論され、ビブリオバトルに関わる人々の間で定着している論点の一つが「開催形態」に関するものだ。

　ビブリオバトルの発案から普及が進んだ2010年代の前半に、ビブリオバトルの開催方式のスタイルとして、三つの類型が整理され、定着していった。コミュニティ型とイベント型とワークショップ型である。本節では補論的な位置づけでこれらについて説明を添えておきたい（ビブリオバトル普及委員会 2015）。

　コミュニティ型は10人以下程度の小規模のコミュニティで、繰り返し行われる開催形式である。ビブリオバトルがデザインされた当初はこの形式が前提とされていた。例えば研究室や会社の部署、読書会のコミュニティ、友人同士、家族などすでに存在するある程度閉じたコミュニティの中でビブリオバトルを行うスタイルだ。不特定多数の聴衆を参加者として加えることは考えず、「いつものメンバー」で書籍情報を共有することを第一とする。標準的な開催のしかたとしては一つのテーブルを囲んで座り、順番に本を紹介していくというようなスタイルをとる。茶話会の延長

のような場であり、夜は酒席で行われることもある。書籍情報を共有することにとどまらず、そのコミュニティのインフォーマルコミュニケーションの場作りとして、通常業務等では得られない情報共有やチームビルディングに用いられもする。

　イベント型は少人数の発表参加者と、多人数の聞き手からなり、誰でも参加することが可能な開催形式である。聞き手の人数は10名程度から数百名以上と幅がある。YouTubeなどにアップロードされているビブリオバトルの動画などは圧倒的にこのイベント型のものが多い。なぜなら閉じたコミュニティ型のビブリオバトルや、次に紹介するワークショップ型のビブリオバトルの動画を公開しようと思う人は圧倒的に少ないからだ。東京都が立ち上げてその後、活字文化推進会議（読売新聞社）が継承した全国大学ビブリオバトル等の大会はこのイベント型の最たる例である。また書店や図書館で行われるビブリオバトルもこのイベント型であることが多い。

　大規模な大会になると発表者5人程度に対して、観客が数百人や千人規模となった事例もある。こうなればコミュニケーション場というよりはむしろ書評エンターテインメントのライブイベントという側面が強くなる。大規模になると参加者同士の相互交流が難しくなる。「人を通して本を知る」側面が少数の発表者から大人数の観客へ一方向的なものになってしまい、本来の双方向的なコミュニケーションに基づくコミュニティ育成の側面は弱まってしまう。また、参加者の読書とその共有を促進するという視点に立っても、一人ひとりが発表者になり「人を通して本を知る、本を通して人を知る」というビブリオバトルらしい場作りからは離れることとなる。数百人の人が集まっても、紹介されるのはたった5冊ということになるからだ。一方で多くの観客は発表者にスピーチに対するいっそうの真摯さと鍛錬を求めることでスピーチ能力向上機能に関しては、より強度の高い実践の場を提供することになる。

　ワークショップ型は大人数の参加者をグループに分け、同時並行でビブリオバトルを進行する開催形式である。ビブリオバトルは、コミュニティ型を前提としてデザインされたゲームだったが、書店での開催など、イベ

ント型で用いられるようになったことをきっかけに、全国的な普及が進んだ。やがて全国大会など大規模なイベント型開催も行われ、多くの人に認知されるようになった。しかし、イベント型ではビブリオバトルが本来持つ一人ひとりが参加主体となり、一人ひとりの持つ私的情報を引き出して、コミュニティを開発し、全員のスピーチ能力を向上させ、書籍にまつわる会話を活性化させるという機能を十分に発揮できない。多くの参加者がただ聞くだけになってしまうのだ。特にこれは小学校や中学校といった学級でのビブリオバトル活用において大きな問題となった。そこで、大人数であってもコミュニティ型の持つビブリオバトルのよさを体験できるようにするため、ワークショップ型の開催が考案された。読書推進においては「どれだけの人に発表参加者になってもらうか」がむしろ重要であり、その意味では多くの人に「本を読み、それについて話す」機会を与えるワークショップ型は、ビブリオバトル本来の特徴を大人数でも生かすことに適したモデルだと言える。元々は市井でのビブリオバトルワークショップの開催に際して開発されたが、学校を始めとして、「みんながビブリオバトルを体験する」活気ある場作りのための開催形式として広く用いられている。特に、学級においてはワークショップ形式が定番となっている。ワークショップ型では参加者が大人数であっても、グループごとの自然な相互交流が期待できる。

### ▶ ビブリオバトルの広がり

　2007年に発案者の谷口によって開始された当初、ビブリオバトルは特定の小規模の人数で繰り返し行うコミュニティ型の開催を前提としていた。2009年になると大阪大学の学生団体Scienthroughが、誰もが参加することが可能な形式での開催（イベント型）を始めたことで、その後書店や図書館、教育現場など、様々な場面で用いられていった。本章の最後にビブリオバトルが一つのメカニズム（一つの公式ルール）を基礎として、いかに多様な場で活用されているかを俯瞰したい。

　図書館は、ビブリオバトルが書籍を使用するゲームであることから親和性が高く、最もビブリオバトルが浸透した分野の一つである。2012年に

図7：様々な場所で活用されるビブリオバトル。長崎県佐世保市立図書館(左上)、有隣堂伊勢佐木町本店(右上)、草津市立市民交流プラザ「まいにちビブリオバトル」(左下)、ソロモン諸島における小・中学生でのビブリオバトルを用いた読書推進活動(右下)。

は、ビブリオバトルが図書館を本と人との出会いの場としていることが着目され、NPO法人知的資源イニシアティブ(IRI)が企画・運営する「Library of the Year 2012」の大賞を受賞した[11]。また、2020年には『図書館情報学用語辞典 第5版』に記載された。ビブリオバトルは今や図書館情報学の用語として認知されている。

　ビブリオバトルを定期イベントとして取り入れている図書館は数多い。例えば長崎県佐世保市立図書館では2016年からビブリオバトルの定期開催を行っている(図7左上)。さらに、市内商業施設に出張してのビブリオバトルや、市主催のイベント内で「ビブリオバトル佐世保大会」を開催するなど、積極的に館外活動も行っている[12]。独自の取り組みが評価され、ビブリオバトル普及委員会が設置している「Bibliobattle of the Year 2019」で大賞を受賞した。図書館がビブリオバトルを契機に地域との結びつきを生み出している好例と言えるだろう。

　また、奈良県生駒市図書館では、2013年から月に一度の定期開催を続

けている。2015年からは年齢制限のないビブリオバトルの全国大会の運営も行っている[13]。ビブリオバトルが、地域に根ざした活動であるのに加え、全国各地の図書館やコミュニティをつなげられるコンテンツであることを、生駒市図書館の取り組みは示している。

　ビブリオバトルは、教育分野へも広く普及している。2013年、2016年には文部科学省の「子どもの読書活動の推進に関する基本的な計画」（それぞれ第三次、第四次）にビブリオバトルが掲載されており、中学、高校の国語の教科書等にも記載されるようになった[14]。こうした普及の原動力となってきたのが、大学生を対象としたビブリオバトルの全国大会の開催だ。大規模な大会が開かれ、そのための予選が全国各地で実施されたことで、ビブリオバトルの知名度が向上した側面は大きい。初めて行われた全国大会は、2010年に東京都などが主催した「すてきな言葉と出会う祭典」の中で実施された大学生の大会、「ビブリオバトル首都決戦2010」である。その後2013年までは東京都主催で「ビブリオバトル首都決戦」として実施され、2014年からは活字文化推進会議が主催（主管：読売新聞社）となって「全国大学ビブリオバトル」という名称で開催されている。2019年までの出場者数は、延べ8,767名にも及ぶ。また、高校生の全国大会「全国高等学校ビブリオバトル」は2015年から、中学生の全国大会「全国中学ビブリオバトル」は2018年から、それぞれ活字文化推進会議の主催で行われている。こうした全国大会の影響で、ビブリオバトルはメディアに取り上げられる機会も増え、多くの人に認知されるようになったが、一方で課題も生まれた。その一つは「ビブリオバトルとは大規模なイベント型を指す」という印象を持つ人が増えたことである。大勢の観客を前にして生徒・学生がプレゼンを行う姿は目を引きやすいが、読書推進やコミュニケーション能力の涵養を目指して教育への導入を行う場合、イベント型が適切な導入方法だとは言えない。

　教育現場でのビブリオバトル活用においては、大人数が少人数のグループに分かれ、同時並行でビブリオバトルを行う方法であるワークショップ型が推奨されている。ワークショップ型はビブリオバトルを大人数で行い、その上でビブリオバトルによる様々な教育効果を得るための一つの解

決策になると考えられている。

　ビブリオバトルを授業に導入する際の課題として、参加の強制が生徒・学生のビブリオバトルへの参加動機を毀損しうるという問題がある。ジェイン・マクゴニガルは、ゲームであることの条件を、①ゴール、②ルール、③フィードバック、④自発的な参加、の四つを満たすことだと述べている（マクゴニガル 2011）。自発的な参加が条件に挙げられているということは、参加が強制される場では、ゲームとしての条件が満たされなくなってしまうことを意味している。この条件が満たされなくなるとチャンプ本を取るために真面目に本を選び、言葉を選ぶというダイナミクスが生じなくなる。このゲームとしての根幹が崩れると、ビブリオバトルの公式ルールを守ってもビブリオバトルの持つ機能が適切にはたらかなくなる。そのため、授業にビブリオバトルを導入する際は、いかに生徒の主体性を確保できる環境づくりをするかが肝要になる。

　そんな中、長野県上田市立塩田西小学校では、学校司書が中心となり図書室でビブリオバトルを行っている。ここでは参加意欲の高い児童の要望でビブリオバトルクラブを発足させた。その影響で図書の貸出数が大きく増加するなど、良い影響が現れている。ビブリオバトルがゲームとして機能した場合の事例と言える。塩田西小学校は、この活動を通して「令和2年度子供の読書活動優秀実践校」として、文部科学大臣表彰を受けている[15]。

　また、学校以外の場で、教育にビブリオバトルが用いられている事例もある。江戸川区子ども未来館では、小学生を対象に様々な分野の講座を実施する区立施設であり、その中で、「本と出会える・友達ふえる　みんないっしょにビブリオバトル」を2013年から開講している[16]。一連の講座の中では、ビブリオバトルの観戦から発表、書店での職業体験にまでつなげるなど、本の魅力を伝える場としてビブリオバトルを活用している。参加した子どもたちから反響も大きいという。これらの活動は学校の授業での実施にも示唆を与えてくれるだろう。

　ビブリオバトルは、書店でも広がりを見せている。書店が店舗のイベントとして開催するケースだ。全国で最初にビブリオバトルをイベントとして取り入れた事例は、2010年7月8日の紀伊國屋書店本町店（大阪府）であ

る[17]。その後、紀伊國屋書店新宿南店・新宿本店 (東京都) などでもビブリオバトルの定期開催が行われるようになり、関東地域での普及の推進力となった。有隣堂 (本社神奈川県) でも、2013年からビブリオバトルの定期開催を行っている。2020年10月3日現在で開催回数86回を重ね、総参加者数は延べ2500名以上に及ぶ[18] (図7右上)。教育委員会や出版社、商業施設などとも連携してビブリオバトルを開催しているほか、周辺での開催の支援やビブリオバトルに関する講演といった取り組みも進め、書店と他団体・地域とをつなぐツールとしてビブリオバトルを活用している。これらの活動から、有隣堂はBibliobattle of the Year 2017大賞を受賞している。

　書店のイベントとしてだけではなく、一般の民間企業がビブリオバトルに取り組んでいる例が数多くある。株式会社NTTデータの社会基盤ソリューション事業本部デジタルコミュニティ事業部はビブリオバトルの定期開催を行っている[19]。プロジェクトが細分化していく中、社員間の壁を取り除き、社内コミュニケーションと知の交流を生み出すためにオフィスでのビブリオバトルを活用しているのだ。ビブリオバトルのコミュニティ形成機能のビジネス現場での活用も期待される。

　地域コミュニティへの広がりも見逃せない。交流館やカフェなどを舞台に、地域に根ざしたイベントとしてビブリオバトルが活用されるケースも多い。埼玉県戸田市の「ダンデライオン」というカレー店では、2017年から月に一度ビブリオバトルを開催し、飲食と組み合わせ、大人の交流の場を作っている[20]。積極的に地域のコミュニティを生み出そうとしている例もある。草津市立市民交流プラザでは、施設指定管理者 (株式会社ビバ) が「まいにちビブリオバトル」として、2017年から200回以上のビブリオバトルを開催している[21] (図7左下)。曜日や時間帯の選択肢が複数あるため、参加者は自身にとって都合のいい回に参加できる。さらに、まいにちビブリオバトルの取り組みは話題を呼び、遠方からの参加者も多い。こうした活動が評価され、草津市立市民交流プラザはBibliobattle of the Year 2018大賞を受賞している。

　このように国内に広がるビブリオバトルであるが、近年では国内のみな

らず海外での開催事例も目立つ。ニューヨークやシンガポールの書店で開催されるなどの実績のみならず、2018年には、韓国のTV番組でビブリオバトルの特番が組まれ、俳優やコメディアンなどがスタジオでビブリオバトルを行う様子が放映された[22]。

　また筆者の一人である益井は青年海外協力隊員として、ソロモン諸島の小・中学生の読書推進活動においてビブリオバトルを導入し、100回以上の開催を通してビブリオバトルをソロモン諸島の子どもたちに浸透させていった（益井 2020）（図7右下）。書店がないなど、日本に比べ本に触れる機会が極めて限られるような場合でも、多くの子どもたちがビブリオバトルを楽しめることが、活動を通して明らかになった。途上国においては、鍵をかけたままにしているなど文字通り図書室が使われていないケースも多く、図書室活用のきっかけとして、ビブリオバトルのさらなる活用が期待される[23]。

---

### 注

1) 「発表参加者」とは、参加者の中で発表を行う者。「発表者」と同義。ビブリオバトルでは発表参加者と聴講参加者を合わせて「参加者」と呼ぶ。
2) 発表時間を3分間として行う場合も存在するが、これは「ミニ・ビブリオバトル」と呼んで区別される。
3) 後に紹介するように、この5分という数字を1分にしたり10分にしたりするとビブリオバトルというコミュニケーション場で創発的に生じる現象は変化する。その意味で、この時間も重要な設計変数であると言えるだろう。
4) ここでビブリオバトルにおける「良書」とは決して客観的な意味において良質な書籍のことを言うのではなく、そのコミュニティにとって良い本であることは付言しておく。
5) 日本において書籍の価格はかなり低廉化しており、1冊の本を読むのにかかる時間を時給換算した金額と、その1冊の本の書籍価格を比べると読書にかかる労力の方が高くつく場合の方が多い。小説や漫画ならまだしも、学術書や専門書にもなれば尚更だ。
6) このような視点で全国大学ビブリオバトルのようなイベント型のビブリオバトルにおける「チャンプ本」を眺めると面白い。結局のところ「チャンプ本」とはその場に集った参加者が何を好きであるかを表現したものなのだ。ビブリオバトルの報道等では発表者側ばかりに注目が集まるが、実際に「チャンプ本」に反映されるのは参加者側の意思である。これは民主主義社会における選挙の当選人の主張が、民衆の主張の

反映となる、つまり世論調査的側面を持つことに等しい。

7) この範囲においては集合知メカニズムと呼んでも構わない。

8) Amazon.com はいち早く協調フィルタリングに基づく推薦システムを導入したことで成功をおさめた。

9) なお本来的には政治活動等におけるパブリックスピーチでも聴衆にどのような行動変容を促したいかが明確であり、説得的要素を含む。

10) なお小中学生向けにミニ・ビブリオバトルという発表時間を3分としたものが存在するが、ここでは通常のビブリオバトルに関して議論するものとする。

11) IRI 知的資源イニシアティブ、Library of the Year 2012、2012年11月26日、https://www.iri-net.org/loy/loy2012/（最終アクセス：2020/10/23）

12) 長崎新聞、オンラインで「ビブリオバトル」 佐世保市立図書館　交流の在り方模索、（2020年10月1日）、https://this.kiji.is/684051166538744929?c=174761113988793844（最終アクセス：2020/10/23）

13) 生駒ビブリオ倶楽部、全国大会inいこま、https://ikomabiblio.jimdo.com/japan-1/（最終アクセス：2020/10/23）

14) 文部科学省、「第三次子どもの読書活動の推進に関する基本的な計画」について、2013年5月17日、https://www.mext.go.jp/b_menu/houdou/25/05/1335078.htm（最終アクセス：2020/10/23）；文部科学省、子ども読書の情報館、関係法令等、2018年4月20日、https://www.kodomodokusyo.go.jp/happyou/hourei.html（最終アクセス：2020/10/23）

15) 文部科学省、子供の読書活動優秀実践校・図書館・団体（個人）の文部科学大臣表彰について、2020年3月31日、https://www.mext.go.jp/b_menu/houdou/mext_00182.html（最終アクセス：2020/10/23）

16) 現在は「本と出会える・友だちがふえる　結成！ビブリオ団」に名称変更している。江戸川区子ども未来館、ゼミのごあんない、https://www.city.edogawa.tokyo.jp/miraikan/academy/zemi.html（最終アクセス：2020/10/23）

17) 紀伊國屋書店、国民読書年企画　紀伊國屋書店、本町店にて「知的書評合戦ビブリオバトル」開催！、2010年6月21日、https://www.kinokuniya.co.jp/c/company/pressrelease/20100621140000.html（最終アクセス：2020/10/23）

18) 有隣堂、ビブリオバトル in 有隣堂、2019年9月18日、https://www.yurindo.co.jp/storeguide/24993?cat=event（最終アクセス：2020/10/23）

19) ITmedia ビジネス、生産性向上の第一人者が厳選した"出社したくなるオフィス" 5社、2018年9月14日、https://www.itmedia.co.jp/business/articles/1809/14/news005_2.html（最終アクセス：2020/10/23）

20) ダンデライオン、オトナのビブリオバトル、https://www.biblio-dande.com/

21) 草津市立市民交流プラザ、まいにちビブリオバトル、https://www.kusatsu-plaza.com/bibliobattle（最終アクセス：2020/10/23）

22) 비블리오 배틀（韓国文化放送ビブリオバトル特番）2018年8月6日、https://youtu.be/ZkeMSYFKXtY（最終アクセス：2020/10/23）

23) この取り組みは、Bibliobattle of the Year 2016で大賞を受賞している。

## 参考文献

赤池勇磨・谷口忠大 (2014)「ビブリオバトルにおける発表制限時間のデザイン」『日本経営工学会論文誌』65.3, pp. 157-167.

岡野裕行 (2016)「ビブリオバトルを通して読書について考える」『情報の科学と技術』66.10, pp. 513-517.

奥健太・赤池勇磨・谷口忠大 (2013)「推薦システムとしてのビブリオバトルの評価」『ヒューマンインタフェース学会論文誌』15.1, pp. 95-106.

菅原和夫・虫明美喜 (2014)「話す活動に位置づけた知的書評合戦ビブリオバトルにおけるスピーチの特徴—独話的スピーチから聞き手を意識したスピーチへ—」『日本語教育方法研究会誌』21.1, pp. 92-93.

谷口忠大 (2013)『ビブリオバトル——本を知り人を知る書評ゲーム』文春新書

谷口忠大・川上浩司・片井修 (2010)「ビブリオバトル：書評により媒介される社会的相互作用場の設計」『ヒューマンインタフェース学会論文誌』12.4, pp. 427-437.

塚田泰彦 (2014)『読む技術——成熟した読書人を目指して』創元社

常川真央 (2019)「ビブリオバトル—ゲーミフィケーションとメディアが介在するコミュニケーション場」『システム／制御／情報』63.6, pp. 254-260.

東雅宏 (2020)「ビブリオバトルによる地域交流の成果に関する一考察　〜白山市立松任中学校の取組を事例に〜」『日本生涯教育学会論集』41, pp. 53-62.

ビブリオバトル普及委員会 (2015)『ビブリオバトルハンドブック』子どもの未来社

深澤のぞみ・山路奈保子・須藤秀紹 (2018)「日本語パブリックスピーキングにおける説得の特徴——書評ゲーム「ビブリオバトル」の観察から——」『日本コミュニケーション研究』47.1, pp. 25-45.

マクゴニガル，ジェイン (2011)『幸せな未来は「ゲーム」が創る』早川書房

益井博史 (2020)『ソロモン諸島でビブリオバトル』子どもの未来社

宮澤優弥 (2017)「ビブリオバトルから読書コミュニティをつくる：三年間の実践から見えた展望と課題」『人文科教育研究 (Journal of language teaching)』44, pp. 209-221.

山路奈保子・須藤秀紹・李セロン (2013)「書評ゲーム「ビブリオバトル」導入の試み—日本語パブリックスピーキング技能育成のために—」『日本語教育』155, pp. 175-188.

# 第 3 章

# ディベート
## ルールに基づく討論のメカニズム

### 中川智皓

## 1. パーラメンタリーディベート

▶ ディベートとは何か？

　本章ではルールが明確に定められ統制されたコミュニケーションの場としてパーラメンタリーディベートを取り上げる。パーラメンタリーディベートを例とし、そのコミュニケーション場がメカニズムデザインの観点から何を統制していることになるのか、考えていきたい。

　ディベートとは、あるテーマについて、肯定・否定の二つのグループに分かれて討論することである。広義には、政治家の党首討論や裁判なども含まれる。一方でよりルールが明確化され、ゲームもしくはスポーツとして定着したディベートの世界があり、競技ディベートなどとも言われる。競技ディベートは論理的な議論や言語教育の一環として学校における授業や部活動にとどまらず様々な場所で取り組まれているのである。

　本章ではルールに基づいて討論するタイプのディベートを対象として、コミュニケーション場のメカニズムデザインの視点から議論したい。証拠資料をあらかじめ準備するもの、パブリックスピーチスタイルのものなど、ルールに基づいた競技ディベートの形式にも様々なものがある。その中でも本章では英国議会を模したパーラメンタリーディベートに着目する。パーラメンタリーディベートでは、政府チームと野党チームに分か

れ、定められた順序・時間で、各チームの話者が聴衆・ジャッジを説得することが目標である。

第2章で紹介したビブリオバトルと異なりパーラメンタリーディベートは歴史的に形成されてきたコミュニケーション場のメカニズムであり、その意味で明確な設計者が存在するわけではない。いわば自然的もしくは進化的に形成されてきた概念であり、それゆえにルールとして書き起こした際には、様々な変種が存在している。それらの違いにより議論が混乱することを避けるために、本章では特にその中において明確に定義された一つのルールに絞って論じることにする。一般社団法人パーラメンタリーディベート人財育成協会 (PDA) の定める即興型英語ディベートである (中川2017)。以下、本章でパーラメンタリーディベートと言う時には、特にことわりのない限り PDA の即興型英語ディベートを指すものとする。

### ▶ 即興型英語ディベート

即興型英語ディベートはパーラメンタリーディベートの一種であり、日本国内では PDA によって普及が促進されている。PDA が英語教育に重きを置いているために即興型「英語」ディベートと冠されているものの、そのメカニズム自体は日本語や他の言語でも活用できるものである。

一般的なパーラメンタリーディベートの中には、ブリティッシュ・スタイル (British Parliamentary Style)、オーストラリア・アジア・スタイル (Australia-Asia Style)、ノースアメリカン・スタイル (North American Style) など複数の形式がある。スピーチの時間や質疑応答などの細かいルールは様々である。例えば、ブリティッシュ・スタイルでは肯定側として肯定前半・肯定後半の2チームがあり、準備時間は15分程度と短く即興的に否定側と合わせて合計4チーム同時にディベートするのに対して、オーストラリア・アジア・スタイルではより準備時間が長く、反論専門の役割分担も設けられている。

PDA の即興型英語ディベートはこれらを背景にしつつ、比較的わかりやすいノースアメリカン・スタイルを基礎として、現代の日本の学校教育において導入できる形に整理され、提案されたルールである。即興型英語

ディベートのルールは、学校教育における標準的な授業時間である50分間で完結するスタイルになっているのだ。このルールは、PDAでの実践研究活動によって、日本の中学・高等学校の授業で一般的な生徒が理解できるルールであることが検証されている[1)2)]。また文部科学省の、高等学校における「多様な学習成果の評価手法に関する調査研究」研究課題「即興型英語ディベートを活用した統合型ルーブリック評価の研究」において採用されたルールでもある。

　図1に示すように、パーラメンタリーディベートでは肯定チームと否定チームに分かれる。肯定チームは政府の役割を演じ、否定チームは野党の役割を演じるのだ。その代表者はそれぞれ首相（Prime minister）と野党党首（Leader of opposition）と呼ばれ、まさに英国議会の様子を演じることになる。各グループは3名により構成され、それぞれのメンバーが順番に演台に立ち自らの発言を行う。机は通常向かい合って（もしくはハの字型に）配置し、それらを観察するようにジャッジが座ることになる。

　図2にパーラメンタリーディベートの流れを示す。具体的なルールを示した別表1〜3を参照しながら確認したい。一般的な競技ディベートでは各メンバーがどのタイミングで何を言うかは厳密にルール化されておらず、ある程度の自由度が参加者に任されている。しかし、その概形は文化的に決まっており、結局のところディベート参加者はその型を練習や習熟を通して身につけていくことになる。初心者にむけた授業導入を明確に意識したPDAの即興型英語ディベートではこの各メンバーの役割を明確にルールの中で規定することにより、その習熟ステップを飛ばすことが意識されているのだ。これらを縛ったとしても十分なゲーム性や教育効果が見込める。以下、順を追って説明しよう。

　あらかじめ、二つのグループのどちらが政府（肯定チーム）になり、どちらが野党（否定チーム）かランダムに決定される。そして、ディベートの「お題」が与えられる。その後に15分の準備時間でスピーチの準備を行う。この際に、後に紹介するスピーチシートの利用が推奨される。

　ディベートのスピーチ時間が開始されるとはじめに首相が3分で立論を行う。この時問題の定義が必要な場合は、首相が行う。例えばお題が「学

校の宿題は自由提出とするべきか？」という問題であれば、そこでいう「宿題」とはどの範囲を指し、「自由提出」とはいかなるものを指すかなどを定義する。次に政府側がこれを肯定する根拠となる肯定ポイントを二つ、そのタイトルのみを紹介する。その上でその一つ目を説明するのだ。

次に野党代表が立ち上がり首相の主張した一つ目の論点に関して反論があれば反論を行う。次に野党側が行う否定の論点、つまり否定ポイントを二つ、そのタイトルのみを紹介する。その後に一つ目の否定ポイントを説明する。

次に政府メンバー（二人目）が立ち上がり一つ目の否定ポイントに対する反論を行い、また首相が行った一つ目の主張に対する野党の反論に対する再構築（立て直し）を行う。さらに二つ目の肯定ポイントに関して説明を行う。

その次に野党メンバー（二人目）が一つ目と二つ目の肯定ポイントへの反論を行うとともに、一つ目の否定ポイントの立て直しを行い、最後に二つ目の否定ポイントの説明を行う。

ここまでが立論のフェーズである。その後にまとめのフェーズに移行する。最後は順番を入れ替え、野党側から発言を行う。

三人目の野党メンバーは野党代表と呼ばれるが、これは基本的には一人目と別の人物である。論題を確認した後に最も重要なことは何であるかを述べ、肯定側の主張を確認した上で、それでも否定側の主張が優れている理由を説明して、締めくくる。

三人目の政府メンバーも一人目と同じく首相と呼ばれるが、これも基本的には一人目と別の人物である。ここでは二つ目の否定ポイントへの反論を行った後に、否定側の意見を確認しつつ、何が最も重要であり、なぜ肯定側の意見が優れているのかを述べて、締めくくる。

このように全体が進行するのだ。途中でPOI（ポイント・オブ・インフォメーション：point of information）と呼ばれる質問を行うことができるが、ここでは詳細の説明は割愛する。最後にジャッジが「論題に対する自身の個人的な考えや偏見は入れず、試合で述べられた議論を比べ、より説得力があったほうを勝ちとする」という考え方の下で、「内容」と「表現」を

図1：ディベートの概要

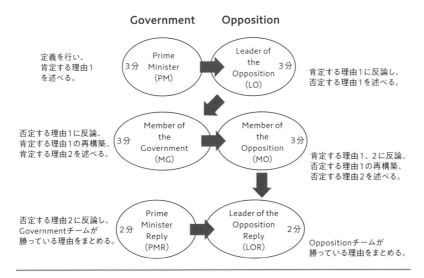

図2：ディベートの流れ

共に基準に入れてジャッジを行う。ジャッジは複数人で合議する場合もあれば、単独で決める場合もある。そして勝敗が決まれば、あとは後腐れなく両チームが握手を交わしてゲームを終えるのである。

　このように全体の進行はメカニズムとして形式化されており、初めて実施する場合でもPDAが提供するスピーチシートや進行役（チェアパーソン）のスクリプトなどの補助資料を参考にしながら実施することができる。時

間の管理や、各役割の開始タイミングを告げるなど、パーラメンタリーディベートに熟練していない者であっても、形式的な進行が可能なシステムとなっている。

## ▶パーラメンタリーディベートと弁証法

　パーラメンタリーディベートを教育の現場において実践することの意義は、「私たちはどのような議論をすべきか？」という考え方と密接に関係している。また「私たちはどのような議論の技能を身につけるべきか？」という考え方とも関係しているのだ。

　一般的に「コミュニケーション場を作る」などと言うと、皆が和やかに会話するような場をイメージする人もいる。私たちの日常の会話を思い出すと、対立を回避するために論点をうやむやにし、衝突を避けることに全力を傾ける状況がしばしばある。このような考え方は政策の議論や科学技術研究における議論とは相容れない。「和をもって貴しとなす」と言えば聞こえはよいが、それが導くのは「玉虫色の結論」であり、「意見をうやむやにされること」であり、「事実や論拠に基づかない決定」であり、果てには「どういう意見かではなく、誰の意見か」による意思決定や「空気の支配」へと繋がっていくのだ。きちんと意見を戦わせて、きちんと対立し、その中で根拠や事実、論理を確認して、集団的意思決定につなげるという議論のやり方は、人類が得てきた叡智の一つなのである。

　このように対立する議論をわざと重ねることで、私たちの思考や知識はより高い次元へと導かれるという考え方は、ドイツの哲学者ヘーゲルによって説かれたとされる「弁証法」によって明晰に語られる。弁証法とは、思考方法の一つで、対立しあう二つの主張を一つ上の次元の新しい主張へと引き揚げていくという考え方である。立論する「テーゼ（正）」とそれに反論する「アンチテーゼ（反）」、そしてそれを統合する「ジンテーゼ（合）」の3段階を想定する。

　身近な例だが「ルービックキューブが欲しい」と子どもが言った場合のことを考えよう。まずテーゼとなる命題「ルービックキューブを買いたい」が立てられたとする。これに対するアンチテーゼが反命題「ルービッ

クキューブを買いたくない。なぜならお金がないから」として返されたとしよう。この二つは一見衝突するように見えるが、その反対の理由にさかのぼり、よく議論してみるとジンテーゼとしての統合案「（親戚や友達のいらなくなった人から）ルービックキューブを譲ってもらおう」という答えが導かれる。もちろん、自宅にある材料でルービックキューブを自作するという新たなジンテーゼもありえるだろう。

　このように対立する主張を調停し、高い次元へと高めることが弁証法的な解決すなわち止揚（アウフヘーベン）である。弁証法の素晴らしいところは、まずは対立から始めるものの、対立で終わらせるのではなく、また、うやむやにして終わらせるのではなく、お互いの意見をきちんと受け止めた上で、お互いにとってよりよい結論へと導く点にある。

　弁証法的な思考プロセスは、あえて反対の意見を考えることで議論やアイデアのブラッシュアップにつながっているといえる。これは現代の科学技術研究の根底にある考え方であり、この弁証法的思考なしに近代以降の人類の進歩はなかったと言ってよい。もし対立を許容し、そこから生まれる弁証法的な議論を忘れてしまったら、私たちの社会は簡単に暗黒時代へと転落していくことだろう。

　ディベートにおいては、人工的に肯定側と否定側の相反する立場に分けることで、ものごとの差異を明確にし、新たな結論に持っていくための議論展開の練習ができる。「ディベート」と聞くと、口喧嘩、論破、また相手を倒してなんぼ、というイメージを抱く読者も多いかもしれないが、それは端的に誤った理解である。ディベートの根底には弁証法的な考え方が含まれており、ジンテーゼを目指す意思を持ちながらテーゼとアンチテーゼを戦わせる考え方こそ、よいディベートとなるわけである。つまり、「ジンテーゼを目指す」ためにディベートをメカニズムとして形式化する必要性を再認識しよう。

## ▶ディベート文化と目指すべき議論

　ディベートの技能に関する議論のはじまりは古代ギリシャ時代まで遡る。プロタゴラス（前500年頃～前430年頃）はソフィストとしてアテネにて

弁論術を教授していた。アテネの民主制社会において、政治への参画には言論の技能が必須であったのだ。その後、アリストテレス（前384年‐前322年）は、三段論法をはじめとする論理学や修辞学を体系化した。アリストテレスの著作『弁論術』はその後の欧米諸国の政治文化にも大きく影響を与えた哲学書として有名である。

　現代のディベート文化に関してはイギリス議会が象徴的な役割を果たしているといえるだろう3)。ちなみに議会は英語で「パーラメント（Parliament）」だが、元はフランス語の「パルレ（parler）」すなわち「話す」が語源である。それはパルレすることが議会の基本であることを意味する。議論することを忘れた議会は議会の名に値しないということになろう（前田2003）。

　一方、日本におけるディベートの歴史を見てみると、宮廷などの論議と呼ばれるディベート形式の行事、問注所での対決や対問と呼ばれたような裁判が挙げられる。しかし、少なくとも西洋の規範的観点に見られるような論理的議論法を訓練しようという強い社会的要請には欠けていたことが指摘されている（Inoue 1994）。西洋式のディベートの導入について、16世紀のキリスト教伝来時のラテン語の論争訓練、明治時代になって福澤諭吉らによって行われた三田演説館での勉強会が知られている。日本の国会のはじまりは、国会は何をするところか、その権限をどうするかの枠組みを決めることからまずは模索された（前田2003）。最終的には「帝国議会（The Imperial Diet）」という名となった。パルレではない点が英国議会との比較については興味深く、また日本のディベート文化にとっては致命的なところである。第二次大戦中の日本の帝国議会は、自由な言論がなく（前田2003）、ディベート文化の醸成とは程遠かったことが考えられる。

　現在においても、言論の技能をオープンな場において活用して異議を唱えるのではなく、議論の前に根回しし、面と向かっての意見の否定を回避する慣習を重んじる傾向がある。これが日本の議論文化の成熟を阻害し、「空気の支配」「どんな意見かより誰の意見か」「忖度による意思決定」といった日本的悪習に繋がっていること、また日本の生産性低下や国際的地位の低下を招いていること、さらに各種組織においてシニア世代の圧力に

負け若者が苦境にあえぐ現状へと繋がっているのだろう。より良い意思決定のためにはストレートな意見を戦わせて、年少者や立場の弱い人間の意見であっても、内容が良く根拠があれば採用するという公正な議論文化が現代社会の発展のためには絶対に必要なのである。

　瞬く間に社会が変化していく昨今、限られた時間で建設的なコミュニケーションを築いていくことは重要である。建設的なコミュニケーションには、かみ合った議論をすることが大前提といえる。政治家の公開討論、社内会議、家庭での会話と、様々なレベルで議論が展開されるわけであるが、個々が何の制限もなく、思い思いに話すと、全く話さずただ座っているだけの人が発生したり、声の大きい人の意見ばかりが目立ってしまったりした結果、根拠薄弱な物言いがまかり通り、一人ひとりの持つ知識が活用されず、質の悪い現状認識や意思決定がなされることになりかねない。

　現代社会においては、多様な価値観、生き方が広がっており、多様な考えを知り、受け入れることが必要である。それを実現すべく、効率的で効果的な情報共有のためには、多様な意見を表出させ、きちんと論理を把握して、議論をかみ合わせる技能を一人ひとりが身につけていく必要があるし、それを助けるようなコミュニケーションの場を適切に設計するという挑戦は意義深い。

　コミュニケーション場のメカニズムとしてのディベートは、その挑戦への足掛かりになる要素が含まれていると考えられる。詭弁ではなく、本質的にかみ合った議論のしやすい環境および文化が醸成され、あらゆる他者を価値ある存在として尊重し、他者に想いを馳せて議論することがよりしやすい社会にしていきたい。


## 2. 論理構造のデザイン

### ▶ディベートにおける論理構造

　パーラメンタリーディベートにおいて、本書で紹介する他のメカニズムとは異なる特徴的なことは、「立論」と「反論」という構造を明示的に

ルールの中に埋め込み、その流れを固定的に設計している点にある。その対立構造の設計と、その上で対立が導く心理的負荷の緩和の仕組みがパーラメンタリーディベートのメカニズムとしての特色であり、骨格であると言えるだろう。本節では設計変数の初期リストにも加えたこの「論理構造の導入」を取り上げて説明したい。

　パーラメンタリーディベートでは意図的に議論を肯定と否定に分けることで、弁証法的状況を設計している。そして参加者をその状況に投げ入れることで、弁証法的議論を体験してもらうわけである。その意味で参加者が最後に握手をもって終わるのは、非常に象徴的な要素である。

　議論は論理的でなければならない。それゆえにディベートでは、どの論点がどのような意見によって支持（support）され、どのような意見によって反論（attack）されたか、という議論の流れを把握できるようにすることが不可欠である。発話交替が頻繁に起きて、どのタイミングで誰がどのタイミングの意見を指示したり反論したりするかわからない状況では、その関係性を追うことができない。個々の意見を個々の意見として独立に聞く場と、個々の意見の論理的関係性まで把握しなければならない場ではコミュニケーションの複雑性がまるで違うのである。

　この難易度は別のコミュニケーション場のメカニズムとの対比によってより浮かび上がるかもしれない。実は明示的にコミュニケーション場を作るメカニズムでは、ディベートのように意見の論理構造に着目したものは多くない。例えば前章で示したビブリオバトルでは個々の発表への批判はメカニズムの外に置いているし、アイデア出しの手法であるブレインストーミングでも批判は外して、またそれぞれのアイデアを、相互の関係性などは無視してひたすら出力することが求められる。むしろここでは関係性を無視することによって自由な発言を導いているわけである。

　議論の中の論理構造を明示的にメカニズムの中に取り入れることで、論点とそれに対応する論拠や反対意見を顕在化させている。つまり、それぞれの話者に、立論、反論、再構築、再反論などの役割を明示的に与えることでそれを実現させている。具体的には、肯定側と否定側の間での明確な順序交替（ターンティク）をメカニズムの中で定義し、さらにどの発話単位

の意見が、どの発話単位への支持になり攻撃になるかをメカニズムのレベルで一定程度規定している[4]。

### ▶ スピーチシートとフローシート

　こうした論理構造を初心者でも簡単に追うことができるように、補助ツールとしてスピーチシートやフローシートがPDAによりデザインされて提供されている。同スピーチシートおよびフローシートは、中学・高等学校での一般授業にて使用できるよう、できるだけ簡潔に系統立てて整備されたものである[5]。

　論理構造を顕在化させるためのスピーチシートを図3に示す。役割ごとに異なるスピーチシートとなっている。図3に示すスピーチシートは首相（Prime Minister）用である。話者は、スピーチシートに沿って、論点およびその説明を書くことで、ルール（メカニズム）に従った基本的な構成のスピーチを完成させることができる。

　また、論理の流れを残すためのフローシートを図4に示す。これの上で立論から反論、再構築、再反論の流れが一目瞭然となる。議論の流れを可視化するためのフローシートは、ディベートにおいてそれぞれの話者が話した内容をメモする際に使用する。ジャッジはもちろん、話者も使用する。

　フローシートは、スピーチシートと連動しており、話者がスピーチシートの構成に沿ってスピーチを行えば、フローシートに示されるすべての括弧箇所が議論で埋まっていく仕組みである。一人分のスピーチを縦の列に記入し、次の人のスピーチはその右横の列に記入していく形式である。話された各論点がどのように反論されて再構築されたかを、左から右（図4内矢印参照）へ追うことで、それぞれの議論の流れを把握することができる。なお、フローシートの括弧内左上の添え字（数字）は、スピーチシートと連動する構成順序を示している。話者が立論、反論、再構築など、それぞれのスピーチにおいて示すべき内容をスピーチシートの構成に従って話した場合、フローシートの当該添え字の番号順に、括弧がメモで埋まっていく。

## Prime Minister（PM）（肯定側1番目）

挨拶　Hello everyone.

お題　Today's topic is

> 論題を記入する

定義　We define that

> 定義を必要とする事柄があれば定義する

肯定ポイントの数の確認　We have two points.

肯定ポイント1の名前　The 1st point is

> 肯定ポイント1の題名を記入する

肯定ポイント2の名前　The 2nd point is

> 肯定ポイント2の題名を記入する

肯定ポイント1の説明　I will explain the 1st point

> 肯定ポイント1の題名を記入する

We believe that

> 肯定ポイント1の具体的な説明を記入する

> 論題を記入する（肯定）

結論　Therefore,

終わりの挨拶　Thank you.

---

図3：スピーチシート

　このようにパーラメンタリーディベートのメカニズムでは、系統立てた論理構造を予め導入し、メカニズム内で標準化している。それゆえに準備できるのがスピーチシートでありフローシートなのである。

　このような枠組みに従うことで相手チームやジャッジへも論点や議論の流れを明確に伝えやすくなる。即興型英語ディベートにおけるルールおよびそれに即したツールは、元々は限られた授業時間内で生徒が理解し、迷

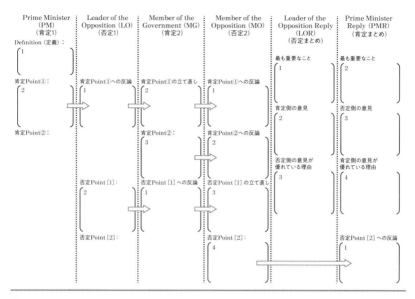

図4：フローシート

　わないように配慮し開発したものであるが、それはパーラメンタリーディベートというメカニズムの性質を表す象徴的なツールであるとも言えるだろう。

　ここで、議論の可視化のしやすさについて考えてみる。可視化の意味するところは、ディベートで話された全文を文字に起こして見えるようにするということではなく、どのような論点が出て、どのように議論が推移したかを具体的にわかるようにするということである。例えば、既述のようなルールによる制約がなく、単純に、肯定と否定に分かれて好きに議論しましょうというコミュニケーション場を用意したとする。この場合、各派（あえて各チームとは言わずに各派とした。また、肯定でも過激、穏健、その間などスタンスが異なることも想定される）から出てくる論点がいくつあって、どのような論点であるのか、聞き手によって理解が異なる可能性が考えられる。なぜなら、論点数の制約はなく、話し方によっては（例えば、論点のタイトルなどは言わずに、文章をひたすら続けて話すなど）、論点が二つに聞こえたり、三つに聞こえたりするケースが考えられるからである。また、論点を明確

に共有できたとしても、出てきた複数の論点のうち、どの論点に対する反論あるいは放置として捉えるのか、どのような順番で、誰がどのように再構築したのかなど、結局どのように議論が推移したのか、聞き手の解釈や整理の仕方の自由度が大きくなる。

　よって、ルールによる制約がない場合、議論の可視化の難易度も自ずと高まることが想像できる。これは、人間のコミュニケーション行動は直接制御することが不可能であり、私たちが外部から設計できるのは場の目的に沿うようにする環境条件だけであることに起因する（谷口 2019）。よって、コミュニケーション場を支配するメカニズム（制度）を定めることで議論の可視化をしやすくするアプローチは、ディベータおよびジャッジの理解にとって重要と言える。

### ▶ スピーチシートやフローシートの効果検証

　パーラメンタリーディベートでは固定的な「論理構造の導入」を行ったために、議論の流れ（フロー）を可視化するフローシートのデザインが可能になった。これとその対となるスピーチシートを用いることで、パーラメンタリーディベートのメカニズム参加者はより明晰な論点把握や議論構築、ジャッジが可能となるだろう。この点を確認するために、中川らはパーラメンタリーディベート実践の場において効果検証のための実証研究を行った。

　実証研究では、スピーチシートおよびフローシートの有無による話者やジャッジへの影響について、ディベート実践とそれに基づくアンケート調査が行われた。調査はディベートや英語のコミュニケーションをほとんどしたことのない高校生と、ディベート経験のある英語教師の2群を対象に行った。

　高校生はディベート経験のない42名であり、これが1チーム3〜4 * 人の計12チームに分けられた。ディベート実践のテーブル数は四つであり[6]、2ラウンドのパーラメンタリーディベートが行われた。この条件の上で、2テーブルはスピーチシートとフローシートを用いるシート有条件、残り2テーブルをシート無条件とし、1ラウンドごとにアンケートを実施し

た。なお同じテーブル内でラウンドごとに役割（肯定、否定、ジャッジ）と対戦相手、シートの有無を変更することで条件の入れ替えを行っている。

　また英語教師に関しては、ディベート経験はあるものの両シートは使用したことのない実験協力者を集めた。1チームを3～4*人の計4チーム、ディベート実践のテーブル数は一つ[7]、ディベート実践は4ラウンド、奇数ラウンドはシート無条件で偶数ラウンドはシート有とし、1ラウンドごとにアンケートを実施した。また高校生と同様にラウンドごとに役割（肯定、否定、ジャッジ）と対戦相手を変更した。

　アンケートでは、ラウンドごとに自身のディベートに対し5段階評価をつけてもらうものと、シートの有無どちらが良かったかを比較してもらう2種類を実施した。質問内容を以下に示す。シートの有無を比較する質問は、前回のラウンドと比較して記入してもらった。

---

**5段階評価**

Ⅰ. 他の人のディベートをどのくらい整理して聞き取れたか

Ⅱ. ディベートの時、自分の意見をどのくらい整理して発表できたか
（話者のみ）

Ⅲ. ディベートの勝敗は出しやすかったか（ジャッジのみ）

**シート有無比較**

Ⅳ. ディベートを整理して聞き取りやすかったのはシートの有無どちらの場合か

Ⅴ. 自分の意見を整理して発表できたのは、スピーチシートの有無どちらの場合か（話者のみ）

---

　中川らの検証ではアンケートを集計し、質問Ⅰ～Ⅲの5段階評価ではU検定によりシートの有無で有意差があるか、質問Ⅳ、Ⅴのシート有無の比較では$\chi^2$検定を用いて回答に偏りがあるか確認した結果、以下のことが分かったと報告されている。

　高校生に関しては、質問Ⅰ～Ⅲの項目に関してはどの項目も5％棄却域を下回らず、有意差は得られなかった。質問Ⅳ～Ⅴのシート有無比較にお

いては有意水準5％を下回り、有意差が認められた。シート無より有の方が定量的な判定においては有意な差は出ないものの、両者を比較すると自身や相手の発言を整理しながらディベートが行えることが示された。

　一方で英語教師の群に関しては、質問Ⅰ～Ⅲについてはジャッジの項目に関してのみ5％棄却域を下回り、有意差が得られた。質問Ⅳ～Ⅴのシート有無比較においては高校生と同様に有意水準5％を下回り、有意差が認められた。また、すなわち、シート無より有の方が自身や相手の発言を整理しながらディベートが行えることが示された。

　高校生を対象とした実験では、シートの有無について5段階評価では有意差が得られなかったが、この原因としてそもそもこの実験に参加した高校生は、ディベートの初心者であるのに加え、英語で話すことに慣れていなかったために、スピーチシートやフローシートのツールの効果が十分に見られる段階までディベートをできていなかったことが考えられる。慣れない英語での初めてのディベートという状況下では、シートの効果が現れづらかったと考えられる。1ラウンドで用いられた平均単語数は、高校生では351単語、英語教師では1926単語であったこと（有意水準5％で有意に、英語教師のほうが発言した単語数が多かった）からも、この可能性が推察できる。英語教師のディベートでは、規定時間ぎりぎりまで話していたのに対し、高校生では時間を余らせてしまう生徒が多く見られた。

　英語教師を対象とした実験では高校生の場合と異なり、シートの有無についての5段階評価でジャッジによる回答で有意差が得られた。シートがある場合、スピーチの流れがシートに沿ったものとなり、話者の話の流れを把握しやすかったことが考えられる。

　一方、話者のアンケートでは有意差が得られなかった原因として、スピーチシートを使い慣れていなかったことが挙げられる。チェアパーソン（司会）が次のスピーカーを呼んでからそのスピーカーが話し始めるまでの時間を調べたところ、シート有で平均38.7秒、シート無で平均19.6秒であった（有意水準5％で有意に、シート有のほうが話し始めるまでの時間が長かった）。スピーチシートは穴埋め式になっており、準備時間の間や相手チームのディベートを聞いて枠を埋めるように作られている。そのため、始め

のうちは慣れていないがために穴埋めに時間がかかってしまったことが考えられる。

　また、必ずしもここで述べた形式に沿わないディベートしか経験したことのない者が、自分の考えるスピーチの流れとスピーチシートの流れの差異に戸惑った可能性も考えられる。以上より、シートの効果を得るには、ある程度の英語力と、シートを使ったディベートに慣れる必要があると考えられる。すなわち、コミュニケーションの場を規定し、論点を出したり整理したりしやすいシステムを構築したうえで、これらのシートを有効活用するには、システムをうまく活用できる基礎力とシートへの理解や慣れが重要となることが示唆された。

　シートの有無どちらが良いかの質問では、高校生、英語教師ともに有の回答が最も多く、$\chi^2$検定で有意差が得られた。すなわち、シート無より有の方が自身や相手の発言を整理しながらディベートが行えたことが示唆された。5段階評価では有意差は得られなかったものの、有の回答が多いという結果から、シートはスピーチやジャッジの手助けとなっていると考えられる。

　このようにパーラメンタリーディベートに埋め込まれた論理構造がスピーチシートやフローシートの活用を可能にすること、さらにその有効性が一定程度検証されたわけであるが、実際にそこに設けられた欄を「手で書いて埋める」という行為が負荷として生じていた。このあたりをどのように情報機器の活用などで乗り切るかも今後の課題といえるだろう。

## 3. ビブリオバトルとディベートと設計変数

### ▶ 論理構造の導入

　「パーラメンタリーディベートとビブリオバトルは似ている」。そう主張すると「どこが？」と首を傾げる読者も多いだろう。一見、随分と異なるように見えるこの二つは、そのメカニズムの仔細に見れば、類似性も見て取れる。ビブリオバトルとパーラメンタリーディベートの対比を行い、そ

の類似と差異を設計変数の視点から検討することは、本書が求める「コミュニケーション場のメカニズムの設計原理」、つまりコミュニケーション場のメカニズムの一般理論構築に向けた重要な第一歩になるだろう。本項ではいくつかの視点からビブリオバトルとパーラメンタリーディベートの対比を行いたい。

ビブリオバトルでは各発表者が「この本は面白いから読んでほしい」と主張する。これは聴衆に対して自らの主張を受容させる説得的コミュニケーションと見なすことができる。パーラメンタリーディベートでは「日本はサマータイム制を導入すべきである。是か非か」のような論題に対して、政府側が「導入すべきだ」、野党側が「導入すべきでない」という立論を行い、聴衆を説得しようとする。ビブリオバトルでは本の良さを順番に主張し立論する。パーラメンタリーディベートでは政策の良さを順番に主張し立論する。本という題材を抜きにして考えれば、この二つの類似点が見えてくる。

制限時間が与えられた上での説得的コミュニケーションという視点で、ビブリオバトルとパーラメンタリーディベートの類似性を認めれば、その部分を重ね合わせた上で重ならない部分という形で、差異も明らかになってくる。

一つ目の差異が反論の存在だ。ビブリオバトルでは発表者が順番に発表して、その後参加者全員での投票に移る。これに対してパーラメンタリーディベートではそれぞれの立論に対して反論が交互に行われる。これはビブリオバトルにはない要素である。Aさんが紹介した本に対し、Bさんが「Aさんの本は読まない方がよい、なぜなら○○であり、私が紹介した本であれば△△という点が含まれており、より読むに値する」といったような反論を行うような機会は存在しない。それどころかビブリオバトルの公式ルールの詳細説明では「発表内容の揚げ足をとったり、批判をするようなことはせず、発表内容でわからなかった点の追加説明や、『どの本を一番読みたくなったか?』の判断を後でするための材料をきく」というような追加説明さえしており、他の参加者を含めた質疑においてでさえ批判を抑制しようとする態度が見える。

メカニズムのデザインにおける違いは、コミュニケーション場としての
ビブリオバトルとパーラメンタリーディベートが持つ目的の違いに基づ
く。

　ビブリオバトルは主に書籍情報の共有を問題としており、そのためには
各発表者の持つ知識や情報の「表出」が一番重要となる。その意味でそれ
を抑制する可能性のある批判は一旦外した方が有益なのだ。一方で、パー
ラメンタリーディベートの目的は主に論理的な議論の訓練にある。そこで
はテーゼとアンチテーゼ、立論と反論、主張と批判といった弁証法的な議
論こそが本質であり、メカニズムの中に反論が含まれるのは本質に関わる
重要なことである。

### ▶ ロールプレイ

　発言するという行為には社会的なリスクがつきものだ。否定されたり反
論されたりするとどうしても心理的な圧力を感じてしまうし、それを避け
るために発言を手控えるということも起きる。パーラメンタリーディベー
トでは、これに対する対策は別の形でなされている。一つは賛成と反対、
つまり政府側か野党側かという役割が参加者自身の意見とは無関係に決め
られるというものである。ディベートでは自分が元々持っている意見とは
関係なしに、ランダムに肯定、否定が割り当てられる。これは人格と意見
を分離させることができる仕組みである。これによって、議論の本質、極
論を出しやすくなる。どのような極言をしても、あくまでディベート上で
の役割として意見を述べたまでであり、個人的な考え・思想について非難
される恐れがない。つまり、ディベート時における役割自体がスケープ
ゴートとなっているのだ。

　弁証法的な、または科学的な議論に慣れていない人は、議論において容
易に他人の批判に傷つき、また、他人への批判と人格攻撃を混同してしま
う。このような事態をメカニズム側で事前に対策しているのが役割をラン
ダムに決めるというアプローチである。また、メカニズムの中に明確に
「反論する」ということを含んでいることも、批判を展開する側にとって
の良い言い訳になる。日常生活のコミュニケーションにおいて突然に批判

を展開するのは難しいものである。

　もう一つは、その場がゲームであり、また相手を傷つけることが目的ではないということを演劇的要素（ロールプレイ）で形作っている点であろう。「政府」「野党」「首相」「野党党首」等の名称が、明示的にロールプレイの要素を強めている。これが「あくまでロールプレイである」という空気を醸成する。また最後の握手はノーサイドの精神を表しているのだ。

　発言が抑止されないような工夫はビブリオバトルにおいても存在している。ビブリオバトルでは直接的な反論はされないものの、ディベートと異なり「本当に自分が好きな本」を紹介するという側面がある。つまり「意見と人格が分離されない」のがビブリオバトルなのである。この意味ではビブリオバトルの発表者は高い社会的リスクにさらされることになる。この点に関して、ビブリオバトルでは「チャンプ本」として勝つのは本であり、人ではないとすることで、投票を通してゲームに敗れた時でさえ、発表者が心理的に否定されにくい状況を作っている。つまりランダム化とは異なる形で「意見（おすすめ本）と人格の分離」を図っているのだ。

　また投票による「チャンプ本」の決定においては「一番読みたいと思った本」に投票するというルールにより、投票されなかったことが「一番ではない」にしかならず、「読みたくない」のような否定的ニュアンスに繋がることを狡猾に避けている。このあたりも、発言が抑圧されてしまうような否定的な雰囲気が生まれにくくすることで意見の表出を促すためのデザインだと言える。


#### ▶ 極の配置

　ビブリオバトルは紹介本の数だけ極がある多極の配置であるが、ディベートでは肯定と否定の２極に参加者を配置する。

　ビブリオバトルは４人〜７人程度の発表者により開催されることが多い。発表者が２人となる２極での開催はあまり推奨されていない。なぜなら２人で行うビブリオバトルでは「勝つか負けるか？　どちらが勝つか？」というような対決色が強くなりすぎ、本来の「読みたくなる本に出会う」という側面が背景化してしまうからだ。メカニズムとしては否定していな

いものの、二項対立的な状況をビブリオバトルは文化的に好まない。ビブリオバトルでは対決色を薄め、より自由闊達な情報の表出を促すために「極の配置」に関しては多極化を行っているのだ。それゆえに論理的な議論は背景化させている。

　一方で、パーラメンタリーディベートではメカニズム上、賛成と反対の二項対立を前提としている。これは政策の意思決定には賛成と反対の二つの立場しかないという点と関係している。それと同時にパーラメンタリーディベートで前提とする論理的な議論というものが、真か偽かという二値論理的な構造を前提としているせいでもあるだろう。あえて2極化させることで、反対の意見も考えることを参加者に迫り、多様な視点を見せるという効果がある。

　また、立論のみならず反論も含めて論理的な議論を展開していくパーラメンタリーディベートが多極化してしまうと、議論が複雑化して、全体の議論を追うことが難しくなるという側面もあるだろう。後に紹介する演劇ワークショップの「件の宣言」は4極化したパーラメンタリーディベートに似ているが、やはりその代わりに反論をその構成要素から抜いている。

　ただし2極の弊害としては、これはゴール（決定方式）にも関わるが、白か黒かという二項対立となってしまうがために、勝つか負けるかと捉えられがちであり、立場が反対側のチームと真っ向から戦うイメージが先行してしまうという懸念がある。日本においてディベートに対する否定的な意見を持つ人は、このイメージに影響を受けてしまっている場合が多い。ディベートにおける勝敗はあくまでも道具的なものであり、本当の目的はジンテーゼに至る道にあるのだという理解を確かにしておきたい。

### ▶ ゴール（決定方式）

　「論理構造の導入」「ロールプレイ」「極の配置」に関してはビブリオバトルとパーラメンタリーディベートの差異は明確であったのに対して、「ゴール（決定方式）」に関する差異は、暗黙的である。共にジャッジによって勝敗が決まるように見えるが、ジャッジからどのような「知」を表出させようとしているのかという点で大きな違いがある。

ディベートのメカニズムでは、論理的に勝敗を決めることが大前提となる。ジャッジは自分の個人的な意見は入れずに、客観的に、肯定側と否定側で述べられた意見からより説得力があったほうを勝ちとするわけであるが、説得力に論理性は欠かせない。もちろん、表現の仕方（声の大きさ、身振り手振りなど）も説得力に含まれるが、各論点がどのような理由で立論され、反論され、再構築され、最後にどのようにまとめられたかという、一連の議論内容を評価する必要がある。

　一方でビブリオバトルにおける投票は主観的であることがむしろ推奨される。ビブリオバトルでは「プレゼンテーションの上手さ」で投票することは否定され、「一番読みたくなった本」に投票することが求められる。ここではむしろ、その場に集まった全員に「どんな本を読みたいのか？」という知を投票行動により表出させようという意図さえあるのだ。つまり聞き手の「読みたい本」という私的情報の表出をもビブリオバトルではメカニズムに含まれた目的となる。

　この違いはディベートでは最低1名の少人数ジャッジが許容されるが、ビブリオバトルでは「みんなが読みたい本」の「みんな」が誰であるかが重要であり、誰か一人によってチャンプ本がジャッジされるような場は本来のビブリオバトルの目指すコミュニケーション場ではないという差を生む。

　またディベートにおいてジャッジを聴衆による多数決のような投票に持っていきすぎると、論理性よりもポピュリズム的なスピーチに走る危険性があり、教育の目的から乖離する可能性さえある。

　このようにディベートとビブリオバトルの比較を行うだけでも、コミュニケーション場のメカニズムデザインにおける設計変数である「ゴール（決定方式）」の果たす役割が見えてくる。

### ▶ 発話権制御（時間配分）

　ディベートでは、固定的な時間配分を規定し、各役割において発言時間がきちんと確保されている。なお、賛否いずれのチームも、合計として同じ発言時間が与えられている。この点はビブリオバトルと同じである。

ビブリオバトルと異なり、ディベートには「反論」のターンがある。ある意味、ビブリオバトルでの発表時間に相当する発話権はディベートでいう一人目の話者（首相や野党代表）の立論部分に対応すると考えると、パーラメンタリーディベートはそれらに後続の発話時間を追加したものと考えられる。

　いずれにせよ、設計変数「発話権制御（時間配分）」の視点では固定的な時間配分を用いており、ビブリオバトルとパーラメンタリーディベートに大きな差はない。

### ▶ 主張の変容

　ディベートでは、肯定、否定の立場の変更は許されない。立場を固定する制約がなければ、論題に対して肯定したり、否定したりを繰り返すことが許容されてしまい、肯定としてのチーム（政府）、否定としてのチーム（野党）の役割自体を果たせなくなる。個々人によるブレインストーミングではなく、代議によって議論に参加するというコンテクストから、立場を一貫させる必要がある。

　この点はビブリオバトルも同一である。ビブリオバトルでは発表の途中で紹介本を変更するというようなことは許されない。そんなことをすると何に投票してよいのかわからなくなる。

　このように設計変数「主張の変容」という点に関しても、ディベートとビブリオバトルは類似している。この類似性は両方の場において参加者が「何かを代表（represent）する」ためにスピーチを行うという共通点に見出すことができる。パーラメンタリーディベートでは参加者は政策における立場を代弁するものであり、それは間接民主制（代議制民主主義）に繋がる。ビブリオバトルでは、それは本の良さを代弁する立場にある。この立場を明確化しているのが「チャンプ本」という概念でもあるのだ。

# 4. ディベートの教育での活用と広がり

## ▶ 学校への導入と教育効果

　本節ではパーラメンタリーディベートの学校教育における広がりとその教育効果について触れたい。教育的効果の視点からは、即興型英語ディベートで身につく力として次の五つが指摘されており、その実現のために学校教育における活用が期待されている (文英堂編集部 2010；合田 2018)。

## ①英語での発信力 (英語で行う場合)

　要点を書いたメモを頼りに、割り当てられた一定の時間を使って自分の力で話さなければならない。そのような環境の制約により、英語での発信力が鍛えられる。

## ②論理的思考力

　ジャッジを説得するには、論理的な説明が必要である。自分の組み立てた論理が弱いと対戦相手に反論され、ディベート実践後に論理の弱さをジャッジに指摘される。実践を繰り返すことで自ずと論理的な思考が促される。

## ③幅広い知識

　論題は実践ごとに異なるため、多様なテーマに触れることができ、幅広い知識・考え方の習得につながる。

## ④プレゼンテーション力

　「説得」のためのディベートであるため、論理的な証明に加えて、ジャッジの共感を呼ぶためのプレゼンテーション力も磨かれる。すなわち、発言内容のみならず、アイコンタクトや身振り手振りなどのノンバーバルな表現も気にかける必要がある。

## ⑤コミュニケーション力

　ディベートは個人戦ではなくチームで行うものである。よって、限られた時間内でのチームメイトとの意思疎通も一貫性のある議論を行ううえで重要となり、コミュニケーションの訓練となる。

以下では、これまで説明した即興型英語ディベートにおけるメカニズムを踏まえ、現実の事象について紹介する。50分の授業で完結するようデザインされたこの即興型英語ディベートは、教育委員会等の研修を含め、1000校以上に紹介されている[8]。特に、2022年度から年次進行で実施予定の文部科学省の次期高等学校学習指導要領（外国語編英語編）では、「論理・表現Ⅰ、Ⅱ、Ⅲ」の新科目案が挙げられており、活動としてディベートやディスカッションを行うことが明記されている。

　即興型英語ディベートが授業導入に適切である理由として、以下が挙げられる[9]。

1．授業1単位（50分）で完結できること。
2．授業1単位のなかに、4技能のすべてが織り込まれる4技能統合モデルであること。
3．「主体的・対話的で深い学び」を促進するコミュニケーションゲームであること。
4．「何を知っているか」にとどまらず、「英語を用いて何ができるか」の実践モデルであること。
5．ゲーム的要素が生徒の意欲を高め、英語による活動を楽しめること。
6．活動量が活動の質を確実に高めること。

　即興型英語ディベートの教育的効果について、マクゴニガルによるゲームの4要素、すなわち①ゴール、②ルール、③フィードバック、④自発的な参加、との対応を考える（マクゴニガル 2011）。即興型英語ディベートは、①ゴールとして勝敗があり、②話す順序や時間といった明確なルールがある。また、③フィードバックに関しても自らの主張に対して反論が返ってくるなどのリアクションが存在している[10]。④自発的な参加はビブリオバトルと同様に開催のスタイルにもよるが、生徒の主体的な参加を促すことで満たすことができるだろう。

　多くの場合において、ディベートはゲームの4要素がそろうことで、生徒の能動的な参加を引き出し、その教育的効果を高めることができると考えられる。実際に参加者によるアンケート結果からも、勝敗があることで「勝ったらうれしい」し、「負けたら悔しい」ため、もっとうまくスピーチ

できるよう勉強していきたいといった声が確認できている（注1参照）。また、ジャッジからのフィードバックによって、今後に向けた改善点がわかり、生徒のモチベーションが上がることも示されている。改善点の指摘だけではなく、生徒のスピーチのよかった点も同時にほめるといった教育的配慮があることで、バランスよく動機が活性化される。

　生徒たちの心理的な障壁をなくす様々な工夫もある。POI（質疑応答）を促す工夫として、パーラメンタリーディベートでのPOIの際には、片手を頭においてもう片方の手をまっすぐ伸ばして挙手する。これは昔の英国議会でかつらをかぶった議員が、質問で立ち上がる際に、かつらがずれないよう片手で頭を押さえていたことの名残である。授業でディベートを行う場合も、質問を出す際に、このようなフォームを規定することで、「質問」する行為自体の存在を積極的に参加者の意識に定着させ、活性化させている。またディベート実践後、議論をしてくれてありがとうという感謝の気持ちを込めて握手をすることも、ディベートという一見けんかに見えてしまいがちなコミュニケーション場の空気を和らげている。

## ▶ 高校生大会の広がり

　授業や課外活動における即興型英語ディベートの実践のほか、全国大会も開催されている。図5、6に、2019年12月に東京大学にて開催された文部科学省後援の第5回PDA高校生即興型英語ディベート全国大会の様子を示す。全国から64校が一斉にディベートをする大会である。空間の設計として、図5の予選でのテーブル配置は、肯定・否定チームが対面で着席し、スピーカーはその間に立つ。図6の決勝戦では、肯定・否定チームともに、観客に向かって着席し、スピーカー演台に立つ。論題は以下が使用された。

予選1：Club activities should have three-day holidays.
　　　　（部活動は週休3日とすべきである。）

予選2：Children should be prohibited from posting videos on vid-eo hosting websites.
　　　　（子どもが動画投稿サイトに投稿することを禁止するべきである。）

予選3：The postponement of introducing private English tests into national university entrance examinations has brought more benefits than harm.

（共通テストの英語民間試験導入の見送りは、害よりも利益をもたらした。）

予選4：Social media (e.g. twitter) causes only division of society.

（ツイッターなどのソーシャルメディア（SNS）は社会の分断をもたらすだけである。）

準々決勝：Disaster forecasts should be issued from a single source.

（災害予測情報は単一の情報ソースから周知されるべきである。）

準決勝：Japan should pay the full costs of US military bases in Japan.

（日本は在日米軍の駐留費を全額負担すべきである。）

決勝：Parents should be banned from corporal punishment of children for discipline.

・Hit children in the face or on the bottom

・Force children to sit straight for a long time

・Not to give food

（親がしつけに際して、体罰を加えることを禁止するべきである。※ここで、体罰は以下を含む。・頬や尻を叩く・長時間正座させる・食事をさせない）

　全国大会というレベルの高い集まりであるため、時事論題、社会問題も多く取り入れられている。

　この全国大会では、ジャッジ（勝敗を決める審査員）もフィードバックコメントに対して生徒からの評価を受ける。評価上位のジャッジが、準々決勝以降のジャッジを担当する。

　また、高校生だけでなく、中学生の全国大会も始まっている。図7に、2020年3月に開催された第3回PDA中学生即興型英語ディベート全国大会の様子を示す。新型コロナウイルス感染症の影響により、遠隔ビデオシステム（zoom）を用いた全国大会となった。

　論題は以下が使用された。

日比谷高校 対 札幌南高校　　　　　　北野高校 対 横浜翠嵐高校

図5：第5回PDA高校生即興型英語ディベート全国大会の様子（いずれも質疑中）

図6：決勝戦の様子

予選1：Bringing snacks and soft drink to junior high school should be allowed.

（中学校へのお菓子・ソフトドリンクの持参を認めるべきである。）

予選2：Closing schools to combat the COVID-19 has brought more benefits than harm.

（新型コロナウイルス対策での全校休校は、害よりも利益をもたらした。）

決勝：Recreating the dead in VR does more benefits than harm.

（亡くなった人をバーチャル・リアリティで再現することは、害よりも利益をもたらす。）

　チームメイトが学校または代表者の自宅に集合するケース、集合はせず

熊本県立八代中学校 対 八戸聖ウルスラ学院中学校　　　　　　決勝戦の様子

**図7：第3回PDA中学生即興型英語ディベート全国大会の様子（オンライン）**

各自宅から参加するケースの両方があった。必要に応じてzoomのブレイクアウトルーム機能を用いて準備することができ、通信の問題もほとんどなくディベート実践ができた。

### ▶ ジャッジの育成

　即興型ディベートにおける今後の課題としては、ジャッジをいかに育成するかという問題がある。ビブリオバトルとは異なり、ディベートのジャッジは客観的な判断を行うことが求められる。また参加者へのフィードバックを行うことが望ましい。

　コミュニケーション場のメカニズムでは、誰もが活用できることが目指される。これは言葉を変えれば、ファシリテーター（ディベートの場合はジャッジ）への依存を極小化させるということでもある（谷口2019）。

　一つの方策としてはジャッジまで含んだ系のコミュニケーション場のメカニズムを再デザインして、ジャッジの熟練度に依存しない場づくりを実現することが考えられる。例えば、ジャッジとしてフィードバックする際の構成を制約すること[11]や、フィードバック時にもゲームの4要素を取り入れつつ客観的なフィードバックができるような仕組みを作ることなどが挙げられる。また後に議論するように、議論の可視化の技術や議論の自動解析技術を情報技術や人工知能技術を活用して作ることで、初心者でも容易にジャッジできる状況を作ることも一つのアプローチかもしれない。

**図8：熊本県教育委員会・熊本県高英研によるPDA認定教育ジャッジ試験向け教員研修**

　しかし現状では質の高いパーラメンタリーディベートの場を展開していくためには、一定程度の質の高いジャッジを育成することが必須である。ジャッジを育成するために設けられている制度として、PDA認定教育ジャッジの制度がある。これまでに紹介した50分で完結するメカニズムの即興型英語ディベートについて、主に中学・高等学校の授業で教育的な指導ができるジャッジを認定する制度である。2017年度の文部科学省委託事業（教員の養成・採用・研修の一体的改革推進事業）内で取り扱われてから本格実施されている。単にディベートが上手い人ではなく、フィードバックの手順はもちろん、教育的配慮をもって生徒の学びやモチベーションを高められるコメントができるかが評価される。

　教育委員会においては、認定教育ジャッジを増やしていく取り組みも行われている。例えば、神奈川県教育委員会では、平成29年度から教員が「公務として」即興型英語ディベートを学べる年間6回の研修を開催している。熊本県教育委員会では、認定教育ジャッジの資格取得に向けた研修を3日間（連続する2日と生徒を含めた交流大会）実施し、着実に認定者を増やしている（図8）。

　以上のように、教育機関と連携したジャッジの育成を行っていく中で、ジャッジであるファシリテーターへの依存度を極小化させることを意識したメカニズムを導入することには、より多くの参加者がディベートに取り組むことができ、かつよりよいジャッジコメントを受けられるようになる

といった意義があることを再確認したい。

## ▶情報技術や人工知能技術の活用と発展

　パーラメンタリーディベートを広く活用していく上で、その開催方式やジャッジ育成にはある程度の制約があった。しかし一方で、パーラメンタリーディベートのような伝統的なコミュニケーション場であっても、情報技術や人工知能技術の発展によりその制約が緩和され、より大きな発展を見せる可能性が存在する。

　全国大会の項でも紹介したが、異なる場所を繋いだオンラインでのディベート開催は2010年代以降にようやく身近になったWeb会議システムにより実現できるようになった活動だろう。以下では図9、10に示す遠隔ディベートシステムを用いたものを紹介する。これまでもオンラインで議論を文字で打っていくディベートの実践があった（福島 2004）。ここではビデオ通話を用いた顔が見えるシステムでのディベート実践を取り上げる（大賀・中川 2017）。図9、10に示した事例は、WebRTCを用いた独自の遠隔ディベートシステムを用いて実践した例である。見えやすさや聞こえやすさが臨場感に与える影響は存在するため（Clark et al. 1991）、教室での同空間におけるディベートと、遠隔システムを用いたディベートを比較した。細かな差異はあるものの、結論として、遠隔システムにおいても、ジャッジがディベーターの話をしっかりと聞いている姿を見せることで、実際の同空間におけるディベートと概ね同様な議論の効果が得られること

図9：遠隔ディベート実践の準備

図10：遠隔ディベート実践の様子

がわかった（大賀・中川 2016）。このように、ディベート時のルールという制約条件をきちんとデザインすることで、当然のことながら遠隔システム上でも議論の推移をコントロールできるといえる。

　パーラメンタリーディベートにおいて重要な設計変数である「論理構造の導入」はコミュニケーションの場における議論の流れを整理し、かみ合わせるために重要であると共に、教育効果を高める上でも重要であることが見えてきた。

　しかし未だにジャッジの育成や、ジャッジが存在しない中でのディベートの効果的な練習方法の構築には課題が残っている。

　2010年代に人工技術に基づく自然言語処理は大いに発展したが、このような技術的背景に基づき自動的にディベートを評価できるシステムの構築が期待される。そのようなシステムが存在すれば、現在のボトルネックであるディベートにおけるジャッジの育成や練習環境の確保に関しても大きな進歩が得られると考えられる。この点に関する詳細は第7章にて詳述する。

　人工知能をディベートに活用することのみならず、ディベートを人工知能に活用することも考えられるだろう。ディベートは「論理構造を導入」してルールがうまく設計されているために、一般的な会話に比べればスピーチのデータ整理がなされやすいことが考えられる。例えば、立論、反論、再構築など部分ごとのアノテーションは比較的に容易にできる。大量のデータを集めて、機械学習を行うことにより、ディベートの自動評価をすることも理論的には可能である。実際はデータ収集にもコストがかかり、またデータセットの構築から課題が多くあることも分かっている（澤田ほか 2020）。しかし今後、音声認識技術の進化、データセット構築の工夫などを通して、さらなる研究発展につながることを期待したい。

注
───────────

1）　文部科学省助成事業高等学校における即興型英語ディベートプロジェクトウェブサイト、http://englishdebate.org/（最終アクセス：2021/8/31）
2）　一般社団法人パーラメンタリーディベート人財育成協会ウェブサイト、http://

www.pdpda.org/（最終アクセス：2021/8/31）

3） BBC（英国放送協会）などが中継するイギリス議会の様子を見ると、実にディベートらしい文化を感じることができる。昔は特殊な契約をしないと見ることができなかったが、最近ではYouTubeで検索すると簡単に録画を見ることもできるので、本場の議論の様子を観ていただくとよいだろう。「BBC Parliament」や「BBC Prime Minister's Questions」などで検索すると沢山の動画が見つかる。日本の議会との活気の差に唖然とすることしきりである。

4） 一般的なパーラメンタリーディベートでは論点の数は規定されていないが、PDAの即興型英語ディベートでは、論点の数を定め、かつ各話者におけるスピーチ内容に論理構造が埋め込まれるよう設計されている点で、この構造がより意識されていると言える。

5） このほか、ブレストシート（ブレインストーミングを行い、最終的にチームで二つの論点に絞り込む作業を行うシート）などの補助ツールがある。これは、ルール上、肯定および否定の論点数をそれぞれ二つに制約し、その論点が何であるのかを明確に示すためにあえて用意したものである。ブレストシートには、論点のタイトル（5 words以内にすることを推奨としたシンプルなもの）を書かせ、それをチーム全体で共有するという仕組みとしている。

6） 肯定チーム、否定チーム、ジャッジチームを各1チームずつ4テーブルに配置。

7） 肯定チーム、否定チームを各1チームずつ、ジャッジチームを2チーム配置。

8） 一般社団法人パーラメンタリーディベート人財育成協会ウェブサイト、http://www.pdpda.org/（最終アクセス：2021/8/31）

9） 一般社団法人パーラメンタリーディベート人財育成協会「PDA認定教育ジャッジ」（紹介冊子）、p. 9（最終アクセス：2021/8/31）

10） フィードバックとして「なぜ勝ったのか、負けたのか」というジャッジからの説明を加えてもよい。

11） 例えば、1．勝敗を伝える、2．その理由を述べる。3．個々の参加者によかった点一つ、改善点一つを伝える、といったことを制度化することが考えられるかもしれない。

## 参考文献

Clark, Herbert H., Susan E. Brennan（1991）*Grounding in Communication, Perspectives on Socially Shared Cognition*, American Psychological Association

Inoue, Narahiko (1994) Ways of Debating in Japan: Academic Debate in English Speaking Societies. Ph.D. Dissertation, University of Hawai'i at Manoa, Department of Linguistics. UMI Order Number 9519451.

Kusunoki, H., C. Nakagawa, A. Shintani and T. Ito, (2017) Study of the evaluation system using the measurement of the face direction for parliamentary debate, Proceedings of The 5th Japan-Korea Joint Symposium on Dynamics & Control, pp. 61–63.

合田哲雄（2018）「「人間としての強み」を育てる学校教育を―文部科学省「Society5.0 に向けた人材育成」―」『教職研修』11月号, pp. 86–89.

石岡恒憲（2008）「小論文およびエッセイの自動評価採点における研究動向」『人工知能学会誌』Vol. 23, No. 1, pp. 17–24.

一般社団法人パーラメンタリーディベート人財育成協会「PDA認定教育ジャッジ」（紹介冊子）p. 9.

一般社団法人パーラメンタリーディベート人財育成協会ウェブサイト、http://www. pdpda.org/

大賀隆次・中川智皓（2016）「遠隔システムを利用したアクティブラーニング」『日本教育工学会研究報告集』JSET16-4, pp. 121–124.

大賀隆次・中川智皓（2017）「ICTを利用したディベート交流の基礎実験」『日本教育工学会研究報告集』JSET1a-603-04.

古賀裕之・谷口忠大（2014）「発話権取引　話し合いの場における時間配分のメカニズムデザイン」『日本経営学会論文誌』Vol. 65, No. 3, pp. 144–156.

佐藤敏雄・村松宰（2006）『やさしい医療系の統計学』第2版, 医歯薬出版

澤田慎太郎・中川智皓・新谷篤彦・井之上直也（2020）「対話的議論の自動評価に向けたディベートデータセットの構築」言語処理学会第26回年次大会（NLP2020）, pp. 3–17.

鈴木聡志（2007）『会話分析・ディスコース分析――ことばの織りなす世界を読み解く』新曜社

谷口忠大（2019）「コミュニケーション場のメカニズムと対話空間」『システム／制御／情報』「講座　コミュニケーション場のメカニズムデザイン〜人を含めたシステム設計論と未来の対話空間に向けて〜」第63巻 第2号, pp. 85–90.

中川智皓（2017）『授業でできる即興型英語ディベート』ネリーズ出版

中川智皓（2019）「パーラメンタリーディベート〜論点の可視化〜」『システム／制御／情報』Vol. 63, No. 4, pp. 170–175.

中川智皓・山内克哉・新谷篤彦（2019）「パーラメンタリーディベート（即興型英語ディベート）における議論の整理と評価の一考察」『システム制御情報学会論文誌』Vol. 32, No. 12, pp. 446–454.

福島健介（2004）「インターネット上のコミュニケーション能力の育成に寄与するシステムの開発と実践―「オンラインディベートシステム」を用いた授業を通して―」『コンピュータ＆エデュケーション』Vol. 17, pp. 39–46.

文英堂編集部（2010）「高等学校新学習指導要領で教科書はこう変わる」『UNICORN JOURNAL AUTUMN』p. 3.

前田英昭（2003）「日本の国会とイギリスの議会」『駒澤法学』3（1）, pp. 212–157.

マクゴニガル, ジェイン（2011）『幸せな未来は「ゲーム」が創る』早川書房

文部科学省助成、事業高等学校における即興型英語ディベートプロジェクトウェブサイト、http://englishdebate.org/

別表1：ルール（準備）

| 論題 | 主催者により、論題が一つ与えられる。 |
|---|---|
| チーム | 主催者が、ディベータを肯定（Government）と否定（Opposition）の2チームに分ける。 |
| 役割 | 各チーム三つの役割がある。Governmentは、Prime Minister（首相）、Member of the Government（政府のメンバー）、Prime Minister Reply（首相まとめ）、Oppositionは、Leader of the Opposition（野党党首）、Member of the Opposition（野党のメンバー）、Leader of the Opposition Reply（野党党首のまとめ）の役割である。 |
| 役割分担 | ディベータはチーム内で話し合い、各自の役割を決める。 |
| ゴール | ディベータは、与えられた論題をもとに、ジャッジを説得する。 |

別表2：ルール（試合）

| 準備時間 | スピーチ前に15分の準備時間が与えられる。 |
|---|---|
| スピーチの順序 | スピーチは以下の順番で行う。スピーチシートの使用を推奨する。 |
| 役割内容とスピーチ時間 | ► Constructive Speech（立論）<br>Prime Minister（Gov）　3分<br>• 挨拶、論題の確認<br>• 定義<br>• 肯定ポイントのタイトル確認（二つ）<br>• 肯定ポイント1の説明<br>• 終わりの挨拶<br>Leader of the Opposition（Opp）　3分<br>• 挨拶、論題の確認<br>• 肯定ポイント1への反論<br>• 否定ポイントのタイトル確認（二つ）<br>• 否定ポイント1の説明<br>• 終わりの挨拶<br>Member of the Government（Gov）　3分<br>• 挨拶、論題の確認<br>• 否定ポイント1への反論<br>• 肯定ポイント1の立て直し<br>• 肯定ポイント2の説明<br>• 終わりの挨拶<br>Member of the Opposition（Opp）　3分<br>• 挨拶、論題の確認<br>• 肯定ポイント1、2への反論<br>• 否定ポイント1の立て直し<br>• 否定ポイント2の説明<br>• 終わりの挨拶<br><br>► Reply Speech（まとめ）：立論で述べていない論点は出せない。 |

| | Leader of the Opposition Reply（Opp）　2分 |
| --- | --- |
| | ・挨拶、論題の確認<br>・最も重要なこと<br>・肯定側の意見<br>・否定側が優れている理由<br>・終わりの挨拶<br>Prime Minister Reply（Gov）　2分<br>・挨拶、論題の確認<br>・否定ポイント2への反論<br>・最も重要なこと<br>・否定側の意見<br>・肯定側が優れている理由<br>・終わりの挨拶 |
| スピーチ時間の<br>許容範囲 | 各役割のスピーチ時間は、上記に示された規定時間±30秒を許容範囲とする。 |
| スピーチとスピーチ<br>の間の準備時間 | スピーカ（各役割におけるスピーチをする人）とスピーカの間には準備時間を設けない。 |
| 質疑応答<br>（POI, Point of<br>Information） | ・相手チームのスピーチ中に質問やコメントを行える。<br>・立ち上がり、"POI"などの声をかける。<br>・POIを受けるかどうかは、スピーカが決める。<br>・POIを受けつけてもらえたら、15秒以内で発言する。<br>・断られたら座る。次のPOIは15秒後以降に行う。 |
| 握手 | ディベート終了後、対戦相手と握手をする。 |

## 別表3：ジャッジ（勝敗の判定）

| 勝敗の決め方 | 論題に対する自身の個人的な考えや偏見は入れず、試合で述べられた議論を比べ、より説得力があったほうを勝ちとする。 |
| --- | --- |
| 評価基準 | 「内容」と「表現」を基準にジャッジを行う。 |
| 内容 | ・主張に対し、適切な理由があったか。（主張の理由）<br>・主張やその理由付けに対応する例・描写を説明できていたか。（具体例）<br>・主張と論題の関連性を説明できていたか。（論題との関連性）<br>・各スピーカーに求められる役割を満たしていたか。（スピーカーの役割・戦略性） |
| 表現 | ・相手や聴衆に対して敬意を持ってスピーチするなどの態度ができていたか。（態度・話す姿勢）<br>・アイコンタクトやジェスチャーができていたか。（アイコンタクト・ジェスチャー）<br>・聴衆に伝わる声の大きさ・スピードに調整できていたか。（明瞭性）<br>・規定の許容時間範囲で話せていたか。（タイムマネジメント） |
| 場のデザイン | 前で立ってスピーチを行う。 |

# 演劇ワークショップ
## ロールプレイの空間を創る

## 蓮行、末長英里子

## 1. なぜ、コミュニケーション場のメカニズムデザインで「演劇」を扱うのか？

### ▶ コミュニケーションと演劇との関わり

「私たちは、演じるサル」である（平田 2012）。

読者のみなさんには、このように言われて「たしかにそうだ」と納得した人もいれば、「どういうこと？　自分は演じてなんていないよ」と疑問符が浮かんだ人もいるだろう。後者の人も少し考えてみてほしい。みなさんは、家庭で過ごすときは父親・母親・娘・息子として生活しているが、職場やバイト先では上司・部下としての顔を持っていたり、学校では先輩・後輩としての顔を持っていたり、友人との間ではまた別の顔を持っていたりはしないだろうか。人は、自分が置かれた社会的文脈に応じて、無意識下で社会的な役割を演じ分けているのである。

日常生活のなかで対話や議論といったコミュニケーション場が生じた際にも、そこに参画する人々は何らかの社会的文脈に置かれており、それに応じた社会的役割を意識的もしくは無意識的に演じている。そのために、人は、ある固定された社会的文脈のなかでは、自身が保有している情報や意見を、意識的にあるいは無意識的に表出できない場合もある。

例えば、中学校 3 年生の娘を持つ保護者が、娘の担任の先生の指導方針

に対していくつか不満を抱いていたとしても、学級懇談会においては当たり障りのない意見しか言えなくなってしまうということがあり得る。保護者としては、「あまり強く意見すると、娘と担任の先生の関係がギクシャクしてしまうかもしれないし、娘の今後の評価にも影響するかもしれない。それが、高校受験に響いたら……」などと、様々な展開を考えた結果、率直には意見できなくなってしまうのである。

　コミュニケーション場の参加者が、いまの社会的文脈のなかでどのような役割を担っており、それらが円滑なコミュニケーションを阻害する要因になり得るのかどうか。その視点が欠けていると、不適切なメカニズムを設計してしまうことになりかねない。ここで、極めて重要になるのが、コミュニケーション場のメカニズムのなかに演劇的要素を組み込む視点である。

　本章では、デザインに演劇的要素を意識的に取り入れたメカニズムの事例として「件の宣言」を紹介し、設計変数の解説をするとともに、演劇ワークショップ全般の広がりを紹介する。

　なお、ここで演劇的要素という語を用いたが、これは学術的に定義づけられた用語ではないため簡単に説明を加えておく。本章では、演劇に含まれる数々の要素のことを指して、演劇的要素という語を用いる。例えば、演技者、観客、役、演技、表現、ストーリー、演出、空間などが演劇的要素として挙げられる。


### ▶ 演劇ワークショップとは何か？

　本章で扱う「演劇ワークショップ」という言葉は、ある特定のメカニズムを指す言葉ではなく、かなり広い意味を含む言葉である。そこで、誤解を避けるために、具体的なメカニズム例として「件の宣言」を紹介する前に、演劇ワークショップ全般について先に説明を加えておきたい。

　演劇に関わる経験には、様々なものがあるだろう。ミュージカルなどの舞台を観にいくのが趣味という人もいるだろうし、学生時代に演劇部に所属していたという人もいるだろう。そういった積極的な関わりがなくとも、多くの人は、小学校や中学校のときの学校行事で演劇を観た経験や、

学芸会や文化祭で演劇を上演した経験はあるのではないだろうか。「演劇ワークショップ」という言葉は聞き慣れないかもしれないが、みなさんが過去に経験した「学芸会や文化祭での演劇創作と上演活動」も演劇ワークショップの一つと言ってよい。ただし、演劇ワークショップはそれだけでなく、もっと広い活動を指す言葉だ。

筆者の一人である蓮行は、演劇を生業とし、俳優、演出家、劇作家として25年近く活動を続けている。アーティストとして作品の創作・上演の仕事に取り組むと同時に、演劇のポテンシャルを活かしたワークショップの企画および実践の仕事と、その研究活動にも取り組んできた。筆者が企画・実践してきた演劇ワークショップの応用領域は多岐に渡っており、学校教育、医療者教育、社会人教育、高齢者福祉、コミュニティづくりなど、多種多様なテーマで数多くの実践を積み重ねてきた。

### ▶ 本書における演劇ワークショップの定義

まず、ワークショップの定義について確認したい。中野は、「ワークショップ」という言葉は、かなり広い意味で使われていると指摘した上で、「講義など一方的な知識伝達のスタイルではなく、参加者が自ら参加・体験して共同で何かを学びあったり創り出したりする学びと創造のスタイル」をワークショップと呼んだ (中野 2001)。2009年度より社会人を対象に開講された「大阪大学ワークショップデザイナー育成プログラム」[1] では、ワークショップの定義は「参加型・体験型・双方向型学習」であるとされた (蓮行・平田 2016)。加えて、蓮行・平田は、この定義に含まれる「双方向型」の要素に関して、ワークショップのなかでは双方向の交流にとどまらず「学習者同士の複雑な知的交流」、すなわち「複方向型の学び」も発生すると指摘し、「参加型・体験型・双 (複) 方向型という三つの要素を含んだ学習」をワークショップと定義した (蓮行・平田 2016)。

以上を受けて本章では、演劇ワークショップという用語を「演劇の要素や手法を用いたワークショップ」と暫定的に定め、ワークショップの定義として「参加型・体験型・双 (複) 方向型の学習」を採用する。すなわち、本章では演劇ワークショップを「演劇の要素や手法を用いた、参加型・体

験型・双 (複) 方向型の学びの場」と暫定的に定義づける。

　演劇ワークショップは、演劇をつくることが一義的な目的として定められているわけではない。川島らは、コミュニケーション教育の一つの教育手法として演劇的手法に着目し、演劇的手法は、演劇をつくること自体が第一義的な目的ではなく、別の学びの目的を達成するための「手段」であると述べた (川島・芝木 2015)。例えば、学校教育現場で演劇的手法が活用されるときは、学習者に、演劇に取り組む活動の過程で体験する自己内での気づきや葛藤、また、他者との関わりの経験を得てもらうことが教育目標とされる。

　コミュニケーション場のメカニズムデザインの観点から考えると、演劇ワークショップの目的は、演劇の要素を効果的に活かして場を設計することで、場の目的に応じたコミュニケーションを達成することと言える。

### ▶ 演劇ワークショップの 2 類型

　演劇ワークショップは、様々な活動を含む言葉ではあるが、活動の種類によって大きく二つに分類できる。

　一つは、演劇的手法や演劇的要素を用いたアクティビティを参加者が体験するものである。本章ではこれを「アクティビティ型」と呼ぶことにする。一口にアクティビティと言っても様々な種類が開発されているが、アクティビティごとに順序や時間などのルールは明確に定められている。また、一つのアクティビティに要する時間は、短いものだと数分以内、長くても 60 ～ 90 分以内に完了するものがほとんどである。本章で紹介する「件の宣言」は、アクティビティ型の演劇ワークショップに該当する。

　もう一つは、ワークショップのなかで参加者自身が演劇作品を創作・上演する活動を含むものである。本章ではこれを「創作型」と呼ぶことにする。演劇作品を創作するとは言っても、先述したとおり、演劇作品をつくることそれ自体に一義的な目的が置かれているわけではない。こちらは、ワークシート等の手引きを用意する場合はあるものの、進行手順に明確な決まりはない。また、ワークショップに要する期間も目的に応じた変動が大きく、3 時間程度で完了するものから、複数回 (例えば、1 週当たり 90 分

| | 創作型 | アクティビティ型 |
|---|---|---|
| 制度設計の有無 | ほとんどなし | あり |
| 必要な時間数 | 長時間<br>（標準は45～90分×3～4回） | 短時間（90分以内で完結） |

**表1：演劇ワークショップ2類型の比較**

×4週）にわたるものまで存在する。

　アクティビティ型と創作型の2類型を比較すると、大きく異なるのは制度設計の有無（あるいは、度合い）である。

　創作型の演劇ワークショップは、進行手順はあまり明確に定められておらず、どちらかというと、ファシリテーター（進行役）の役割を担う講師の属人的な技量（職人芸）により場が設計されている[2]。長時間・長期間にわたる場合も多いため、その都度方向修正が可能なのも、ルールを明確にせずとも場が成り立つ理由であろう。創作型で定められているルールは、参加者の安全を保つ上での「創作上の約束」のみである。

　一方、アクティビティ型の演劇ワークショップは、進行手順・各段階の所要時間などのルールが明確に定められている。もちろん、ファシリテーターによって多少の色合いの違いは生じるものの、ルールを理解し、それに沿って進行すれば、誰でも運用が可能なようにデザインされている。

　このような2類型の違いを踏まえて、演劇ワークショップに関するコミュニケーション場のメカニズムデザイン研究を始めるにあたっては、場のルール（制度）が明確に定められているアクティビティ型の演劇ワークショップを対象とした。したがって、本章でも、まずはアクティビティ型の演劇ワークショップである「件の宣言」を取り上げ、メカニズムと設計変数を紹介することとする。創作型については、演劇ワークショップの広がりとして、本章の後半で説明を加える。

## 2. 件の宣言

▶ **件の宣言の概要**

　件の宣言は、直接民主制による意思決定を体験することを目的として蓮行により提案された演劇ワークショップ（蓮行 2015a）である[3]。件の宣言には明確なルールが定められており、アクティビティ型の演劇ワークショップにあたる。演劇的要素のなかでも、ロールプレイが中心的な設計として置かれている。

　日本において直接民主制を採用するコミュニティは、PTAや町内会など数多く存在するものの、日本の公教育においては「ルールづくりに参画する」という教育活動は少なく、直接民主制について知る機会、体験する機会、トレーニングを受ける機会がほとんどない。そこで、件の宣言は、架空の設定のなかで交渉や議論、無記名投票、結果の採択という過程を体験し、ルールづくりへの参画を学習するプログラムとして提案された。

　件の宣言は、もともとは小学校教育における活用を想定して提案されたワークショップである。児童一人ひとりが主権者として意思表示をし、投票による合意形成を体験することで、民主的な意思決定をする際の話し合いの意義に気づかせることをねらいとしていた。また、学習の目標として、

- 自分の考えを認識することができる
- 他者の意見を聞くことができる
- 自分の意見を表明することができる
- 自分と違う意見をもつ他者の立場からも物事を考えることができる

という4点が設定されており、この学習目標の達成を目指してデザインされた（蓮行 2015a）。

　対象年齢としては、小学3年生以上の年齢であれば実施することが可能である。また、議論の題材を変えることで、小学生から大学生、大人ま

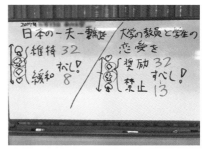

写真1：件の宣言——演説準備　　写真2：件の宣言——結果発表

写真3：件の宣言——演説

で、幅広い年代を対象に実施することができる。小学生を対象とする場合は、「一生どちらかだけ食べるとしたら、主食はパンか？　ごはんか？」や「夏休みを一ヶ月間延長するべきか？　延長するべきでないか？」というお題を扱うことが多い。大学生以上を対象とする場合は、「日本の一夫一妻制を維持すべきか？　緩和すべきか？」や「大学生と大学教員の恋愛を奨励すべきか？　禁止すべきか？」というお題を扱うことが多い。

### ▶件の宣言のメカニズム

　件の宣言の基本的なメカニズムは、参加者があるテーマについて、過激なＡ派、穏健なＡ派、穏健なＢ派、過激なＢ派という４種類のチームにランダムに割り振られて演説とディスカッションを行い、最終的に無記名投票によってコミュニティの宣言を採択するというプロセスで構成される。

ディベートのメカニズムと同一視されることが多いのだが、ディベートはある論題について参加者を「賛成」と「反対」の2チームに分けて議論させるのに対して、件の宣言ではこれに「過激派」と「穏健派」という軸を加え、参加者を「過激なA派」、「穏健なA派」、「穏健なB派」、「過激なB派」という4チームに分けて議論させる点で異なっている。

件の宣言のメカニズムの詳細を次に示す。

---

(1) **テーマの決定**

議論するテーマを決める。

※基本的には主催者があらかじめ決めておくが、参加者の希望により決めてもよい。

(2) **チーム分け**

参加者をランダムに、なるべく均等な人数になるように4チームに分ける。

チームにはそれぞれ、参加者の本来の意見とは関係なく、過激A派、穏健A派、穏健B派、過激B派の4派をランダムに割り当てる。

(3) **演説準備のディスカッション**

チームの演説内容をまとめる（5～10分間）。

※インターネット等で調べることは可とする。

(4) **演説**

チームとしての主張について演説する（各チーム1～2分間）。

演説の冒頭には必ず「賢明なるコミュニティの諸君」というフレーズを入れる。

(5) **ラウンドテーブル**

全チームの演説終了後、各チームのメンバーがなるべく均等に混ざったグループを複数つくり、各グループでディスカッションを行う（5～10分間）。

なお、このときは自分の所属チームの立場としてディスカッションを行う。

※グループメンバーを入れ替えて、このディスカッションを数ラ

---

ウンド実施してもよい。

(6) 投票

ラウンドテーブル終了後、4チームは解散する。

参加者それぞれの心象によって、A／Bの二択で無記名投票を行う。

(7) 採択結果の宣言

開票し、最多票を得た意見をコミュニティの議決とし、議長が「本コミュニティでは〇〇が採択されました」と宣言する。

## 3. 件の宣言の設計変数

件の宣言のルール（すなわちメカニズム）をコミュニケーション場のメカニズムデザインから考えると、そこには様々な設計変数が存在する。本書の第1章で述べられたコミュニケーション場の設計変数が、「件の宣言」ではどのように設計されているかを本節では見ていこう。特に、ロールプレイと、極の配置の設計について、中心的に解説する。

▶ **設計変数：ロールプレイ**

本章の冒頭で述べたように、人は、コミュニケーションをするときには無意識に何らかの役割（先生、生徒、保護者など）を演じている。ロールプレイの要素を含むメカニズムとは、コミュニケーション場の参加者に対して、外生的になんらかのロール（役割）を与えているメカニズムを指す。

本書で紹介されているメカニズムをロールプレイ要素の有無により分類すると表2のようになる。

パーラメンタリーディベートでは、あるテーマに対して参加者をランダムに肯定（Government）と否定（Opposition）の2チームに分ける。件の宣言も同様に、参加者を本来の意見とは関係なくランダムに過激A派、穏健A派、穏健B派、過激B派の4チームに分ける。つまり、これらのメカニズムにおいては、参加者は自らが主張する意見を演じるというロールプレイを行っていると言える。

| 要素 | メカニズム |
|---|---|
| ◎ | ● パーラメンタリーディベート<br>● 件の宣言 |
| ○ | ● ビブリオバトル |
| × | ● 発話権取引 |

表2：ロールプレイ要素の有無によるメカニズムの分類

　発話権取引では、参加者は自身が実際に考えていることを表出しており、ロールプレイの要素は含まれていない。

　ビブリオバトルでは、発表者は自身の考えを表出しており、一見するとロールプレイ要素はないように見える。しかし、谷口ら (2019) は、ビブリオバトルでは発表者は「ある本の紹介者」というロールとして固定されていると指摘する。ビブリオバトルでは最後に「チャンプ本」を決めるという投票行動があるが、そのような評価があることで発表者の発話が抑圧されているようには見えない。これは、投票の対象がバトラー本人ではなくあくまで紹介された本であり、票を得られなくても紹介者としてのロールが否定されただけで、自らの人格が否定されるわけではないためだろうと解釈される。

### ▶ ロールプレイを設計に加えることによる機能

　コミュニケーション場にこのようなロールプレイの設計を加えることにより期待される機能には、①心理的安全性を高める、②多様な視点からの情報表出、③楽しさを高める、という3点が挙げられる。

### ①心理的安全性を高める

　役割 (ロール) を明確化することは、役割を言い訳 (エクスキューズ) にしつつ、自らの人格を安全圏に保つことで、プレイヤが発言するときの負のインセンティブを軽減し、プレイヤが持つ知識をなだらかに引き出すことに貢献する (谷口ほか 2019)。

　何も設計がなされていない日常のコミュニケーション場では、その場の

人たちの心理的安全性は必ずしも確保されていない。「こんなことを言って、相手は傷つかないだろうか」、「自分への評価に影響しないだろうか」など、発言前に様々な影響を考慮して、思うままに発言できなくなってしまったことはないだろうか。自分の発言に対して相手からどのような反応が返ってくるかわからないことが自由な意見表出を阻む要因となっている。もちろん、未来のリスクを予測しながら発言を精査することもコミュニケーションを円滑にするためには必要だ。ただし、過剰にリスク回避をしすぎると、必要な情報が場に表出されなくなってしまう。

　例えば、「職場の労働時間を短縮する」という目的の会議を考えてほしい。このとき、部下は「細かな仕事が多く、大きな成果が期待できる仕事に集中できていない」と考えていたとする。それが根本の原因だったとしても、心理的安全性が低い場では管理職に対して率直に伝えるのは難しそうだ。この意見は、管理職の仕事の采配に対する不満とも取れるためである。しかし、その場でその情報が出されないと、「重要な仕事にリソースを集中する」という課題の解決に直結しそうな戦略でなく、「社員のPCスキルを向上させる」という無難な戦略に至ってしまうかもしれない。

　このような場合に参加者に対して外生的にロール（役割）を与えることで、「この場の発言やふるまいは、すべて演技だ」という共通認識を形成することができる。発言者は、「私はいま、与えられている役割で意見を述べているだけ」であるため、リスクを気にせずに自由な意見を述べることができる。聞く側も、「この人はいま、演技をしているだけ」と捉えることができれば、落ち着いて発言を聞くことができる。ロールプレイは、「意見と人格の分離」という言葉が示唆するところを人工的に作り出す設計と言える（谷口ほか 2019）。

## ②多様な視点からの情報表出

　参加者に対してロールを与えることは、普段は考えたことのなかった状況での意見を強制的に考えさせ、多様な視点からの情報を表出させることに貢献する。

　件の宣言やディベートでは、主張する内容が参加者に対してランダムに

割り当てられる。参加者には、本来と同じ主張が割り当てられる人もいれば、本来とは異なる主張が割り当てられる人もいる。

　件の宣言で頻繁に設定する論題は「日本の一夫一妻制を維持すべきか？緩和すべきか？」なのだが、日本国内の参加者を対象にワークショップを実施すると、多数の参加者が「一夫一妻制が当然じゃないのか？」と考えている場合は多い。このような、参加者の認知が固定化されているなかでロールを与えずに議論を進めると、場に表出される情報は一夫一妻制維持を支持する情報に偏りがちになるだろう。ロールプレイの設計を加えて、「一夫一妻制の緩和」を支持するグループをつくることで、認知の固定化を外して多様な視点からの情報表出を促すことができる。

　ただし、これに対しては批判も存在する。ロールプレイをしている状態では発話者が自らの意見を表出しないことから、情報共有にバイアスが生じるリスクも存在するという批判だ。しかし、これも短絡的な考え方では捉えきれない（谷口ほか 2019）。件の宣言において、「一夫一妻制維持」の持論をもつ人が「一夫一妻制緩和」の主張を与えられた場合を考えよう。このとき、確かにこの人は「一夫一妻制を維持すべきだと考えている」という意見は表明できなくなるが、維持派の意見を支持する情報や、それに対する反論に関する「知識」は表出することができる。適切なメカニズムデザインがない場合、このような知識すら表出されないこともある。このようなメタな視点に立つと、やはりロールプレイは情報の表出を助けているとも捉えられる。

### ③楽しさを高める

　これまでの実践を振り返ると、件の宣言の参加者は演説や議論のなかで様々な演技をし、それを非常に楽しんでいた。過激派に割り当てられた参加者は、アジテーター（扇動者）風に大げさに演技をしてみたり、いつもは言わないような極端な発言をしてみたりする。逆に、穏健派に割り当てられた参加者は、あえて曖昧な表現を使ったり、自分と反対派の主張にも一部同調したりというふるまいをする。このようなふるまいの変化は、カイヨワ・ロジェ（カイヨワ 1990）の指摘する「ミミクリ（模倣）」という遊びの

要素に当たると考えられる。カイヨワによると、「他者になる、あるいは他者であるかに思わせる（つまり演じる）」ことを、人間は「楽しい」と感じる。

　演じることは人間の社会的本能だ (蓮行・平田 2016)。演じるという行為は、人の根源的な欲求を満たし、楽しさを感じさせる。幼児期から学童期にかけての子どもは、アニメの一場面を真似して再現したり、父親・母親が登場する家庭を再現したりと、空想の世界を演じる「ごっこ遊び」に興じるようになる。外生的にロールを与え、日常のロールから離れたロールプレイをさせることは、根源的な楽しさにつながると考えられる。渡辺らの実践と研究では、学校での研修や研究に演劇的手法を導入することで、退屈で、参加者が眠気に耐えていたような研修が、非常にクリエイティブで楽しいものになり、新しい学びやスキルアップにつながったと報告されている (渡辺・藤原 2020)。

　件の宣言は、ロールプレイとして成立させるための設計がしっかりとなされており、参加者は様々な演技を試みていた。演技する行為の楽しさによって、参加者は、演説やラウンドテーブルにも熱心に参加するようになるのだと考えられる。

### ▶ ロールプレイの設計要素を導入するためのポイント

　コミュニケーション場のメカニズムにロールプレイの要素を組み込むには、どのようなポイントを押さえて設計すべきなのだろうか。人物設定のみを外生的に与えればいいのかというと、そういうわけではない。ロールプレイを上手く展開させるには、演劇の分野で積み上げられてきた知見が重要となる。

　平田は戯曲を書く上で考える要素として「場所」「背景」「問題」を順に挙げている (平田 1998)。また、蓮行 (蓮行 2015b) は、ストーリーのあるドラマ演劇は、人物と場が存在し、そこにきっかけとなる事件が起これば、あとは自ずと展開していくものと考え、演劇の3要素として「人物」「場」「事件」を挙げた。さらに、蓮行は、平田 (1998) と蓮行 (2015b) を踏まえ、蓮行の挙げた演劇の3要素に時間の要素を加えた、「人物」「時空」「事件」

| 人物 | 登場人物の設定(年齢、性別、職業、他の登場人物との関係等) |
|---|---|
| 時空 | 時代や時間の設定(西暦何年、季節、時間帯等)、及び、空間の設定(地域、屋内／屋外、空間構造等) |
| 事件 | 展開するストーリーのきっかけとなる出来事 |

表3：演劇の3要素

| 人物 | ある議題に対して、過激A派、穏健A派、穏健B派、過激B派という立場をとる人々 |
|---|---|
| 時空 | 空間は4チームが集まる議場、時代は現代もしくは未来 |
| 事件 | コミュニティにおいて、議題についての「宣言」をしなければならない(「宣言」に至る手続きは、順々に明らかにされる) |

表4：「件の宣言」における演劇の3要素

を演劇の3要素（表3）として提案している（蓮行 2019）。

　例えば、「田舎のボンボンと都会の意地悪じいさん《人物》」が「江戸時代元禄期の、松の廊下《時空》」で「カッとなって刀を抜いてしまう《事件》」ことをきっかけとして、あとは大石内蔵助を中心に、そこに巻き込まれた様々な人たちが、ドミノ式にストーリーを紡いでいくことになる。これが「忠臣蔵」というドラマである。この事例は、忠臣蔵というドラマ作品を演劇の3要素に整理したものだが、ロールプレイ要素を含んだメカニズムを設計する際にも、人物、時空、事件の3要素を上手く設定すると、場は自ずと展開するようになる（蓮行 2019）。

　「件の宣言」のメカニズムでは、人物、時空、事件の3要素は表4のように設定されている。ロールプレイを企画する際には、これら3要素を意識して設計してみてほしい。

#### ▶設計変数：極の配置

　極の配置とは、議論や対話を何組のチームに分かれて進めるかの設計を指す。あまり意識されないかもしれないが、コミュニケーション場のメカニズムを設計する上で、極の配置は必ず設計されている要素だ。本書で取

り上げているメカニズムを比較しても、極の配置の設計は多様であること
がわかる。

　極の配置の設計が明確になされているのは、パーラメンタリーディベー
ト、件の宣言、ビブリオバトルである。これらのメカニズムでは、各個人
がコミュニケーション場にどのような立場で参加するかが明確に決められ
ている。

　パーラメンタリーディベートは、参加者を「肯定」と「否定」の２チーム
に分けて進行する。すなわち、２極に参加者を配置する設計となっている。

　これに対して、件の宣言とビブリオバトルは多極の配置をとる。件の宣
言は、参加者を過激なＡ派、穏健なＡ派、穏健なＢ派、過激なＢ派という
４極に配置する設計となっている。ビブリオバトルは、紹介される本の数
だけ極があり、参加者を何極に配置するかは明確には定められていない。

　一方、発話権取引では極の配置の設計は存在していない。発話権取引で
は、各個人は各個人としてコミュニケーション場に参加しており、個人が
どのような立場で意見を述べるかは本人の意思に任され、対話や議論が進
む中でも変動していく。

　以上を踏まえると、極の配置の設計は、ロールプレイと密接に関わる設
計変数と言えるだろう（谷口ほか 2019）。

### ▶極の配置を変動させることによるコミュニケーション場への影響

　それでは、極の配置を２極とするか、多極とするかによって、コミュニ
ケーション場にはどのような影響が生じるのだろうか。極の配置の設計に
よる特徴を表５にまとめる。

| 極の配置 | コミュニケーション場の特徴 |
|---|---|
| ２極 | ● 論理構造を明確にしやすい<br>● 相手を倒すという姿勢が生まれやすい |
| 多極 | ● 論理構造を明確にするのは困難<br>● それぞれの主張を受容する姿勢が生まれやすい |

表５：極の配置の設計とコミュニケーション場の特徴の比較

## ①論理構造への影響

　パーラメンタリーディベートでは、参加者を２極に配置することに加えて、肯定側と否定側の明確な順序交代が定められている。さらに、どの段階の発話で、どの段階の発話に対する支持や攻撃がなされるかまで、メカニズムのなかで定められており、スピーチシートの使用も推奨されている（中川 2019）。一つの論題に対して、肯定と否定の主張がいつなされるか、また、それらに対する支持と攻撃がどのタイミングでなされるかが規定されていることで、論理構造の理解がしやすくなっている。

　件の宣言も、一つの論題に対して参加者がいくつかの立場に分かれて議論するという点ではパーラメンタリーディベートと似通っている。しかし、件の宣言では参加者を４極に配置しているため、パーラメンタリーディベートと同様な形で論理構造の可視化を試みようとしても困難を極めるだろう。件の宣言のメカニズムに、「この段階で、誰が誰に対して支持／反論を表明する」という規定を導入してしまうと論理構造が複雑になり過ぎてしまい、参加者が混乱を極めることは想像に難くない。

　件の宣言ではそれぞれのチームが混合で議論し、主張間での支持や反論を行う「ラウンドテーブル」の段階は、５〜10分間のフリーディスカッションとされており、それ以上の設計はなされていない。これにより、論理構造が複雑化しすぎることが抑止されている（谷口ほか 2019）。

## ②他チームに対する対立感覚への影響

　パーラメンタリーディベートでは、参加者が２極に配置されていることで、「相手チームを倒す」という姿勢を生んでしまいやすい（谷口ほか 2019）。これは、他者と競い合い、勝敗を決めることが好きなタイプのひとにとっては、楽しく、好ましい設計と言える。一方で、相手を倒そうとする競争が苦手なタイプの人にとっては、受け入れにくいこともある。

　ビブリオバトルや件の宣言では、参加者が多極に配置されており、参加者の主張にはグラデーションが生じる。これにより、互いの対立関係が薄まりやすく、否定するか否定されるかというコミュニケーションではなく、それぞれの個性を許容するような状況が生まれやすくなる（谷口ほか

2019）。相手を倒そうとする競争が苦手な人々にとっては、多極のコミュニケーション場の方が意見の表明もしやすく、参加しやすい設計だと考えられる。

　なお、誤解しないでいただきたいので念のため補足するが、これは「2極の設計は、参加者間の対立を煽ってしまうので望ましくない」と述べているのではない。パーラメンタリーディベートのように「相手を倒す」姿勢が生まれやすいメカニズムは、参加者の「相手に勝ちたい」という気持ちを刺激することで、繰り返しの参加を促すことに寄与しているとも考えられる。あくまで、極の配置の仕方（2極と多極）によって、それぞれコミュニケーション場に特徴があること、設計を適切に使い分けする必要があることを述べているにすぎない。

### ▶極の配置の多極化に関する実験結果

　極の配置を多極化させることによるコミュニケーション場への影響分析も、研究として進められている。末長らは、極の配置の設計によるコミュニケーション場への影響に関して、件の宣言を取り上げた実証的な研究を行った。具体的には、極の配置を本来のメカニズム通りに4極（過激A、穏健A、穏健B、過激B）とした条件と、2極（A、B）とした条件の両方に実験協力者に参加してもらう実験を複数回実施し、実験協力者にアンケート調査を実施することで、極の配置の設計による参加者の心理状態や情報表出への影響を主観的に評価した（末長ほか 2019）。実験協力者は、大学生から募集し、計64名（16名×4群）からの協力を得てデータを取得した。

　質問紙では、参加者の年齢、性別といった属性を尋ねる質問項目に加えて、実験中の参加者の心理状態や情報表出について尋ねる次のI〜III部の質問項目を用意した。I部は「議論における振る舞い」を尋ねる12項目、II部は「情報の表出、受信、論理性」を尋ねる12項目、III部は「議論の楽しさ、対立感、創造性、思考の深まり」を尋ねる13項目であった。アンケートの回答結果から因子分析を行い、I部から4因子、II部から3因子、III部から3因子の合計11因子を得た。

　次に、因子分析の結果から得られた11因子の因子得点を従属変数とし

| | 過激派 | | 穏健派 | | 主効果(F値) | | 交互作用 |
|---|---|---|---|---|---|---|---|
| | 2極 | 4極 | 2極 | 4極 | 過激度 | 極 | |
| 盛り上げの演技 | 4.37<br>(1.11) | 4.63<br>(1.21) | 4.65<br>(1.22) | 4.37<br>(0.95) | 0.00 | 0.00 | 2.65 |
| 意見の極化 | 4.81<br>(1.30) | 5.41<br>(0.94) | 4.39<br>(1.49) | 4.13<br>(1.32) | 8.70** | 0.81 | 5.11* |
| 演技感覚 | 4.07<br>(1.33) | 4.16<br>(1.22) | 3.87<br>(1.48) | 3.71<br>(1.35) | 0.96 | 0.04 | 0.53 |
| 強硬な演技 | 2.48<br>(0.97) | 3.22<br>(1.29) | 2.94<br>(1.17) | 2.33<br>(1.00) | 0.83 | 0.11 | 12.28** |
| 他者受容の態度 | 5.37<br>(1.02) | 4.91<br>(1.30) | 5.40<br>(0.93) | 5.31<br>(1.13) | 0.70 | 2.73 | 1.20 |
| 論理的な説明 | 4.49<br>(1.16) | 4.64<br>(0.94) | 4.43<br>(1.03) | 4.49<br>(0.94) | 0.21 | 0.47 | 0.08 |
| 説得行動 | 4.25<br>(1.21) | 4.09<br>(1.10) | 4.37<br>(1.10) | 4.12<br>(0.95) | 0.08 | 1.88 | 0.08 |
| 他者の意見からの気づき | 5.23<br>(0.87) | 5.30<br>(0.83) | 5.11<br>(0.99) | 5.14<br>(1.14) | 0.37 | 0.14 | 0.03 |
| 楽しさ | 5.24<br>(1.22) | 5.52<br>(1.10) | 5.06<br>(1.34) | 5.61<br>(0.98) | 0.03 | 4.88* | 0.55 |
| 個人の意見の生成 | 4.39<br>(0.94) | 4.70<br>(0.76) | 3.99<br>(0.81) | 4.17<br>(0.81) | 5.56* | 4.74* | 0.28 |
| 心理的ストレス | 3.41<br>(1.33) | 3.69<br>(1.32) | 3.17<br>(1.37) | 3.15<br>(1.25) | 1.45 | 0.78 | 1.01 |

注：上：Mean、下括弧内：$SD$、$+p < 0.10$、$*p < 0.05$、$**p < 0.01$

---

**表6：極の配置によるコミュニケーション場への影響に関する分散分析の結果**
注：末長ほか（2019）より。

て、分散分析を実施した。その結果を表6に示す。

　表6の分析結果のなかで有意差が見られた「意見の極化」因子、「強硬な演技」因子、「楽しさ」因子、「個人の意見の生成」因子に注目しよう。

　「意見の極化」因子は、件の宣言のなかで、つとめて大げさな意見や極端な意見を述べたかどうかを表している。これについては、4極条件では、過激派に割り当てられた人の方が穏健派よりも有意に高い得点を示していた。また、4極条件で過激派だった人は、2極条件のときよりも4極条件のときに「意見の極化」因子が高い得点を示していたことから、この人たちは過激派に割り当てられたことで4極条件時にふるまいが大げさになったと言える。

　「強硬な演技」因子は、件の宣言のなかで、怒って見えたり、強い態度に見えたりするようにふるまうなど、強硬に見える演技を行ったかどうか

を表している。これについては、4極条件では、過激派の方が穏健派と比較してより強硬に見える演技をしていた。また、4極条件で過激派だった人は、2極条件より4極条件のときに、より強硬な演技をしようとしていた。同様に、4極条件で穏健派だった人は、2極条件より4極条件のときに、より、強硬な演劇をしないようにしていた。

　以上の2点からは、4極条件時には、過激派に割り当てられた参加者は普段よりも大げさで強硬に見える演技をしており、穏健派に割り当てられた参加者は普段よりも穏健に見える演技をしていたと言える。これは、設計からすると当たり前に予想される結果ではあるが、これを実験的に実証できたことは重要だろう。

　次に、「楽しさ」因子と、「個人の意見の生成」因子を見ていこう。

　「楽しさ」因子は、件の宣言のなかで行う議論を気軽に楽しめたかどうかを表している。これについては、極構造の主効果が有意（$F(1,54) = 4.88$, $p < .05$）であり、実験参加者は2極条件のときより4極条件のときのほうが楽しさを感じていた。

　「個人の意見の生成」因子は、相手を説得したり反論したりする行動を通じて、新たな意見を生成することができたと感じたかどうかを表している。これについては、極構造の主効果（$F(1,54) = 4.74$, $p < .05$）が有意であり、実験参加者は2極条件のときより4極条件のときのほうが、より「意見を生成できた」という感覚をもっていた。

　なぜ、4極条件の方が参加者は楽しさを感じ、意見を生成できたという感覚をもったのだろうか。

　先に、「意見の極化」因子と「強硬な演技」因子に関して述べたとおり、4極条件では、2極条件と比較して、参加者のふるまいの変化が大きかった。このようなふるまいの変化は、カイヨワ・ロジェが遊びの要素の一つとして指摘した「ミミクリ（模倣）」（カイヨワ 1990）に当たると言える。カイヨワによると、「他者になる、あるいは他者であるかに思わせる」ことを、人間は「楽しい」と感じる。

　4極条件では、2極条件よりも、参加者は大げさにふるまったり、強硬に見える演技・強硬に見えない演技をしたりしていた。このような、普段

とは異なるふるまいをすることが、たとえ本人の演技感覚を伴っておらずとも、議論における楽しさに繋がったと考えられる。さらに、参加者が議論に楽しさを感じたからこそ、議論自体が活性化し、「意見を生成できた」という感覚に繋がったのではないかと考えられる。

　ただし、この実験での2極条件と4極条件の比較では、件の宣言をベースに実験設計を行ったことから、4極条件では過激と穏健という要素が付与されていたことには注意が必要だろう。極の配置を、主張の強さというグラデーションで設計するのでなく、全く異なる4種の主張とした場合に、本実験で見られたようなふるまいの変化が生じるかどうかは、別の検証が必要である。また、本実験では実験参加者本人による主観的評価にとどまっているため、今後は発話内容の分析を進めるなど、さらなる分析が待たれる。


## 4. 演劇ワークショップの広がり

　本章の2節、3節では、デザインに演劇的要素を意識的に取り入れたメカニズムの事例として件の宣言を紹介し、そこで扱われている設計変数と機能について解説を加えた。しかし、演劇ワークショップにはまだまだ広がりがある。ここからは、コミュニケーション場のメカニズムデザインという本書の主題からは少し外れてしまうかもしれないが、演劇ワークショップの広がりについて紹介していきたい。


### ▶演劇ワークショップの活用事例

　日本国内で演劇ワークショップと銘打たれたものを体験する機会はまだまだ少ないだろう。しかし、国外に目を向けると、演劇ワークショップが学校教育のカリキュラムに組み込まれ、授業のなかで広く活用されているケースもある。

　例えば、イギリスの学校教育現場。イギリスでは、初等教育からドラマの授業がカリキュラムに組み込まれており、授業のなかで演劇を創作し上

演する経験を通じて、言語能力やコミュニケーション力が鍛えられていく（山本 2012）。イギリスの他にも、フランス、アメリカ、韓国などでは、クリエイティブな活動をする実践家やアーティストが学校でワークショップ型の授業を行い、子どもたちの創造性やコミュニケーション能力等を育む機会を設けている事例が多く見られる（文部科学省 2011）。

　日本国内の学校教育現場では、ドラマをカリキュラムに組み込むには至っていないためまだ一般的とは言えないものの、少しずつ学校教育における演劇ワークショップの導入は進み始めている。

　大きなきっかけとなったのは、2010 年 5 月に文部科学省に「コミュニケーション教育推進会議」が設置され、「児童生徒のコミュニケーション能力の育成に資する芸術表現体験」事業が展開された（文部科学省 2010）ことだろう。これは、学校、または、学校と芸術家のコーディネートを行う団体が文化庁に対して助成金を申請し、小・中・高等学校に芸術家を派遣して表現手法を取り入れたワークショップを実施するというものである。演劇的手法に限らず、ダンス、伝統芸能、音楽等の様々な表現手法を用いた授業実践が広がり始めている。

　演劇的手法は、言語的なやりとりだけでなく、空間の中で身体の感覚を働かせる学び方、目の前にある世界とは別の世界を学習者らと共に生み出してそれを経験するような学び方として、注目が高まってきている（谷口ほか 2019）。2017 年に改訂された小学校・中学校の学習指導要領解説では、「特別の教科　道徳」に生かす指導方法の工夫として「役割演技」（つまりロールプレイ）が明記された（文部科学省 2017a；文部科学省2017b）ことも注目に値する。

　また、筆者らの実践事例になるが、ビジネスパーソンを対象とした研修での演劇ワークショップの活用事例ももちろん存在する（平田・蓮行 2009）。近年では、アートシンキング（山口 2017）への注目が集まっていることもあり、ビジネス領域での演劇ワークショップの活用事例は、今後ますます増加していくと見込まれる。

## ▶演劇ワークショップの具体例

　件の宣言以外に、演劇ワークショップにはどのような内容のプログラム
があるのだろうか。①アクティビティ型、②創作型の２類型に沿って紹介
していこう。

## ①アクティビティ型

　アクティビティ型は、ルールを設定し、参加者がその手順に沿って進め
ていく形式のものである。数分以内で終わるようなシアターゲームあるい
はコミュニケーションゲームと呼ばれるものから、数十分かけて行うもの
まで様々なものが開発、実践されている。コミュニケーションゲームにつ
いては、拙著『コミュニケーション力を引き出す』（平田・蓮行 2009）、『演
劇コミュニケーション学』（蓮行・平田 2016）にも記載があるので参照され
たい。

　筆者らが開発したアクティビティは、１回につき概ね30〜90分程度で
実施できるようデザインされている。これは、１コマ当たりの授業時間
が、小学校であれば45分、中学・高校であれば50分、大学であれば90分
とされることが多く、それに合わせてデザインされているためである。

　本章で詳述した件の宣言以外にも、筆者らが開発したアクティビティは
数多くある。いずれも、ロールプレイなどの演劇的手法を効果的に用いて
いる。

　参加者同士の自己紹介を主目的としたゲームには、「１分コンサル」、
「１分ジャーマネ」がある。これらは、研修やレクリエーションなどでよ
く実施される「他己紹介」（ある他人のことを大勢のひとに対して紹介すること）
と似たメカニズムだが、それぞれ何かしらのロールプレイ設定がなされて
いる点で、単なる他己紹介とは異なっている。「１分コンサル」では、A
がコンサルタントとしてBが行う自己紹介の内容について相談に乗り、そ
の相談内容をふまえてBが他の参加者の前で自己紹介を行う。「１分
ジャーマネ」では、AがBの紹介内容を考える「他己紹介」なのだが、さ
らにそこに「Aは、Bのマネージャーとして、ある業界に対してBを売り
込まないといけない」という設定が付与されており、単なる他己紹介より

も演劇的になっている。自己紹介ゲームとしては他にも、2〜3人組のグループをつくりメンバーの「違うところ」を探しポイント化する「属性ゲーム」もある。

　他にも、筆者らが開発したアクティビティ型演劇ワークショップには、ランダマイズされたお題でプレゼンテーションを行う「フセン・プレゼン」、観察者の精霊が飛び回るなか健康相談やファイナンス相談を行う「コンサルテーションXX」、裁判を題材とした「泡沫裁判所」、空を巡る星座となって自分たちの高貴さについてプレゼンテーションを行う「黄道12星座選手権」などがある。いずれも、舞台設定や、参加者が演じる役割の設定など、ロールプレイの設計にこだわった内容となっている。

　これらの演劇ワークショップは、所要時間などのルールが定められたプログラムであり、さらに現在、筆者らが開発したアクティビティについて、メカニズムの明文化と、進行用スライド等の資料作成にも取り組んでいるところである。明文化された枠組みに沿って進行することで、比較的経験が浅いファシリテーターでも滞りなく場を進めることができ、議論の盛り上がりに欠けるグループに声かけなどで介入したり、ヒートアップしてしまった参加者がいたら少し声かけをしたりという活動支援に集中することができる。


②創作型

　創作型の演劇ワークショップは、ワークショップのなかで参加者自身が演劇作品を創作・上演する活動を含むものである。

　先に断っておくと、演劇作品の創作・上演において、決まった手順というものは存在しない。劇団や演出家の数だけ、そのやり方は存在する。多くの場合は、まず台本が書かれ（あるいは選ばれ）、それを俳優が覚え、立ち稽古をし、劇場でリハーサルをして、本番を上演する、という手順を踏むと考えられている。小学校の学習発表会での演劇の上演などは、この手順を踏む場合が圧倒的に多いだろう。しかし、筆者（蓮行）が代表を務める劇団衛星では、稽古場に入った時点では台本はなく、ぼんやりとしたプロットやアイデアをもとに、口述筆記などを用いて台本が作られていく。

創作型演劇ワークショップの典型的な事例の一つが、筆者らが大学で実施しているアクティブラーニング方式の授業である。大学の授業は概ね90分×15限の履修で2単位と設定されている。筆者らの授業では、1限から3限にアイスブレイクゲーム、4限から6限にアクティビティ型演劇ワークショップ、7限から9限に中間的なパフォーマンス作品の創作発表、10限から13限にパフォーマンス作品の発表に向けた準備、14限目に作品の発表、15限目に振り返り・講評の会という構成が標準である。なお、作品の創作において、教員から学生に創作のテーマを与えることはほとんどない。作品のテーマ設定から発表の形式まで、学生が自主的に決定する。

　学生から「もう少し細かい指定がないと、何をどうしていいかわからない」などの要望が出ることもあるが、基本的には意に介さず（特別な配慮が必要な場合はもちろん対応する）、学生の自主性にお任せしている。すると学生らは多くの場合、困惑しながらも徐々に上演という目標に向けてチーム創作をすすめ、最後には非常に見応えのある作品を上演する。その上演のクオリティの高さたるや、プロの演出家である筆者（蓮行）にとっては非常に喜ばしくまた刺激的でもある。現代の若者が十二分に表現力やコミュニケーション力をもっているとつくづく感心する。

　大学生が対象である場合には、ここまで突き放した授業デザインとなるが、高校生、中学生、小学生と、学習者の発達段階が下がっていくに従って、ファシリテーターからの支援の度合いは高くなっていく。それは、言い換えれば制限が増えていくということである。例えば、高校生に自由創作させる場合には、一つのグループ内で「リーダー」「看板役者」「新人」「記録係」などのキャラクターを与えておく。そうすることで、グループ内での役割分担が明確になり、創作プロセスのディスカッションも比較的スムーズにすすめられるようになる。また、小学生相手の場合だと、講師であるプロの演劇俳優が即興的にシーンを作っていき、それらを文字に起こして台本を作るというプロセスを踏む場合もある。

　いずれにしても、創作型のメカニズムでは定まったメカニズムは存在しておらず、参加者の自由な活動を制限しないように支援も可能な限り少な

くされている。プロの演出家が作品を生み出すプロセスと同様とまではいかないが、作品創作の産みの苦しみと、上演における根源的（本能的、と言ってもよいと筆者らは考えている）な喜びを体験することができる。

## 5. コミュニケーション場のメカニズムデザインへの応用可能性

　本章の3節では、件の宣言の設計変数として、ロールプレイと、極の配置という二つの変数に絞って解説を加えた。しかし、演劇ワークショップのなかで注目すべき演劇的要素は他にもいくつか存在している。

　本節では、これらのなかでも、特に日常のコミュニケーション場への影響を考える上で理解しておくことが有用と思われる演劇的要素を取り上げて解説する。さらに、そのなかでも、コミュニケーション場のメカニズムの設計変数として考慮すべき演劇的要素を紹介する。

### ▶コミュニケーション場に影響する演劇的要素

　演劇的要素のなかでも、コミュニケーション場を考える上で理解することが有用と考えられる要素は、4点挙げられる。それは、ロールプレイ、表現、空間、演出である。ロールプレイの要素については、本章3節で解説を加えたのでここでは説明を割愛する。

### ①表現

　表現とは、表情、姿勢、身振り手振りといった「身体表現」と、言葉の選び方、声の抑揚・大きさ、間の取り方、理論構成といった「言語表現」のことを指す。適切な身体表現や言語表現を用いることで、コミュニケーション場において他者に与える印象や、情報や論理の伝わりやすさ、聴きやすさ、受け手の理解度に影響がある。身体表現と言語表現の二つは、必ずしもきれいに切り分けられるものではないが、一旦はそれぞれに分けて解説を加える。

　まず、身体表現について述べよう。古代から演劇というものは、身体そ

のものを表現ツールとして用いてきた。朗読劇や人形劇のような一部の例外はあるものの人間の身体そのものが視覚的聴覚的に表現のメインツールとして用いられてきた。

　この「身体による表現」すなわち「身体表現」の多様性が、演劇ワークショップの特徴として挙げられる。演劇ワークショップの枠組みの中では、大げさな身振り手振りを用いることはもちろん、歌やダンスを用いたり、他者を演じたり、床に寝転んだり、寸劇を用いたりなど様々な表現方法がしばしば用いられる。これは、ファシリテーターからの指定がなくても、自発的に発生する場合が多い。そして、「黙って立っている」ことや「うつむいてボソボソ小声で話す」ことも、時として有効な身体表現となる。

　身体を使った幅広い表現がもたらす効果には様々なものがある。一つは、受け手側にとって多様な刺激と多様なインスピレーションを受けるということである。例えば、環境教育で用いる場合を考えよう。通常の議論や発表では「ゴミを分別せずに川に捨ててしまう人」の具体像は出て来ず、ゴミが放置された写真や、「放置されるゴミは年間何トンに及ぶ」などの情報が提示される。しかし、演劇ワークショップの手法を用いると、そのような人物を場に登場させることができる。「キャンプが終わったから、全部ゴミを川の中にポーイ！（キャンプセット一式をそのまま川に投げ込む身振りをする）」などの大袈裟な表現も可能である。観る側は一旦それを笑って受け止めつつも、「この人物がなぜそんな行動とるのか？」と、行動の理由や人物の内面について考察したり、「産業廃棄物というのは、この状況の規模が大きくなったものに過ぎないのでは？」という気づきを得たりする。身体表現を通じ、受け手は教科書的な情報や自らの思い込みにとらわれることなく多様なインスピレーションを得ることができる。

　身体表現のもう一つの重要な効果は、発表者自らが演じることを通じて、自分でも考えたことすらなかった考えを獲得できるということである。例えば、若い看護学生が自ら高齢者の役を演じることにより、若い身体の持ち主としては気づいたこともないような「立ち座りも億劫であるという感覚」を獲得できる。その感覚を得た上で手技の実習などに入れば、

血の通ったケアの実践により近づくことができるのである。

　次に、言語表現について述べよう。言語表現とは、言葉の選び方、声の抑揚・大きさ、間の取り方、理論構成といったことを指す。例えばディスカッションにおいて、相手方の主張への反論に「あなたの理論には破綻があります」という言葉を用いるか、「あんたの言ってることは無茶苦茶だな」という言葉を用いるかで、聞き手に対する印象は大きく変わる。

　言語表現はロールプレイとも密接な関わりがある。例えば「～なのじゃ」という語尾を用いた場合、それは高齢者、とりわけ昔話にでも出てくるような架空の高齢者のキャラクターを想起させる場合が多い。逆に言えば、衣装や小道具やメイクを用いなくても、適切な言語表現を駆使することで、どんな役割を演じているかが表現できることになる。一方で、現場のファシリテーターには、言語表現とジェンダーの関わり（いわゆる男らしい／女らしい言葉遣い）等について、一定の配慮と考察が必要だということも付記しておく。

　理論と言語表現との関わりにも言及しておこう。

　「aとbが争っている間にその争いに乗じて第三者が利益を得る」…（A）という状況を表現するにあたり、例えとして、「貝の身を食べようとした鳥、食べられまいとして貝殻を閉じた貝。動けなくなった両者を、漁師が捕獲してしまう」…（B）という物語を用いたのが「漁夫の利」という故事成語である。これはいわば古代中国の賢者が王の説得を試みたケースであるが、（A）に示された理論をそのまま（A）と説明するか、（B）のようなストーリー仕立てで説明するかは、言語表現における非常に重要な選択肢となる。そしてその理論にせよ例え話にせよ、どのような抑揚や間で伝えるかによって、大きく説得力が変わる。

　以上、身体表現と言語表現について説明した。繰り返しになるが、この両者はきれいに切り分けられるものではない。言語表現は身振り手振りや表情などと不可分であるし、身体表現にはジェスチャー（黙って口に指を当てれば「静かにして」という意味になる）のように言語的情報を伝える機能もある。重要なことは、身体表現と言語表現がうまく掛け合わされることで、受け取り側に適切な情報伝達が可能になる、ということである。演劇の俳

優や演出家は、日夜その効果について考え、トレーニングと実践を重ねている。

②空間

　空間とは、部屋の広さや構造、机・椅子の形状、照明、BGMなどの空間構成を指す。これら空間構成もコミュニケーションに影響を及ぼす。

　例えば、小さな部屋で大人数が参加する会議の場では、他者との距離が近すぎることで圧迫感、不快感を感じる。逆に、大きすぎる部屋で少人数が参加する会議の場では、他者との間隔が広くなりすぎることで情報の伝達がしにくくなる。小売店の現場でも、例えばコンビニのレジカウンターの幅は、店員と客のコミュニケーションに大きく影響する。カウンターの幅が広すぎれば、店員と客は互いの声が聞き取りにくくなり、意思疎通がうまくいかず、何度も聞き返したり間違いが起こったりする可能性が高まるだろう。客は店員から冷たく扱われたという疎外感を感じるかもしれない。一方、狭すぎれば十分な商品を置くことができず、レジの処理中にカウンターから物が落ちるという不具合も発生するだろうし、客と店員がお互いに圧迫感を感じてしまうかもしれない。

　BGMなど、空間における音の要素も極めて重要である。一般的に、商業施設においては、テンポの速い曲調では客の回転率が上がり、逆に遅い曲調だと客の店舗滞在時間が長くなると言われている。つまり、ラーメン店など回転率を上げたい店舗ではテンポの速い曲調のBGMを、バーのように客に長く滞在してもらって追加オーダーを得たい店舗では、テンポの遅い曲調のBGMを流すということになるだろう。また、スーパーマーケットなどの小売店の現場では、1人の客の滞在時間が一定時間を超えると、購買アイテム数が増えるという調査結果もある。この知見を応用すると、食料品を多くの人が買いに来る時間帯は、店内やレジの混雑を少しでも解消するためにテンポの速い曲調のBGMを流し、客の少ない時間帯はテンポの遅い曲調のBGMを流してなるべく滞在してもらい、1人当たりの購買アイテムを増やして客単価を上げる、という工夫が可能である。これらは、BGMを通じた店と客の暗黙的コミュニケーションの事例と言え

る。

　私たち職業演劇人は、照明についても普段から注意を払っている。最近はスライドを用いた発表が多いが、スライドをよく見えるようにするために会場を暗くしたせいで、発表者の顔に照明が当たっていないケースが多く見受けられる。これだと、発表者の表情や熱意が伝わりにくく、また聴く側も手元の資料が見えづらい場合が多い。つまり、スライドと発表者の表情と手元の資料がそれぞれよく見えるような照明の当て方や光量のバランスが重要となる。しかし残念なことに、発表会場になるような大学の教室や会議室には、発表者の顔を照らすような照明が用意されていない場合が多い。これは部屋の設計の問題である。つまり、部屋の設計者には、発表の際にどのような照明が効果的かというコミュニケーションに関する知見が必要なのである。

### ③演出

　最後に解説する演出の要素は、演劇を経験したことのない人には特にイメージが伝わりにくい要素のようで、「何を指す言葉なのかわからない」という反応が返ってくる場合が多い。演出については、会社におけるプレゼンテーションの場面に当てはめるとイメージしやすいように思う（図1、図2）。

　演劇において、演出家は「観客を代表する」立場と言われる。演出家は、稽古の様子を「観客の代表」という視点で見て、演技や、舞台装置、衣装、照明、音響などのあらゆる要素についての指示を与える。演出とは、「観客の目から見て、作品が成立しているか（面白い作品になっているか）を判断し、作品を成立させるためにあらゆる要素のチューニングをすること」なのである。もちろん、演技者たちも「観客視点からは自分たちがどう見えるか、メタ視点をもって演技をせよ」と言われるのだが、演出家は「俯瞰的に舞台を見る」ことを責務として担う立場である。

　自社の商品・サービスを他者にプレゼンする場面を想像してほしい。プレゼンの目的は、「顧客に自社の商品・サービスを購入／契約してもらう」ことであり、プレゼンの準備においては、その目的の達成（顧客との契約に

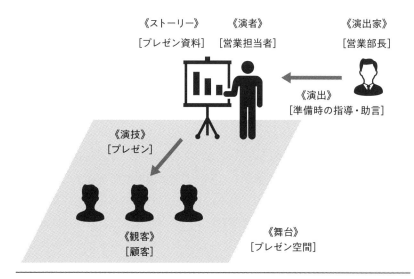

《演出》
[準備時の指導・助言]

《演技》
[プレゼン]

《観客》
[顧客]

《舞台》
[プレゼン空間]

図1：プレゼンテーションにおける演出家、演者、演技、観客、舞台

至る）に向けてプレゼン内容を精査していく。

　プレゼンターである営業担当者は《演者》にあたり、プレゼンを受ける顧客は《観客》にあたる。プレゼンターをどのようなキャラクター（役割）として見せるかは《役割演技》にあたり、その役割に応じてどのような言い回しを用いるか、身振り手振りを交えるかの検討が《表現》にあたる。プレゼンをどのような部屋で行うか、プレゼンターと顧客との距離・角度、プレゼンターに照明を当てるか否かなどは《空間》にあたる。プレゼンに用いる資料は《ストーリー（シナリオ）》にあたるだろう。

　それでは、《演出》とはプレゼンにおいて何を指すのだろうか。《演出》は、「顧客との契約に至るという目的を達成するために、顧客の立場からプレゼンを見て、先に挙げたあらゆる要素のチューニングをする」ことを指すのである。図1と図2では、プレゼンターに対して様々な指示を与える「営業部長」が《演出家》という役割にあたる。

　図1と図2で《演出家》の立場にあたる営業部長は、「A社の担当者は、元気のいい若手を好む傾向にある」という情報を踏まえて、「今回のプレゼンターは若手の山本さんが適任だ」、「山本さんには『勢いのある若手』

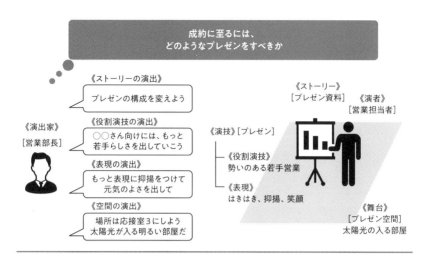

《演出家》
[営業部長]

《ストーリーの演出》
プレゼンの構成を変えよう

《役割演技の演出》
○○さん向けには、もっと
若手らしさを出していこう

《表現の演出》
もっと表現に抑揚をつけて
元気のよさを出して

《空間の演出》
場所は応接室3にしよう
太陽光が入る明るい部屋だ

成約に至るには、
どのようなプレゼンをすべきか

《ストーリー》
[プレゼン資料]

《演者》
[営業担当者]

《演技》[プレゼン]

《役割演技》
勢いのある若手営業

《表現》
はきはき、抑揚、笑顔

《舞台》
[プレゼン空間]
太陽光の入る部屋

図2：プレゼンテーションにおける演出

というキャラクターを演じてもらおう」、「声の抑揚や身振り手振りをいつも以上に意識するように」という指示を与えている。これが、《役割演技》と《表現》に関する《演出》にあたるのである。

　なお、図1と図2では《演出家》の役割を理解しやすくするために、《演者》（プレゼンター）と《演出家》（営業部長）を分けて図式化した。しかし実際には、《演者》が《演出家》を兼ねている場合も多くあることを付記しておく。

▶ **コミュニケーション場のメカニズムデザインへの演劇的要素の応用**

　以上、日常のコミュニケーション場への影響を考える上で理解しておくことが有用と考えられる演劇的要素として、2節で解説したロールプレイに加えて、表現、空間、演出という三つの要素を取り上げて解説した。コミュニケーション場のメカニズムデザインの視点から考えると、これらはさらに、制度設計による操作が可能な要素、難しい要素、設計対象にならない要素に分けられる。

　まず、空間の要素は、コミュニケーション場のメカニズムデザインの視点からは、設計対象にならない要素である。空間は、多くがハード面の制

約により決定される要素であり、制度による統制ができるものではない。可動式の机・椅子であれば、その並べ方は変更できるが、これはコミュニケーション場のメカニズムデザインで想定される「制度設計」とは異なる。

　表現の要素は、たしかにコミュニケーションにおける重要な要素であるものの、これもコミュニケーション場のメカニズムデザインの視点からは直接の設計対象にはならない。表現は、役割演技、演出、あるいはゴール設定などの設計要素に手を加えることで、結果として変化が現れる要素である。

　最後に解説した演出の要素が、制度設計により一定の操作が可能な設計変数と言える。


## ▶制度設計による演出の可能性

　コミュニケーション場のチューニングを担う演出の要素は、制度設計による操作が一定程度可能な設計変数と言える。しかし、ロールプレイと比較すると制度設計による制御は比較的難しく、現状では「制度設計でも一定は演出を果たせる」という程度の段階である。ワークショップや会議における演出の役割は、どちらかというと、ファシリテーターとなる人物が担う要素となっている。

　具体的に、どのような設計が可能かについては、具体的なメカニズム例を挙げた上で対応を見ていく方がわかりやすいだろう。そこで、件の宣言のメカニズムにおける演出について解説を加えることとする。98頁で紹介した件の宣言のメカニズムと、次頁の図3を参照していただきたい。

　ワークショップにおける「演出」とは、「参加者の目から見て、ワークショップが成立しているか（良いワークショップになっているか）を判断し、ワークショップを成立させるためにあらゆる要素のチューニングをすること」である。このチューニングは、その場のファシリテーターが行う場合が多いが、ルールとして組み込まれている場合もある。

　件の宣言においても、一定の演出効果を果たしているルールが一つある。それは、98頁の「件の宣言のメカニズム」にある「(4) 演説」に規定

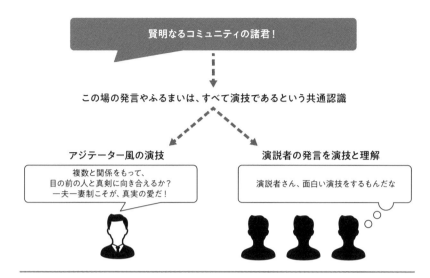

図3：「件の宣言」のメカニズムにおける演出の要素

されている「演説の冒頭には必ず『賢明なるコミュニティの諸君』という
フレーズを入れる」というルールだ。このルールが果たす機能は、「ワー
クショップ中の発言や振る舞いはすべて演技だという共通認識を強固なも
のにすること」である。

　「賢明なるコミュニティの諸君！」というフレーズは、古代ギリシャの
ポリスにおけるアジテーターの論者をイメージしたセリフだ。このよう
な、あからさまに大袈裟な表現をルールとして課すことで、演説者の話す
内容や振る舞いはすべて演技であるという共通認識が強いものになり、場
のふるまいが自由になるのである。最初の演説者が「賢明なるコミュニ
ティの諸君！」と演説を始めると、聴衆は、少しばかりにやつきながら演
説に耳を傾ける。演説者は、どんなに過激な発言をしても「これは演技で
あって、自分の本当の意見ではない」とアピールできるし、聴衆も、演説
者の過激な発言に嫌悪感を抱くことなく「面白い演技をするなあ」と安心
して受け取ることができる。セリフはアジテーターのように力強く言えな
くても、恥ずかしそうにモジモジ言っても構わない。むしろ穏健派のロー
ルを与えられたグループであれば、敢えて「えー、賢明なるコミュニティ

の皆さん〜」と、飄々としたセリフ回しにする工夫も見受けられる。それでも十分に機能を果たすのである。

## 6. まとめと今後の展望

演劇ワークショップは、人間の持つ社会的本能に訴える極めて有用な手法であり、未就学児から社会人、高齢者や障害者なども含め、様々な属性をもったひとびとが参加することが可能で、また多様性を乗り越えるという特徴もある。手法そのものの開発や、社会での活用を進めるとともに、その効果検証を行い、評価方法やリスクについても研究を進めていく必要がある。

例えば、筆者らが取り組んだ研究では、大学生を対象に実施した演劇ワークショップによって参加者の環境保全意識が改善され、エネルギー使用量を抑制する行動変容が起きる効果が示唆された（蓮行ほか 2019）。これは、演劇ワークショップの効果を定量的に示していこうという試みの一つである。

学校教育現場においても、大きな動きがある。小学校・中学校で道徳が科目化され、「役割演技」という文言が明記された（文部科学省2017a；文部科学省2017b）ことは既述のとおりである。道徳の科目内における役割演技（ロールプレイ）の適切な運用や、導入による学習効果といった知見はまだ積み上がっていないので、今後の進展に注目したい。なお、学校教育に関連する動きとしては、教育大学においても、演劇的手法による教員養成課程の学生や現職教員のコミュニケーション能力を育成する実践や研究の取り組みが進んでいる（川島編著 2017）。

本章では詳しく触れなかった創作型の演劇ワークショップについても、今後は研究対象にする必要があるだろう。

本章を読んでくださった読者の皆さんには、ほんの数分でできるコミュニケーションゲームからでよいので、様々なコミュニケーション場に取り入れていただきたいと願っている。思ってもみなかった繋がりが生まれ、

自らを再発見し、楽しく「集合知」を生成していただけると確信している。

### 注

1) ワークショップデザイナー育成プログラムは、青山学院大学と大阪大学の合同プロジェクトの形で開講された。なお、大阪大学のプログラムは2016年度で終了し、2020年12月現在は青山学院大学のみで開講されている。

2) もちろん、創作型についても、現時点ではメカニズムが明らかになっていないだけで、今後の研究が進めばファシリテーターが無意識に従っている規則をある程度抽出できるかもしれない。ただし、面白い作品は創作者の直観から生まれることが多々ある。あえてセオリーを無視することもある。職業芸術家である筆者（蓮行）としては、創作活動は、メカニズムデザインとしての記述には馴染まないのではないかと感じている。

3) 平成25〜27年度科学研究費補助金基盤研究（A）の研究課題である「交渉教育のための要素理論の研究——よりよき実践に向けて」（研究代表者　野村美明）の成果の一部として開発された。

### 参考文献

バ
イヨワ, ロジェ（1990）『遊びと人間』多田道太郎・塚崎幹夫訳、講談社学術文庫

川島裕子・芝木邦也（2015）「演劇的手法によるコミュニケーション教育の学びの「テーマ」」『北海道教育大学紀要』教育科学編, 66 (1), pp. 161-176.

川島裕子（編著）（2017）『〈教師〉になる劇場——演劇的手法による学びとコミュニケーションのデザイン』フィルムアート社

末長英里子・蓮行・安藤花恵・紙本明子・黒木陽子・田中沙穂・益井博史・谷口忠大（2019）「議論における極の数の設計がコミュニケーション場に及ぼす影響：件の宣言を対象とした実験による評価」『システム制御情報学会論文誌』32 (12), pp. 455-466.

谷口忠大・蓮行・中川智皓・石川竜一郎・井之上直也・益井博史・末長英里子（2019）「コミュニケーション場のメカニズムデザインにおける設計変数の抽出と検討」計測自動制御学会システム・情報部門学術講演会2019（SSI2019）

中川智皓（2019）「パーラメンタリーディベート—論点の可視化」『システム／制御／情報』63 (4), pp. 170-175.

中野民夫（2001）『ワークショップ——新しい学びと創造の場』岩波新書

平田オリザ（1998）『演劇入門』講談社現代新書

平田オリザ（2012）『わかりあえないことから—コミュニケーション能力とは何か』講談社現代新書

平田オリザ・蓮行（2009）『コミュニケーション力を引き出す——演劇ワークショップ

第4章　演劇ワークショップ：ロールプレイの空間を創る　　125

のすすめ』PHP新書

文部科学省（2010）芸術表現を通じたコミュニケーション教育の推進、https://www.mext.go.jp/a_menu/shotou/commu/1289958.htm（最終アクセス：2021/4/3）

文部科学省（2011）「子どもたちのコミュニケーション能力を育むために〜「話し合う・創る・表現する」ワークショップへの取組〜」コミュニケーション教育推進会議審議経過報告平成23年8月29日、https://www.geidankyo.or.jp/12kaden/sites/default/files/pdf_com20110829.pdf（最終アクセス：2020/10/28）

文部科学省（2017a）「小学校学習指導要領（平成29年告示）解説 特別の教科 道徳編」平成29年7月、https://www.mext.go.jp/component/a_menu/education/micro_detail/__icsFiles/afieldfile/2019/03/18/1387017_012.pdf（最終アクセス：2021/01/03）

文部科学省（2017b）「中学校学習指導要領（平成29年告示）解説 特別の教科 道徳編」平成29年7月、https://www.mext.go.jp/component/a_menu/education/micro_detail/__icsFiles/afieldfile/2019/03/18/1387018_011.pdf（最終アクセス：2021/01/03）

山口周（2017）『世界のエリートはなぜ「美意識」を鍛えるのか——経営における「アート」と「サイエンス」』光文社新書

山本麻子（2012）『ことばを鍛えるイギリスの学校——国語教育で何ができるか』岩波書店

蓮行（2015a）「件の宣言」野村美明・江口勇治編『交渉教育の未来—良い話し合いを創る子供が変わる』第9章、商事法務、pp. 72-76.

蓮行（2015b）「演劇から学べるさまざまなこと——ロールプレイを入り口として」『看護教育』56（10）, pp. 974-980.

蓮行・平田オリザ（2016）『演劇コミュニケーション学』日本文教出版

蓮行（2019）「演劇ワークショップ〜ロールプレイと意見表出〜」『システム／制御／情報』63（12）, pp. 519-524.

蓮行・荒戸寛樹・谷口忠大・末長英里子（2019）「SROIを用いた環境演劇ワークショップのもたらす社会的インパクトの評価」『公益財団法人アサヒグループ学術振興財団2017年度研究紀要』pp. 221-229.

渡辺貴裕・藤原由香里（2020）『なってみる学び——演劇的手法で変わる授業と学校』時事通信社

# 第 5 章

# 発話権取引

## 会議でみんなの発言を活発化する

### 谷口忠大

## 1. 発話権取引をやってみよう！

### ▶「若手が話さない」「上司が話しすぎる」

　企業の部長級の人と話をするとしばしば言われるのが「新人や若手が発言しない」というものだ。もちろん若手や新人は会社のことをよく知らず、専門知識も少ないかもしれない。また年長の部長に対する遠慮もあるかもしれないし、まずいことを言って自らのマイナス評価につながることがあってはかなわない。だからこそ口をつぐむということになるのだ。もちろん今後のプロジェクトの方針や専門的な議論において、頭の中には共有するに足る知識がない場合に、口をつぐんでしまうのは仕方ないかもしれない。

　しかし、「若手が働きやすくするために職場をどう改善していったらよいか？」「チームに何か不満はないか？」「今の説明で何かわからなかったことはないか？」というような、むしろ若手や新人の頭の中にしか情報が存在しないことがらについても、若手や新人が口をつぐんでしまうということがある。若手にとって職場を良くしようと思ったとしても、若手が何に困っているのかわからないと上司や先輩としても問題解決しようがない。上司や先輩は超能力者ではないから、口を閉ざした相手の困り事を見抜いたりはできない。組織の問題解決のために、口を閉ざしている者の口

127

を開かせることはしばしば必要である。組織全体の知識共有や知識創造、問題解決を考えれば構成員が「何がわからないのか？」「何を知らないのか？」「何に困っているのか？」「何が問題なのか？」ということを表出させること自体が大切なのだ。

　同根の問題は逆の立場にとっても存在する。部下は上司が話しすぎることに困りがちだ。日本の企業であれば海外とは違い、年功序列的な制度が残っている組織が多く、やはり上司が年長者であったり部下は年少者であったりする。そうなると日本文化に根ざした年齢的な社会的上下関係も働いて、年少者の多くは社会的な抑圧を感じて発言を控えがちになる[1]。社会的立場が弱いものはしばしば会話の中で発話権を得ることが難しく、年長者が話しているのを止めて自らが話すこともできずに、ただ不満を抱えてしまうこともある。その間、年長者は年少者が話さないからと、長々と時間を埋めるように話すという事態さえある。ここには不幸なミスマッチがあるのだ。なお年少者も年長者も話したいことがなければ、さっさと会議を終えればよいのだが、そのシグナルさえ発されることなく、無為な時間が流れる場合もある。

　さてそのような問題に対する一つの解決法として提案されたのが、発話権取引である（古賀 2014）。その名の通り、温室効果ガスの$CO_2$の排出抑制に市場原理を用いた排出権取引に刺激を受けて作られたコミュニケーション場のメカニズムである。発話権取引では発話するために時間を使うという行為を明確に権利化し、これを各参加者へと渡す。つまり発話時間の権利化と所有権の設定である。この権利は贈与によりやり取りすることも可能である。本節では発話権取引のメカニズムについて紹介して、読者各々が「やってみる」ことができるところまで進みたい。

### ▶発話権取引のメカニズム

　第1章で紹介した設計変数のリストに照らせば、発話権取引は、①発話権制御（時間配分）を自律分散的に実現することに特化したメカニズムである。その発話権取引の基本的な手順は以下である。

1. 全員に発話権を配る。
2. 1枚ずつ発話権を使用し、発言を行う、もしくは他の人に渡す。
3. 2. を繰り返した後に、すべての発話権が使用されれば終了する。

　発話権の流れを図1に示す。まず、発話権を全員に決まった数だけ配る。発話権ははっきりとそれとわかるものであれば何で表現してもよい。トランプのカードでも構わないし、10円玉などのコインでも構わない。これが発話時間に関する所有権の設定にあたる。ここではトランプの発話権カードを用いて発話権を配布したとして話を進めよう。

　1枚のカードに割り当てられる発話時間と、1人に何枚のカードを配るかは、発話権取引を始める時点で決める。たとえば4人で話し合いをする際に、4枚ずつカードを配り、一つのカードに割り当てられた発話時間を30秒とすれば1人あたりの発話時間は2分であり、4人で合計8分の会

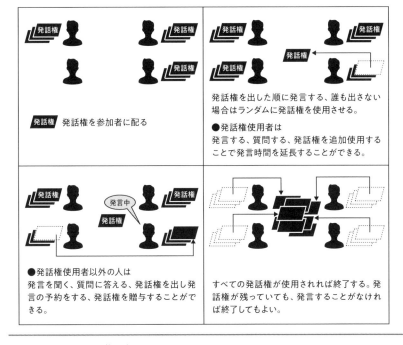

図1：発話権取引の進め方

議時間が設定されたことになる。もちろん交替時間や発話権の放棄もあり得るので厳密に８分になるわけではないが、ほぼ８分でこの話し合いは自動的に終わることになる。

　参加者は話したいことがあれば、カードを場にだす。この発話権を使用することで一定時間、発言することができるのだ。逆に発話権を持たない話者は他人の発言に対する相槌などを除いて、一切発言することができない。ゆえに発話権使用者以外の参加者は、発話権使用者の発言に反論があったとしても、それを妨害することはできない。

　早い段階で発話権を使い切ってしまうと、大事な局面で発話することができなくなるので、発話権の使用は戦略的に行わないといけない。また、誰かが既に発話権を場に出していた場合には、その後に待ち行列として発話権が並ぶこととなり、一つ前の話者の発言が終わった段階で、発言することができる。一方で、誰も発話権を行使せずに、誰も発言しない状況が時々発生することがある。この場合は沈黙の時間が継続することを避けるために、ルーレットを回したり、サイコロを振ったりして、ランダムに参加者を選択し強制的に発話権を使用させる。この時でも話者には強制的に発話権を使用させるので、全体の会議時間が延びることはない。

　発話権使用者は決められた長さだけ発言することができるのみならず、制限時間の範囲内なら他の人に質問を行うこともできる。質問を受けた場合には、質問された側は自らの発話権を使用することなく回答することができる。

　つまり、発話権使用中は、発話権を使用した人間にその時間に関する決済権があるということである。また、発話権を追加して使用することで発言時間を延長することもできる。

　発話権は任意のタイミングで他の参加者に譲渡することができる。もらった側はこれを自由なタイミングで使用することができる。図２に示している発話権取引の様子では、ちょうど発話権を譲渡しているシーンが写っている。

　これを繰り返し、その場からすべての発話権がなくなれば、発話権取引のセッションが終了することになるのだ。

**図2：発話権取引を使って議論を行っている様子（発話権を譲渡する場面）**

注：古賀・谷口（2014）より。

### ▶ 発話の不均等の是正

　発話権取引が有効な会議や話し合いとはどのようなものだろうか。発話の不均等の是正という視点と、それが重要となる局面について身近な会議や話し合いに視点を移して考えてみたい。

　定例的でフォーマルな会議だけではなく、ちょっとした相談やチームの意見を聞くといった意味合いでの話し合いは日常的に様々な組織において行われる。数学の問題を解くような問題解決と異なり、日々の意思決定には客観的な答えがあるわけではなく、主観的な情報の積み重ねにより、良い選択肢が何であるかが決まる場合が往々にしてある。サークルの方針を議論する、社員旅行の行き先を決める、研究室内の仕事の担当について相談する、さらには今夜の夕食メニューを決定するといったものさえあるだろう。

　これらの意思決定について重要なのは、意思決定そのものの結果が参加者自身に影響を与えるということであろう。だから参加者の脳内に分散的に存在している私的情報としての知識を表出させて、それを参加者間で共有した上で意思決定につなげていくことが重要になる。

　意思決定などを行う会議において重要なのは、参加者全員がその決定に何らかの形で関わることであるとバーナードは述べている（バーナード

1968)。本章では特にコミュニティ内での議論を必要とする運営方針の決定や、共通見解の作成に伴う合意形成のための話し合いを対象とする。このような話し合いにおいては、コミュニティ内の立場や成員のパーソナリティにかかわらず、率直な意見を出しあえるかどうかが重要な問題となる。集団の合意形成が発話時間の多い人間の意見に強く影響されることは多くの研究者によって指摘されている（DiMicco et al. 2007; Weisband et al. 1995）。しかし、先に述べたように、話し合いでは年長者や進行役が多く話しすぎてしまい、年少者や会話への参加が苦手な人が少ししか話さないといった発言の偏りが生じてしまうことがよくある。もちろん司会進行役がタイミングよく話題を振ったり、参加者すべてが話題に積極的かつバランスよく参画するタイプの人間だったりした場合には、このような問題は発生しないこともある。前者、つまり司会進行役の技能に関するポイントは第1章において述べたファシリテーションによるコミュニケーションそのものの制御に当たり、結局は属人的なファシリテーターの技量に依存することになる。後者に関しては「上手くいくときは上手くいく」ということを言っているにすぎず、本質的な問題は変わらず存在する。

　話し合いにおけるこのような発話の不均等を解消するためには、低コストで導入できる手法が重要になる。もちろん毎回の話し合いに有能なファシリテーターを導入できれば問題は解決できるのだが、日々のちょっとした話し合いの改善のために専門のファシリテーターを常に呼べる状況にするなどというのは全く現実的ではない。ゆえに、できる限りコストをかけず、また進行役のスキルに依存せずに実現できる仕組みが望まれる。つまりこの意味において、コミュニケーション場のメカニズムによるアプローチが求められるのである。

　多くの話し合いにおいては、事前に司会役を決めなくとも自然に参加者のうちの誰かが司会進行役のような役割を担うようになることが多い。このような役割は年長者や議題の提案者が担う場合が多い。ただ自らの意見を言いながらも、話し合い自体が円滑に進行するように配慮することは、その役割を担う者にとって重荷になることが多い。

　その意味で、先に述べたようにファシリテーターとしての司会者を導入

することも考えられるが、司会者の導入は、話し合いがその人によってコントロール可能なものになってしまうという危険性もはらんでいる。これは司会の意図や趣向、主義により次の発言者の選択や全体をまとめる発言を行うことで、話し合いの流れや帰結を調整することが可能となってしまうためである。テレビ討論番組でそのような恣意的な運営がなされることをしばしば見ることができる。

　発話の不均等を解消する方法として、単純に発言時間を均等に配分し、強制的に発言機会を参加者で順々に回させるといったアプローチが存在する。これはストラクチャード・ラウンド方式とも呼ばれる。しかし、これは発話交替が議論の流れと無関係に生じ、話したいタイミングで話すことが不可能であるために、それぞれの意見を聞くことはできるものの、議論の自然な流れを形成することが難しい。順番に発言機会を回すことによるこれらの弊害を緩和する手法としてトーキングトークンと呼ばれるコインで次の話者を指名する方法がある (Gray et al. 2011)。

　これらにより発話の不均等を是正することはできる。しかし、話し合いに参加するメンバーには特に強い意見や有用な知識を持っていないものも含まれており、完全に均等な発言時間配分が妥当とは必ずしも言えない。このような完全に均等に時間を配分する時間配分法は、相対的に強い意見を持つ人間の不満の種にもなる。通常の議論の柔軟性を担保しながら、発言の偏りを解消する方法が必要になると言えるだろう。

　ストラクチャード・ラウンド方式や発話権取引は発話権を明示的に設定することで発言の「入り口」で平準化を図るものである。しかし、ヒューマンインタフェースを始めとする情報技術分野においてはむしろこのようなアプローチは少数派であり、発言の「出口」で発言量を計測し、フィードバックにより発話時間の均等化を図るもののほうがむしろ多かった。

　例えばDiMiccoらは発話量をモニタリングすることで発話量を可視化するインタフェースとしてSecond Messengerを提案し、発話量の可視化が多く話す人間の発話量減少を引き起こすことを示している (DiMicco et al. 2007)。しかしながら、あまり話さない参加者の発話増への貢献は観察されなかったと報告されている。KimらはSociometric badgesと呼ば

れる多機能なマルチモーダル情報計測器により、会議中の社会的相互作用を検知し可視化するMeeting Mediatorを提案した (Kim et al. 2008)。これは会議のグループダイナミクスを変化させ、発話の短縮化、オーバーラップの削減が導かれたと報告されている。この他にも多くの類似研究があり、可視化による発話時間のフィードバックは情報技術を用いて会議のパフォーマンスを高めることに有効であることがしばしば報告されているが、一方で発話時間をフィードバックしてもその情報を発話時間の均等化に役立てない参加者がいたり、そのような情報がフィードバックされても発話量を増やすことのできないユーザーがいたりすることが問題として残る。また、発話を計測して発言時間をフィードバックする仕組みを作るためには、どうしてもそのためのデバイスや音声認識装置等が必要である。これらの研究がなされた2000年代とは異なり、現在ではスマートフォンにより類似の機能を実装することはできるが、それでも全員がスマートフォンのアプリを起動しながら話し合いを行う必要がある。発話を「出口」で計測してフィードバック情報により制御しようというアプローチは発話時間の均等化という視点からすれば間接的であり、間接的であるが故に追加的なデバイスを必要としてしまう。より直接的に発話時間を「入り口」で調整するアプローチは手軽であると言えよう。

　先に述べたように、発話が不均等となっているというフィードバック情報を得ても発話時間が均等化される方向に改善されないことがしばしばあるが、この現象に関して、もう一段踏み込んで付言しておきたい。そもそも会議における発言には二段階の過程がある。私たちは会議において発言しようとする時にはまず発話権を取得して、その後実際に話すという過程を経る。この発話権の取得はあまり注目されないが、高い社会的スキルを求められる行為であり、しばしば困難である。なお、日本の教育においては「話を聞きなさい」ばかりに重きをおいて教育しがちであるために、発言側の社会的スキルが訓練される機会が少なく、発話権取得の能力がおしなべて低い。これが国際会議などにおいて日本人の発言が極めて少ないなどの状況を生んでしまう問題につながっている。いずれにせよ、話者は発話権の取得を行わなければならない。発話権の取得はターンテイク（発話

交替）という言葉で表現されることもあるが、ターンテイクではあくまで交替という事象に焦点が置かれており、それを得るという自律的な活動に焦点が置かれないためにここでは発話権の取得というもっと能動的な言葉を用いる。

　典型的な発話権取得の流れは以下のようなものである。誰かが話している時に同調するようにウンウンと頷いて、そこから「あー、わかるわー」というような相槌やフィラーを挿入し、そこから「いや、それでオレ思うんだけどさぁ～」というように自分の発言に持っていくのである。このように、バーバル（言語的）及びノンバーバル（非言語的）のシグナルを駆使して発話権を取るというのが現実で起きていることなのである。日常生活において「コミュニケーション能力が高い」などと評される人物はおしなべてこのような類の社会的スキルを有しているものと考えられる。日本文化においては年長者や上司の発言は聞くべしという道徳観念が広く行き渡っているために、このような発話権取得において年長者や上司は比較的容易に発話権を取得できる（取得できてしまう）という現実がある。この状況では年長者や上司の発話を遮ってでも年少者や部下が発話権を取りに行こうとすれば、それは「失礼な行為」とみなされて人物評が下がってしまうリスクさえあるので、自然と発話権の取得が遠のくのである。多くの場合、年少者や部下は、年長者や上司が話すことがなくなったことを確認してから、発話権の取得に動く。つまり何も意図的な設計を施さないコミュニケーション環境下においては、どうしても発話の不均等が生じる素地が存在するのである。

　さて「出口」における計測でフィードバック情報を返して発話の不均等を解消しようとするアプローチでは、問題解決に足らない本質的な理由を説明しよう。そのようなアプローチでは発話の不均等を解消するための目標は明らかになるが、その目標を達成するためには、それまでうまく発話権を取得できなかった人間がより多くの発話権を取得し、話しすぎた人間はそれを手控えるということを実現しなければならない。ただしこの目標達成は、当人たちの社会的スキルをもってして実現しなければならないのである。このスキルを底上げするような支援が入るわけではない。ゆえ

に、その目標にむけた発話権の取得を実現するだけのスキルや参加者全員の意思がなければ、それは達成されないのだ。これが「出口」における計測からのフィードバック情報提供によるアプローチの限界なのである。

これは言うなれば、発話権という権利が保護されずに、取りたい人間が取りたいだけ他者から奪い取ることのできる野放図な状況であるとも言える。それゆえに弱者の発話権は保護されない。ある意味で、発話権取引は、各参加者の発話権という権利をルールとして保護することで、自由で平等な社会を生み出そうとしているものとみなせる。

この意味で、発話権取引はコミュニケーションの場に発話権という権利——つまり「財」を見出しているのである。これが発話権取引と経済学の概念の結びついているポイントであると言えよう。

## 2. 発話権取引の効果検証

### ▶発話権取引の実験と評価

さて、発話権取引は実際に話し合いをどのように変容させるのであろうか。これに関する実証的な研究が古賀らによってなされた（古賀・谷口2014）。ここではその結果を紹介しよう。

古賀らの実験では発話権取引が実際のコミュニケーションの場においてどのような影響を与えるかを検証するために、被験者実験を行った。実験では特に何のメカニズムも与えない話し合いであるフリーディスカッションと、一定の順番を保ち順に話していくストラクチャード・ラウンド方式、発話権取引を用いた話し合いの三つの方式が比較された。

表1に比較された三つの条件を示す。実験では1回の話し合いについてどの条件でも8分間のディスカッションになるように設定された。条件Aではフリーディスカッションとして制限時間を設けるのみで、話し合いの場に一切の制約を設けずに、実験の際には「8分間で自由に話し合ってください」というインストラクションのみを行って、議題に関して自由に話し合ってもらった。条件Bのストラクチャード・ラウンド方式は発話の順

| 条件 | 内容 |
|------|------|
| 条件A | フリーディスカッション<br>8分間自由にディスカッションを行う。 |
| 条件B | 一定の順番を保つ(ストラクチャード・ラウンド方式)<br>あらかじめ決定した順序で発言を行う。<br>1人30秒×4回の発言。 |
| 条件C | 発話権取引<br>1人30秒×4回の発話権。任意のタイミングで<br>発話権を使用。他者に発話権を与えることも可能。 |

**表1：発話権取引に関する比較実験の実験条件**

注：古賀・谷口 (2014) を元に作成。

番を固定して1人当りの発言時間と発言順序をあらかじめ決めておく方法である。1人30秒の発言を順番に行い、参加者四人の発話を4周行った。

条件Cの発話権取引では話し合い時間を8分、発話権1枚で30秒発言可能とし、各参加者に4枚ずつ分配した。

実験は4人一組を1被験者群として、2被験者群により実施された。なおそれぞれの4人組は同一のコミュニティにおける先輩と後輩の関係に当たる2人ずつという年次に差がある4人で構成されていた。各被験者群において、表1の3条件を1セットとして、順序効果を考慮しながら2セットずつ議論を行った。ディスカッションのテーマは被験者の持つ知識量の違いによる被験者間の発話の偏りを減らすため、各被験者群における参加者共通の話題となるものがその都度設定された。

まず発話時間についてであるが、各条件において被験者の発話時間を年次に基づいて比較した。図3にそれぞれの条件の年次上の者と、年次下の者の発話時間の平均と標準偏差を示す。この図が示すように、フリーディスカッションではやはり発話の不均等が生じていたことがわかる。その一方でストラクチャード・ラウンド方式や発話権取引では、発話時間が均等化されていることが見て取れる。

次にそれぞれのメカニズムが発話内容にどのような影響を与えるのかが分析された。発話内容の分析のために古賀らは発話内容に関するカテゴリー付与を行った。会話内容がすべて書き起こされ、それぞれの発話にカ

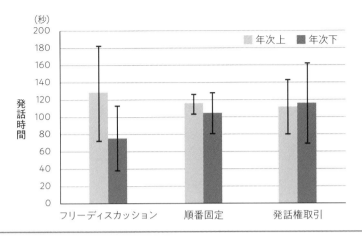

図3：各条件において計測された年次ごとの発話時間の比較

注：古賀・谷口（2014）より。

| カテゴリー | 定義 |
|---|---|
| 意思表示 | テーマに関して賛成か反対かを述べている |
| 理由 | 自身の意見の理由を述べている |
| 経験 | 自身の過去の経験を述べている |
| 提案 | テーマに関しての解決策などを述べている |
| 質問 | 他者に何かを尋ねる |
| 司会 | 話し合い自体を運営するための発話 |
| 確認 | 他の人に自身の意見の真偽を確かめる発話 |
| 訂正 | 他者の発話の誤りの指摘や自身の発話の修正 |
| 予測 | テーマが実現した際の予想を述べている |

表2：カテゴリー分類とその定義

注：古賀・谷口（2014）より。

テゴリーを付与し、その比率を見ることで分析するのである。このような分析はディスコース分析の分野でなされることがある。古賀らは表2に示すようなカテゴリーを設定して、分析を行った。

　その結果を図4に示す。まず、概ねストラクチャード・ラウンド方式（条件B）と発話権取引（条件C）ではよく似た分布となっていることがわかる。一方でフリーディスカッション（条件A）は大きく異なる分布となった。以下では主にフリーディスカッションと発話権取引に関して比較を行う。

　大きく増えたのは「意思表示」や「理由」のカテゴリーである。発話権

取引では30秒ごとにターンテイクが生じ、それぞれのタイミングでそれぞれの発話者によって発話権が取得される。さらに時間制限があることから要点を押さえてコンパクトに発言しようとする傾向が生じて、そのため発話の冒頭で自らの意思を表明した上でその理由を述べるというような発言が多く見られた。「僕は○○と思う、なぜなら～」という類の発言である。

　一方で大きく減少するのは「司会」と「質問」である。「質問」に関しては30秒という単位で発話の機会が回っていくために、そもそも２者間の継続的なやりとりを含んだ質問は行いにくいという側面もある。質疑応答のようなやり取りもうまく行えるようにするのは、ストラクチャード・ラウンド方式や発話権取引の課題とも言えよう。ただしここで減少した「質問」には別の意味もある。それは「司会」と一体化した質問である。フリーディスカッションで話し合いを進めると、自然と司会の役割を担う人物が現れてくる。この役割を担うのは年長者や、立場が上の人間である場合が多い。この司会を担う人間はうまくターンテイクを作っていかなければならない。このための発話が生じる。その典型的な発話は「～なんだけど、○○さん、どう思う？」というように、質問の形式を取る。この意味で「司会」と「質問」の減少はセットであり、発話権取引でこれらのカテゴリーに対応する発話が激減しているのは、発話権取引では動的な発話交替が生じているにもかかわらず司会が存在していないことを意味している。言うなれば、司会が存在しなくても発話権取引のメカニズムが発話交替を実現しているのである。その意味において、８分間の話し合いから発話の交替を起こすための発話は消え、その時間も意思表示や理由といった内容に関わる議論に費やされていることがわかる。

　もう一つ興味深い減少を示したのは「経験」のカテゴリーに対応する発話である。古賀や筆者らは複数回同様の実験を行ったが、そのいずれにおいても「経験」のカテゴリーに対応する発話が発話権取引において減少するという現象が見られた。一見、発話権取引というメカニズムを導入することと、参加者が自分の過去の経験を述べるということは関係ないように思われる。しかし、実証的なデータはそこに明確な関係性があることを支

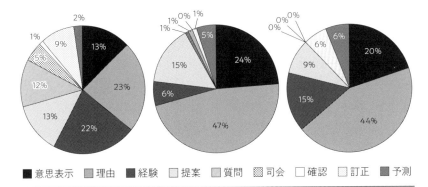

■ 意思表示　▨ 理由　■ 経験　▤ 提案　▨ 質問　▨ 司会　□ 確認　□ 訂正　■ 予測

図4：フリーディスカッション（左）、ストラクチャード・ラウンド方式（中央）、発話権
　　取引（右）を用いた各実験条件における発話カテゴリの割合

注：古賀・谷口（2014）より。

持している。

　観察と検討の結果、「経験」のカテゴリが減少する理由は以下のよう
なものであると考えられた。これはフリーディスカッションにおいて、ど
のように司会という存在が生まれ、そこでターンテイクが現実的にどのよ
うに生じるかということと関係している。

　フリーディスカッションにおいては、ボールを回すように発話交替は起
きる。司会の役割を担う人物が生まれている場合、誰かが話し終わり、特
に次の発言者がいない場合、自然とそのボールが司会の元に戻ってくると
いう現象が生じる。この現象により、司会の手元には必要以上にボールが
回ってくるようになる。もともと司会は年長者がなる場合が多いため、こ
の現象は年長者の発話時間が増えていたこととも関係している。さて、司
会は自分の手元に戻ってきたボールを、何らかの発話によりワンクッショ
ンを挟みながら別の人に渡さなければならない。この時、突然質問するこ
とによってボールを渡すのは不自然である。この際に、司会が自らの見解
を簡単に述べてから、別の人の意見をたずねるという体<sup>てい</sup>で、ボールを手渡
すということがしばしばなされるのである。この見解を述べる際に自らの
「経験」が語られるのだ。「△△さんはこう言ってますけれど、僕が覚えて
いる限り去年は〜だったんですよ。だから、今年もそうなんじゃないかと
思うんですが、○○さんどう思いますか？」のようにだ。

このような現象はコミュニケーション場のメカニズムの研究において非常に興味深い点である。直接的に操作したのは発話時間とその交替方法のみであるが、その制約条件のもとで各参加者が自律的に行動した結果として、行動が変容し、発話内容に大きな影響がみられたのである。このような現象はメカニズム設計時に予測しきれるものではなく、理論的な研究と実証的な研究の両輪でもってコミュニケーション場のメカニズムデザインを研究することが重要だということがよくわかる事例である。

　これらの現象は、発話権取引のみならず、ストラクチャード・ラウンド方式でも観察された。では発話権取引（条件C）とストラクチャード・ラウンド方式（条件B）の大きな差とは何であろうか。それは適時的な発話権取得にある。ストラクチャード・ラウンド方式では、各参加者が自分たちで発言タイミングを選べないために、もしある発言に対して反論したかったり、追加で言いたいことがあったとしても自分の順番が回ってくるまで待ったりせねばならない。その結果として数人前の発言に言及するということが頻発する。話者がK人前の発言に言及した場合、それを「距離Kの発話」であると呼ぶことにする。古賀らの実験において観察された各距離の発話の出現頻度をストラクチャード・ラウンド方式と発話権取引で比較したのが図5である。

　ストラクチャード・ラウンド方式（条件B）では距離2や距離3の発話が見られるのに対して、発話権取引（条件C）ではほとんどが距離1の発話であることがわかる。この意味で、発話権取引は発話時間の不均等を解消しながら、適時的な発話を実現できる方式であることがわかる。

　一点、付言しておこう。この実験で示された定量データでは、発話の距離以外の尺度でストラクチャード・ラウンド方式と発話権取引に関して大きな差は見られなかった。もちろんその場を体験すると、場の雰囲気や盛り上がり方などには定性的な差はあるように感じられる。一方で大きな差が見られなかったことにも首肯できる面がある。実はこの実験では、発話権取引におけるカードの譲渡がほとんど観察されなかったのだ。発話権取引は発話権の明確な権利設定により発話量の平準化を図るとともに、贈与を通した発話権の自律分散的な移動によって、より多く発話すべき人によ

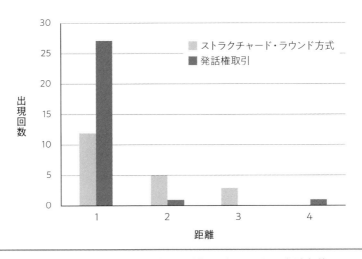

図5：ストラクチャード・ラウンド方式と発話権取引それぞれの実験条件において言
　　　及する対象となる発話が存在した場合の発言におけるその「距離」の出現回数
注：古賀・谷口（2014）より。

り多くの発話権が回るようにと設計されたメカニズムであった。皆が等し
く発話すべきことを持っていれば譲渡は生じなくても構わないのだが、贈
与による発話権譲渡が適切な発話権の再配分を行ってくれる保証もない。
そういう意味ではやはり、発話権譲渡（取引）に関しては考察の余地が残さ
れたと言ってよい。この点については次節で経済学のモデルと照らし合わ
せながら議論したい。

### ▶ 発話権取引のオンライン化と多人数化

　古賀らによって発話権取引の提案と実証が行われて、その基本的な性質
が明らかになったわけだが、その有効性の検証という意味では、4人の参
加者が対面で行う場合の話し合いに限定されていた。発話権取引のメカニ
ズムは極めて一般的なものであり、そこでは対面であることや人数が4人
であることなどは条件に含まれていない。オンラインのビデオ会議などに
おいても、発話交替は重要な役割を果たすし、ノンバーバルコミュニケー
ションが行いにくい分、余計に発話交替を助ける発話権取引は有用ではな
いかとさえ思われる。また適切で均等な発話交替は、話し合いに参加する

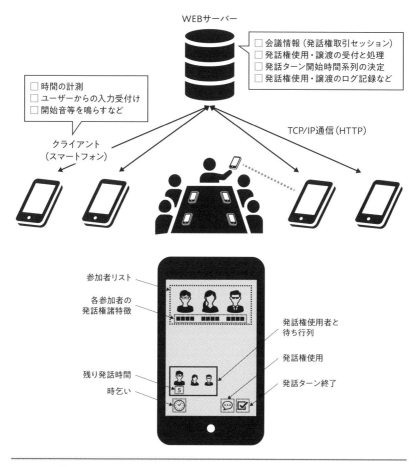

WEBサーバー

□ 会議情報（発話権取引セッション）
□ 発話権使用・譲渡の受付と処理
□ 発話ターン開始時間系列の決定
□ 発話権使用・譲渡のログ記録など

□ 時間の計測
□ ユーザーからの入力受付け
□ 開始音等を鳴らすなど

クライアント
（スマートフォン）

TCP/IP通信（HTTP）

参加者リスト

各参加者の
発話権諸特徴

発話権使用者と
待ち行列

発話権使用

残り発話時間
時乞い

発話ターン終了

5

**図6：発話権取引モバイルアプリケーションのネットワーク構成と操作画面**

注：益井ほか（2021）を元に作成。

人数が増えれば増えるほど難しくなるようにも思われる。より多くの人数
での話し合いにおいて発話権取引が有効なのかどうかも検証される必要が
あるだろう。

　石川らは発話権取引をオンライン会議システムに適用した。具体的に
は、リアルタイムコミュニケーション用のAPIであるWebRTC（Web
Real-Time Communication）を用いて発話権取引により発話交替がなされる
オンライン会議システムを構築した。その上で、石川らは古賀らの実証実

験に類似した被験者実験を行った。実験は対面の話し合いとほぼ変わらない効果を発話権取引がもたらすことを示唆した（石川・谷口 2014）。

　益井らは多人数のコミュニケーションへの発話権取引の適用とその検証を行った（益井ほか 2021）。従来の発話権取引は、カードにより発話権を管理していた。発話権取引のメカニズム自体は理論的には何人でも適用できるものであるが、現実問題として、多人数に拡張していくと実装面で問題が生じてくる。20人規模で行う際、カードを用いて発話権取引を行うと、20人の中央までカードを持っていって置いたり、皆の前を横切って誰かにカードを渡しに行ったりしないといけなくなる。この意味で、発話権取引は4〜8人程度の少人数での使用が実質的には暗黙の前提のようになっていた。さらに、発話権取引はターンテイクを誘導する技能を有する司会やファシリテーターの存在は不要とするものの、カードやタイマーの管理といった単純作業を担うメカニズム運営者の存在は必要としていた。メカニズム運営者は事実上話し合いには参加できない。これは発話権取引活用のボトルネックとなっていた。4人で話し合いをする時にもう1人誰かに付き合ってもらわないといけないのだ。この問題を解決し、多人数での発話権取引を実現するために、発話権取引のモバイルアプリケーションがスマートフォン向けに開発された。このモバイルアプリケーションを参加者全員が使うことにより、発話権の使用や譲渡、時間管理などを手元の端末の操作のみで行うことが可能になった。

　Android用とiOS用のアプリケーションとして開発されたモバイルアプリケーションはWEBサーバーと連携して作動する。時間の計測や、ユーザー入力の受付けや、開始音の音声ファイル再生などはクライアント側（スマートフォン）で行い、発話権の管理に関しては一括してWEBサーバー側でデータを持つ。話し合いはリアルタイムで進行するためにシステムのリアルタイム性が重要となるが、発話権取引の特性上、スタートした時点で終了までの各発話の開始時間は暫定的に決定されるため、WEBサーバーとクライアント側が通信し続ける必要はなく、通信負荷は極めて小さく抑えることができる。また扱う情報はタイミング情報だけであるので、会議の記録がサーバーに残るわけではなく、個人情報保護の意味でも

| 条件 | 実験時間 | 発話権の時間配分 |
|---|---|---|
| 4名発話権取引 | 8分間 | 発話権：4枚／人（30秒／枚） |
| 16名発話権取引 | 16分間 | 発話権：2枚／人（30秒／枚） |
| 4名フリーディスカッション | 8分間 | 該当せず |
| 16名フリーディスカッション | 16分間 | 該当せず |

**表3：発話権取引モバイルアプリケーションを用いた比較実験の実験条件**
注：益井ほか（2021）より。

安全である。システム構成とアプリケーションの操作画面の概要図を図6に示す。

　実験では古賀らと同様に、フリーディスカッションと発話権取引が比較されたが、この条件に4名で行う会議と16名で輪になって行う会議の2条件を組み合わせることで4条件が比較された。実験条件の一覧表を表3に示す。実験では、16名を1参加者グループとした計4グループにおいて、すべての条件で話し合いが行われた。半数のグループはこれらの条件に関して昇順で行い、半数のグループはこれらの条件に関して降順で行うことで、順序効果にも配慮している。また、モバイルアプリケーションの習熟度による差を極力排除するために、実験の前に参加者が練習する時間が設けられた。実験を行った際の様子を図7に示す。4名条件と16名条件では大きく雰囲気が異なることが見て取れるだろう。

　さて、話し合いの場の結果は参加者アンケートによる主観的評価と古賀らの研究と同様のカテゴリー付与に基づく客観的評価により行われた。主だった結果について紹介しよう。

　主観的評価においては

1. **議論の内容**：議論が論理的だったと思いますか？
2. **建設的な議論**：議論が建設的だったと思いますか？
3. **時間の有効活用**：議論の時間を有効活用できたと思いますか？
4. **テンポの良さ**：テンポの良い議論ができたと思いますか？
5. **十分な発言**：自分の意見を十分に話すことができたと思いますか？

6. **十分な聴取**：みんなの意見を十分に聞くことができたと思いますか？
7. **スムーズな進行**：議論の進行がスムーズだったと思いますか？
8. **意見の多様性**：多様な意見が出たと思いますか？

といった8項目に関して5段階評価によるアンケートが全参加者に対して行われた。主に1、2、8が「議論の内容」に関するものであり、3、4、7が「議論の進行」に関するもの、5、6が「発言量の偏り」に関するものである。

回収されたアンケートは集計されて、ノンパラメトリックな検定法であるスティール・ドゥワス法およびクラスカル・ウォリス法により、その差が有意かどうかが検証された。結果として4名の条件以上に、16名の条件において発話権取引とフリーディスカッションの結果は顕著な差がみられた。4名条件では主観的評価には有意差がみられなかったのに対して、16名条件では4.テンポの良さ、5.十分な発言、6.十分な聴取、7.スムーズな進行に関して5％の有意水準で有意差が見られた。

ここで確認すべきは16名条件の際に発話権取引が素晴らしく会議を良くしたのか、フリーディスカッションが4名から16名になった際に顕著に悪化するのかである。この点は調査されるべきであり、同様の検定をフリーディスカッション条件における4名と16名の条件間で行ったところ、同様の項目（4.テンポの良さ、5.十分な発言、6.十分な聴取、7.スムーズな進行）において有意差がみられた。

つまり、輪になって行う16名での多人数の会議はその運営を単純にフリーディスカッションとして行った際には「議論の進行」と「発言量の偏り」に関して顕著な悪化がみられるのである。発話権取引にはこれを緩和する効果があったのだ。

次にカテゴリー付与に基づく客観的評価の結果である。益井らが用いたカテゴリーは古賀らが用いたカテゴリーに多少の修正を施しているために単純に比較はできないまでも、発話権取引では4名の場合でも16名の場合でも「理由」の発話が増加するという傾向がみられた。また、フリー

**図7：モバイルアプリケーションを用いた4名1組（左）、16名1組（右）での実験の様子**
注：益井ほか（2021）より。

ディスカッション条件では、やはり「経験・事実」に関する発話が増加することが観察された。古賀らの研究と異なり新たに発見されたのは、発話権取引を用いた際に「フィラー」が増加するという点だ。益井らは「意思表示」や「理由」といった発話内容に関わるカテゴリーに加えて、「あいづち」や「フィラー」といった発話にもカテゴリーを付与してカウントした。そうしたところ「フィラー」が有意に増加したことが発見された。これは、発話権取引では常に発話に固定長の制限時間があり、その時間内で話さないといけないと共に、その時間を使い切らないといけないような意識が生まれて発話を繋ぐために「えーと」「あー」などのフィラーが増加したものと考えられる。また、「なるほど」「うんうん」といったような「あいづち」発話は4名条件の時には多く見られたが、16名条件だと減少した。人数が多くなればなるほど、話している人間の発話を「黙って聞く」傾向が自然と生まれることがわかった。

　総合して述べると、発話権取引はオンライン化しても多人数化してもその機能は一定維持されることがわかった。むしろフリーディスカッションを多人数化した場合には、その負の効果は明確であるように観察された。

　しばしば「みんなで輪になって議論しよう」というような触れ込みの元で10人以上が輪になって話し合う様子がワークショップのイメージとして写真で示されたりする。それは「みんなで議論している」「みんなで一つになって考えている」というイメージを喚起するのにはよいのだが、実際にはその規模の話し合いを自然に運ぶことは極めて難しい。発話権取引は自律分散的に発話権の取得や話者交替を発生させることで、そのような

規模の話し合いを現実的に運用することを助けるものと考えられる。

## ▶多人数会議へ向けて

　多人数化の限界にも触れておこう。別途、筆者らは実践として、30人規模の発話権取引による会議も行ってみたが、さすがに規模拡大にも限度があるということを感じた。発話権取引は一人ひとりに発話権を平等に与える。4人の発話権取引の実験では1枚あたり30秒の発話権を4枚ずつ配っていた。この場合1人2分の発話権を配布することになる。しかし、これを30人に対して行うと、1回のセッションが合計60分ということになり、非現実的に長い時間が掛かることになる。セッションを短くしようとすれば、発話権の時間を1枚あたり10秒にしたり、渡す枚数を1枚か2枚にしたりするなどして減らすしかない。10秒ではまとまった意見や理由を表明することはできないし、1枚しか発話権がなくては発話のやり取りとしての議論を行うことはできない。このような時間制約から発話権取引の多人数化には限度があると考えられる。

　しかしよく考えてみれば、これは発話権取引の多人数化の限界というよりも、皆が輪になって話すスタイルの限度である。発話権取引を使わない場合でも、30人が集まって15分間話すのだとすれば発話時間の均等化を果たそうとするならば、1人あたり30秒しか話せないのである。もとより一人ひとりが意見を出すという理想は、現実のものとできない制約条件の下にあるのだ。多人数が参加する会議で参加者から意見が出ないのは、そういう意味で極めて合理的な帰結なのである。

　さてそれならば、多人数で話し合う時にどのような対応方法が考えられるだろうか。

　一つは会議を階層化もしくは分割する方法である。階層化はあらゆる組織で用いられる手法であり、代議制と言ってもよい。例えば企業の部課ごとで議論してもらい、それを部長会議に持ってきて議論するという形式である。学校であればクラスで議論したことをクラス委員が生徒会に持ち寄って議論するということがそれにあたる。会議を階層化すると、グループを代表する人間がグループで出た意見や認識をきちんと上の会議で紹介

できるかとか、意見を通せるかという問題も生じるし、また会議を通して醸成される共通認識がグループを跨いで共有されなかったために組織の分断を招いたりもするので、問題含みの面はあるが、他に良い方法もなかなかないので多くの組織が採用している。

　分割する方法の代表例かつ有効な例として、オープンスペーステクノロジーにあるようなボトムアップのグループ分割があげられる（オーエン2007）。オープンスペーステクノロジーでは一堂に会したメンバーをそれぞれの興味や貢献意欲に基づいて異なる議題のグループへと自律分散的に分割してしまう。これによって異なる議題についての話し合いを少人数かつ同時進行で実施する。全員が全員の発話を聞けるわけではないが、ほとんどの参加者が自ら関心を持つテーマの議論に参加できるとともに、発話機会を得ることができるので、個々人の頭の中に分散した情報を活用するという意味では極めて効率的な手法であるといえよう。

　もう一つはテキスト情報の活用である。会議において発話権が得られないという問題は、実は私たちが音声言語を用いてコミュニケーションを行っているという事実と密接に関係している。人間は言語を音声コミュニケーションに基づいて進化させた。文明が発達するに従い、書き言葉が発明され、活版印刷技術が創造され、そしてパソコンやスマートフォンで扱うようなデジタルなテキスト情報によるやりとりが生まれた。LINEやSNSのようなツールを使って私たちがリアルタイムでテキスト情報をやりとりするようになったのは極めて最近のことである。音声という信号（聴覚情報）の特徴は全方位に拡散するという点にある。それゆえにその場にいる皆に話者の情報が届くことになる。コソコソ話でもしないかぎり、相手を選んだ発話はできない。結果的に会議の場では原則的に一人ずつしか発話できない。これは通信の用語を使えば時間分割方式がとられているということになる。同時に音声は空気の振動であり、それは発話後そこには残らずに、減衰して消えていく。このために会話は常に同期的であり、誰かが話した10分後にその内容に耳を澄ましても何も聞こえない。これは、通常の音声発話が非同期的コミュニケーションを実現できないことを意味している。これらを鑑みると、発話権取引そのものが、音声コミュニ

ケーションにおける時間分割方式の抱える問題に対応したメカニズムなのだということがわかる。しかし、SNSへの書き込みやメッセンジャーによるチャットのようなWEBを介したテキスト情報のやりとりであれば、そもそもこれらの制約がないことがわかる。テキスト情報の投稿に同時発話の制約は存在せず、またその情報は残り続けるために非同期コミュニケーションも可能である。それゆえにより多人数になった場合には音声言語を用いた会議に固執するのではなく、テキスト情報による意見集約と音声を用いた話し合いをハイブリッドに組み合わせたメカニズムを考えていくことが重要であろう。その意味で、情報通信技術や人工知能技術との融合が重要になることは間違いない。例えば伊藤らは人工知能エージェントを活用したオンライン議論システムD-agreeを開発し市民参加の議論への応用等に取り組んでいる（伊藤ほか 2019）。

## 3. 市場メカニズムに基づく発話時間配分

### ▶ 発話権取引に潜む市場

　発話権取引は排出権取引の考え方を基礎としているだけあって、大いに経済学的な世界観を援用しながら設計されたコミュニケーション場である。そのメカニズムの説明においても、「権利」や「譲渡」や「財の配分」といった経済学的な言葉が用いられる。これは文学的な比喩というよりは、より構造的なアナロジーである。発話権取引はコミュニケーション場に明確に経済を見出しているのである。それは経済学のモデルを通してコミュニケーション場を見ているとも言える。本節では発話時間という限られた存在にあらためて注目しながら、コミュニケーション場で起きている事象を市場のアナロジーで説明してみたい。

　図8に発話権取引に潜む市場のイメージ図を示す。話し合いの場にはまず複数の参加者が存在する。これが市場における各プレイヤーに対応する。その上で、その場に存在する財・サービスとは何かを考える。話し合いの場において、人々は「発話時間」を消費することで「発話内容」とし

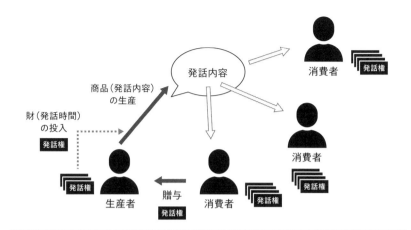

図8：発話権取引に潜む市場のイメージ図

ての情報を生産する。それぞれのプレイヤーが工場だと考えれば「発話時間」は原材料であり、「発話内容」が製品なのだ。イメージとしてはある工業地帯に大きなタンクがあり、そこに原油がためられていて、それぞれの工場が自由にそれを使って製品を作れるという状況を想像すればよいだろう。

　自律分散的なシステムにおいて話し合いの参加者は通常、自己利益を最大化するように生産活動を行う。それゆえに適切な発話時間の配分制度がないと、力あるものが力なきものから発話権を過剰に取得してしまうという不平等な配分が生じてしまうことになる。使用に関する取り決めがなければ過剰に使用することもあれば、それぞれがどれだけ使用したかは全員の知るところとなるので、遠慮して手控えてしまうこともあるだろう。しかし、経済学のアナロジーに立脚するならば、発話時間はプレイヤー全体の社会的厚生を増大させるように各参加者の需要に応じて適切に配分される必要がある。

　特にメカニズムを適用しない話し合いの場では、参加者全体の社会的厚生を増加させる目的と関係なく、目上の人間や司会者が多くの発話権という財の取得を行ってしまう。これは、財の取得が市場の外部で生じる外部

不経済という概念によって説明できる。外部不経済とは、市場においてある主体が費用や補償を支払うことなく行動することにより、他の主体に不利益や損失を及ぼすことである。公害や泥棒などが例に挙げられる。

　一般的な市場経済においては、外部不経済を是正するための手段としては、外部不経済を引き起こしている主体に対して政府が追加の税金を導入するというものや、関係する当事者の間に所有権の設定を行うことで当事者間の取引を通して解決を図るものなどが挙げられる。前者の税金はピグー税と呼ばれ、後者の所有権設定による解決を説明する定理はコースの定理と呼ばれる（神取 2014）。発話権取引は排出権取引と同様に、コースの定理における所有権の設定という概念から発想を得たものである。

　市場は供給側の工場だけでは成り立たない。生産された財が何らかの形で消費されることで、プレイヤーの効用が増加する。では話し合いの場で生まれる効用とはどのようなものであるか。それは第一に、発話を行った本人が享受するメリットであろう。例えば部屋の模様替えを議論している場合、本人自身が自分好みのインテリアになるように結論を誘導しようとしている、といったことが考えられる。この時、周りを説得するに足る材料（事象の知識）や自らの希望（願望の知識）をその場で共有し、これらの財を自ら消費することは自らの効用を増す。また、同じようなゴールを求めている人や、ゴールは異なっても自らのゴールを達成するために発話された内容が好材料になる場合も、その人の効用を増すことになるだろう。この意味において、全参加者は個々人の「発話内容」という財の消費者となる。

　適切な市場があれば、生産者は消費者に求められるような財をより小さなコストでより多く生産するようになる。話し合いの場においてそれは、より短い「発話時間」で皆にとっていっそうの益のある「発話内容」を生産するということになる。これは参加者全員の社会的厚生を高め、会議の生産性を向上させることになるだろう。また社会的厚生をより高めることのできる「発話内容」を生産できる参加者にはより多くの生産財としての「発話時間」が配分されるべきだろう。

　実際の製造業では、これはどのように考えられるだろうか。ある業者が

ある製品を生産して、それが消費者の人気を博したとする。貨幣経済の発達以降の社会であれば、消費者は製品を購入し、その分の支払いが製造業者の手元に入る。製造業者はそのお金を使って新たな生産財を購入すればよいのである。

　実は、発話権取引の考案時には「発話時間」（発話権）を表現するカードの他に、「発話時間」を購入できるコインを準備して、これをお金に見立てて上記のような市場を模したメカニズムを作ろうとしたことがあった。しかしリアルタイムで進む話し合いの中でカードとコインという2種類のアイテムを用いて「発話時間」の管理を行うのは複雑すぎたために、現在の発話権取引のメカニズムに落ち着いたという経緯がある。

　貨幣経済が発達する以前の市場は、物々交換によって成り立っていたと考えられる。貨幣は経済において極めて有用なツールであるが、市場が存在するための絶対条件ではない。そこで発話権取引においては、支払いを手元に存在する財によって行うことを考える。それはある種の物々交換である。ここでいう手元に存在する財とは発話権そのものである。誰かが自らに有益な発言を行い、それに対する支払いを行いたい、つまり他者の発言を購入したいと考えた場合は、発話権を渡すことでその支払いを行う。これが発話権取引における贈与の実体である。この意味では贈与というのは不適切かもしれないが、そもそも贈与というもの自体が返礼を前提としたものであるとする文化人類学者の中沢の指摘もあるので、ここでは大きな問題とはしない（中沢 2003）。

　さて、支払われるのが発話権という生産財そのものであるので、貨幣を受け取った場合とは異なり生産財を改めて購入する必要はなく、発話権を受け取った人物はその発話権を使ってまた「発話内容」を生産すればよい。こうして発話権取引のメカニズムのもとで経済は回っていく。テーブルの上の会話は進んでいく。

　なお、このような経済は発話権取引のメカニズムを用いずとも、暗黙的に存在しているということに注意したい。私たちが話し合いを行う時、そこには限られた「発話時間」という財が存在していて、私たちは貴重なそれを消費しながら「発話内容」を生産している。日本では会議が多く、非

生産的な会議が多いことが問題視されるが、それは限りある「発話時間」という生産財を無駄に消費し、付加価値を生まない「発話内容」しか生産しない贅沢に対する苛立ちなのである。ホワイトカラー労働者は多くの場合、時間をお金に変えていく。会議がその労働の多くを占めるならば、会議の生産性を向上させることは極めて重要なことなのである。

　さて、上で述べたように発話権取引の市場には貨幣が存在しない。貨幣の存在は私たちの経済が円滑に回ることを助ける。誰かが生み出した「発話内容」に関して、自らが得た便益には大きなものから小さなものまであるだろう。しかし、貨幣が存在せず発話権でしか支払いができない以上、その便益が発話権カード1枚分に満たない価値しかない場合、支払いは実行されない。また話し合いの場における手元の財は発話権だけで、それは各参加者の生産財でもある。この意味で、これを渡すことは自らの発話時間を少なくすることにも繋がり、その欲求との綱引きにより支払いが行われないということも十分に考えられる。ミクロ経済学においては複数の財の存在を仮定し、それらに対する各個人の効用の感じ方の違いから取引の発生や価格付けが議論されることが多いが、発話権取引市場には存在する財が少なすぎるのだ。これらの性質からも発話権取引市場では取引、つまり発話権の譲渡が起きにくくなると考えられる。

### ▶公共財としての発話

　発話権取引市場で発話権の譲渡が生じにくくなる一番本質的な原因は、話し合いの場における「発話内容」が公共財であるという性質である。

　発話権取引において、取引つまり発話権の譲渡があまり起きなかったのは、話し合いにおける「他者の意見」が公共財であるという性質に基づくと考えられる。「誰かの意見をもっと聞きたいから発話権を渡す」というのが発話権取引における発話権譲渡の動機であるだろうと前項で整理した。この考え方に従えば発話権を譲渡する行為は「発話内容」を発話権によって物々交換で購入する行為と見なせる。そのようにモデル化した時に、実は「発話内容」は公共財と呼ばれる財になることがわかる。公共財は経済学において消費者からきちんとした支払いが生じにくい、つまり購

入されにくい財なのである。

　経済学における公共財とは、非競合的かつ非排除的な性質（もしくはその一方）を有する財である。非競合的な財とは、消費者が増えても追加の費用を生じないものである。話し合いにおける「発話内容」は、聞き手が何人になっても費用が増えないためにこの性質を満たす。別の言い方をすれば、誰かが消費しても減らない財である。非排除的な財とは、対価を支払わない者を便益享受から排除できない財であり、話し合いにおける誰かの「発話内容」は対価を支払わない者にも聞こえてしまうので、この性質を満たしている。テレビの無料放送や、川の水、国の安全保障、様々な知識は公共財の性質を持つ。これらは公共財であるがゆえに私的な企業の自由にさせていては適切な支払いが生じず、結果として適切な供給がなされないので、それらをカバーするような制度設計がそれぞれに対してなされている。国の安全保障を政府が一手に引き受けたり、大学や国立研究所のような研究機関が公的に運営されていたり、テレビの放送が販売モデルではなく広告モデルによって運営されていたりする。

　「発話内容」が公共財としての性質を持つことは、聞き手が発話権を譲渡することで購入するというインセンティブを減退させる。もしその「発話内容」が良かったとしても、何も自分が支払わなくてもよいのである（非排除的）。他の人が支払えばよいのだ。また何人が同時に聞こうが「発話内容」は同じであり、減ったりはしない（非競合的）。このような性質が「発話内容」への適切な支払いを阻害する可能性がある。適切な支払いがなされなければ、発話権の適切な生産と流通を実現することができず、最適な資源配分と社会的厚生の最大化には到達できないだろう。

　また「発話内容」に関してはその価値が利益を享受した後にしかわからないという問題がある。そしてまた利益を享受した後であれば、支払いを起こすインセンティブも低下する。

　さて、ある財が公共財であることが明らかになった時、その供給を保証したり、流通を下支えしたりするために様々な制度が設計される。そのような制度の一つにバウチャー制度がある。例えば公共財である教育サービスには、教育バウチャーが導入されることがある。教育バウチャーは支払

わねば消費者にとって価値はないが、支払先（学校）は自由に選択でき、支払った時点で価値が生じる。バウチャーは公共財が複数の民間企業により提供される場合に用いられる、過小支払いの問題を解決するための自由主義的なアプローチである。

　古賀らはこれを参考に発話権取引にバウチャーを導入することを試みた（古賀・谷口 2014）。導入されたバウチャーは「発話振興券」と呼ばれる特殊な発話権である。発話振興券は発話権と同様に話し合い開始前に一定量配布される。発話振興券は自らの発話（つまり「発話内容」の生産）に用いることはできず、他の人が行った発言という生産に対しての支払い（つまり贈与）にのみ用いることのできる特殊な発話権である。これは各参加者に初めに分配された時点では発話権として使用することはできないが、誰かから受け取った発話振興券はそれ以降、通常の発話権と同様に用いることができる。有益な発話を行った人や、需要のある知識を提供した人により多くの「発話時間」が発話振興券の譲渡により割り当てられることが目指された。

　古賀らは発話振興券を加えた発話権取引に関しても被験者実験を行った。発話振興券の存在により発話権の移動のみは動的になされるようになったが、参加者による主観的な評価は必ずしも良好ではなく、発話振興券を用いない発話権取引とほとんどの項目で大きな差がみられなかった。理由としては発話振興券の存在がメカニズムを複雑化させてしまい、スムーズな話し合いの進行の足を引っ張ったことが考えられる。メカニズムが煩雑になれば、その分、本来集中すべき会話に集中できなくなってしまうリスクが存在する。これはコミュニケーション場のメカニズムデザインにおいて一般的に注意せねばならない重要な問題である。

　また、過剰に渡される発話振興券が「プレッシャーになる」という声も聞こえた。過小な支払いを底上げする発話振興券であったが、どれほどの支払い量が適切かがわからない状況では、供給した発話振興券の量が過大であった可能性もある。その意味で発話振興券の取り組みは興味深くはあるものの、最終的な解とは言えないだろう。

　発話権取引はコミュニケーション場に市場を見出し、「発話時間」と

「発話内容」という二つの財に着目しながら、発話の不均等を解消しつつ会議の生産性を高め、その場の社会的厚生を改善することを目指したメカニズムである。ただそのような見立ての中でも社会的厚生に関する定義がまだあやふやであったり、「適切な発話券の再配分がどのようなものであるのか？」などに関しても適切な理論を構築できてはいない。発話権取引という手法を超えて、会議の場の生産性を経済学的なモデルを通して理解することは今後の課題だろう。

　本章では話し合いの場における発話の不均等を是正するコミュニケーション場のメカニズムとして発話権取引を紹介した。既存のコミュニケーション場のメカニズムデザインの中では最も経済学のモデルとの接点が明示的なメカニズムである。その意味で、コミュニケーション場のメカニズムデザインが適切な数理モデルを得る試金石となる可能性が十分にある。発話権取引の提案自体は完了した研究ではあるが、その視点に基づきながらさらなるコミュニケーション場のモデル研究や発話権取引の改善研究がなされることが期待される。

### 注

1)　もっともこのような現象には個人差があり、年長者相手だろうが全く物怖じせずに好きなだけ話してしまう著者のような例外も存在する。

### 参考文献

DiMicco, J. M., K. J. Hollenbach, A. Pandolfo, and W. Bender, (2007) "The Impact of Increased Awareness While Face-to-face," *Human-Computer Interaction*, Vol. 22, No. 1, pp. 47-96.

Gray, Dave, Sunni Brown, and James Macanufo (2011) 野村泰彦訳『ゲームストーミング――会議、チーム、プロジェクトを成功へと導く87のゲーム』オライリージャパン、2011年

Kim, Taemie, Agnes Chang, Lindsey Holland, and Alex Sandy Pentland (2008) "Meeting mediator: enhancing group collaboration using sociometric feedback," Proceedings of the 2008 ACM conference on Computer supported cooperative work, pp. 457-466.

Weisband, S. P., S. K. Schneider, and T. Connolly (1995) "Computer-mediated

Communication and Social Information: Status Salience and Status Differences," *Academy of Management. Journal*, Vol. 38, No. 4, pp. 1124-1151.

石川貴将・谷口忠大 (2014)「発話権取引を用いた web 会議システムの開発」第58回システム制御情報学会研究発表講演会

伊藤孝行・鈴木祥太・山口直子・西田智裕・平石健太郎・芳野魁 (2019)「大規模合意形成支援システム」『システム／制御／情報』63 (10), pp. 440-446.

神取道宏 (2014)『ミクロ経済学の力』日本評論社

古賀裕之・谷口忠大 (2014)「発話権取引：話し合いの場における時間配分のメカニズムデザイン」『日本経営工学会論文誌』Vol. 65, No. 3, pp. 144-156.

中沢新一 (2003)『愛と経済のロゴス（カイエ・ソバージュ 3）』講談社選書メチエ

バーナード, C. I. (1968)『経営者の役割』ダイヤモンド社

益井博史・大島崇弘・中林一貴・長橋栄介・谷口忠大 (2021)「発話権取引の多人数化がコミュニケーション場に与える影響の分析」『システム制御情報学会論文誌』第38巻第8号、pp. 219-230.

オーエン, ハリソン (2007)『オープン・スペース・テクノロジー――5人から1000人が輪になって考えるファシリテーション』ヒューマンバリュー

# 第6章 メカニズムデザイン
### 正直者が不利にならない仕組み

## 石川竜一郎

## 1. はじめに

　これまでの章では、コミュニケーションの効率性向上のために、設計変数の選択という観点から個々の事例をみてきた。例えばビブリオバトルでは、チャンプ本の決定投票に際し「最も読みたくなった本への投票」を設計変数として設定し、書籍情報の共有や良書探索の機能等の目的達成を促した。

　第1章にあるように設計変数の背後に、コミュニケーション場を動かす「設計原理」があり、それに則ってコミュニケーション場を機能的に動かそうとする工学的思想がある。本章ではこの設計原理を経済学で発祥した「メカニズムデザイン」の視点で捉え、「コミュニケーション場のメカニズムデザイン (CMDと以下略記)」の骨格を学ぶ[1]。その第一歩として、メカニズムデザインがなぜCMDの骨格になるのかをみていく。

### ▶参加動機・目的の私的情報性

　設計原理を考える上で重要なことは、参加者の場への参加動機である。その動機は様々に考えられ、話し合いで決定する内容に自分の意見を反映させることかもしれないし、話を聞くことで情報を得ることかもしれない。いずれにしても設計原理がそうした参加動機を反映していなければ、

コミュニケーションの促進につながらない。第1章ではこの特徴を、参加者の自己決定性と説明している。

設計原理に参加動機を反映させようとしたときに、動機が本人にしかわからない「私的情報」であるという困難に直面する。第1章ではこの特徴を自己閉鎖性と呼んだ。コミュニケーション場がうまく働くための汎用性のある設計原理を提案するためには、個々人の参加動機が私的情報であることを前提に、多様な場に共通して適用できる理論が必要になる。

こうした動機の私的情報性に注目しながら、社会全体の目的達成を目指してきたのが経済学である。したがって、CMDの構築に経済学の知見を必要とするのは自然の流れといえる。

この点を踏まえて本章の前半では、これまでの事例に適用できる経済学の知見を導入しルールを再検証する。具体的には、経済学で研究されてきた市場メカニズムと発話権取引の関係を説明する。さらに、経済学では社会的選択理論という分野で研究されている投票理論を説明した上で、決定方式として多数決投票を用いるビブリオバトル・ディベート・演劇ワークショップにおける新しい決定方式を提案する。

本章の後半では、より一般的なCMDの設計原理を考えるために、メカニズムデザインの全体像を説明する。その上で、参加者の好みの私的情報性を考慮したメカニズムの一つである「受入保留型アルゴリズム」を紹介する。

## 2. 市場メカニズムと発話権取引

### ▶ 市場の存在意義

第5章でみた発話権取引では、発話権カードによって可視化された「発話時間」を、カードの授受を通じて移転可能にするルールを設けた。これによって、発言を期待される参加者が長く話せるようになった。

適切な人に適量の時間を配分しようとするこうした考え方は、経済学の市場メカニズムに由来する。そこで最初に市場メカニズムによって、どの

ように適切な人に適量の時間や財を配分することができるのかを考えてみよう。

そもそも経済学でいう市場{しじょう}は、売り手と買い手の参加者全員が観察できる情報（＝価格）を提示する仮想的な場を意味する。そのため、価格のない取引は共有できる価格情報がないため市場取引とは言えない。ではこのときの価格の役割とはどのようなものなのだろうか？　実は価格を通じて、私的情報である個々人の好みや評価を他者が観察できるようになるのだ。

この点を理解するために、魚市場などの競りをイメージしてもらいたい。こうした競りでは競り人は価格を徐々に上げながら、購入を希望する買い手を確認する。競り人が叫ぶ価格で購入してもよいと思っている間、買い手は手を挙げ続け購入意思を表す。競り人が徐々に価格を上げていくと、挙手し続ける買い手の数は減っていく。競り人の提示額が買い手の評価額を超えると、買い手は利益を得られず購入を諦めるからだ。

このように買い手が挙手を続けるか否かは、競り人の提示額が買い手の評価額以下に収まっているか否かによる。私的情報であった買い手の評価額は、競りを通じた挙手によってその場の人に知れ渡る公的情報になる。

この状況では、買い手が自身の評価額を偽る理由はない。実際、もし自分の評価額より低い金額で手を下げてしまうと財を競り落とせない可能性が生じる。また、自分の評価額より高い額で手を下ろすと、競り落とすことで損を招くことになる。自分の本来の評価額に従って挙手を続けたりやめたりすることが、損のない適切な行動になる。

経済学が長らく追究してきた市場メカニズムでは、社会で売買されるモノやサービスすべてが、競りと同様の役割を果たす市場取引によって、個々人の評価に基づき適切に配分される。価格の存在で、私的情報である個々人のモノやサービスに対する評価を偽る必要もなくなる。

### ▶発話権取引は市場取引か？

このことを前提に発話権取引を再考してみよう。まず、発話権取引には価格に対応する情報が存在しない。したがって、発話権カードによって時間の移転が可能になる一方、その移転が必ずしも適切な配分を実現すると

は限らない。参加者によっては自分の評価と矛盾する発話権カードの授受を行う可能性があるからだ。

　図1は参加者の様々なモチベーションが公的情報にならない状況を表している。発話権カード1枚の評価が個々人で異なっているにもかかわらず、その違いが表出されていない。このような状況で自分の発話権を他人に譲渡する行動が、発言をしたくないため発話権を手放したのか、他者の発言をより長く聞きたいがための譲渡なのか、第三者から区別がつかない。よって経済学の観点から、現状の発話権取引の意義を見出すことはできない。

　それではどのように発話権取引ルールを変更すれば、適切な時間配分が達成できるのだろう。以下でそのための新しいルールを考えてみよう。

### ▶ 市場をつくる

　経済学に準じて発話権取引で適切な時間配分の達成を目指すには、価格の導入が必要になる。価格を発話権取引でどのように導入できるのかを考えてみよう。

　第5章で説明されているように、価格導入の試行は発話権取引構想時の初期にコインを用いて行われている。当時はその煩雑さから、発話権とコインという二つのアイテムの導入が円滑な会議を妨げたため、コインを取り除いたという経緯がある。

図1：異なる発話の価値

しかし二つのアイテムを導入しなくとも、価格を伴う発話権の取引を行うことは可能だ。必要なのは発話権カードではなく、価格を表すアイテムであるコイン（会議でのみ使用可能な貨幣）だ。

　そもそも発話権カードは、カード１枚当たりの発話時間をあらかじめ割り当て、そのカードを授受するだけなので、参加者間の多様な時間評価を反映できない。実際、カード１枚を保有することで１分話せる権利が与えられても、１分の価値は参加者間で異なる。それにもかかわらず現行の発話権取引は、その固定された時間を他者に移転しているにすぎない。

　時間を取引する財とみなし、適切な配分を目指すのであれば、話者の時間評価に応じて調整可能な仕組みが必要になる。その調整を担うのがコインだ。そこで本章では、以下の発話時間オークションの導入を提案したい。

## 発話権取引新ルール

1. 会議開始前に１取引に対応する時間を固定。例えば、１取引単位で１分を授受する。また、初期の発話可能時間とコインを全員に配分。ここで初期の発話可能時間とは、個人に最初に割り当てられる発話時間の上限とする。

2. 発言を望む参加者は、発話可能時間内で発言する。

3. 発話可能時間がなくなった参加者は、１取引単位に支払ってもよいコインの枚数を提示。提示された枚数で、使っていない発話時間を譲っても良い参加者が、自分の発話時間とコインを交換。

4. コインを保有している参加者が、ある発話者の意見に共感して追加で話を聞きたいときには、コインと１取引分の発話時間を合わせて譲渡可能とする。

5. ２、３及び４を繰り返し、全員の発話可能時間がなくなるか、コインによる発話時間取引を希望する参加者がいなくなった時点で会議終了。

6. 会議終了後、コインを保有する参加者に、その枚数に応じたボーナスを与える。

このメカニズムでは、1取引の発話時間が決められているため、発話権カードは必要ない。また発話時間1取引の価値評価をコインの枚数で様々に表すことができる。発話可能時間が余っている参加者は、コインを多く提示する発話希望者と取引するだろう。これは、会議終了後に保有するコインの枚数に応じて、ボーナスを得られるという動機があるからだ。その一方で、コインを提示している発話希望者に話してほしくなければ、発話時間を渡さなければよい。

　このメカニズムの利点は、たとえ発話可能時間を使い果たしコインもなくなっても話す機会が残されていることだ。上記4にしたがうと、そうした参加者の意見を他の参加者が聞きたいと考えれば、コインとともに発話時間を得ることができる。コインと発話時間の両方を失う参加者の行動で、発言の聞きたさも正しく捉えられる。これは譲渡するコインの枚数でそれを測れるためだ。もしここでコインを伴わなければ、発話時間を譲る参加者の時間評価がわからない。単に自身が発言をしたくないという理由だけで、時間を適当な発話者にばらまく可能性もあるからだ。コインを合わせて渡すことで、会議終了後にボーナスを得るよりも、話を聞きたいという誘引が高いことを確認できる。

　もちろんこの方法も完璧とは言えない。上記6のボーナスを適切に設定する必要があるからだ。もしボーナスをもらいたいという誘引があまりにも強すぎると、会議内の議論が成立しなくなる。動機の調整は、どのようなボーナスを付与するかで変わるので、会議参加者に応じた調整が、会議外で必要になる。このような取引外の調整を経済学では「外部性のある取引」と呼ぶ。外部性の調整[2]は重要な問題であり、コミュニケーション場における調整のあり方については、今後の研究が待たれる。


## 3. 意見を集約する投票

　発話権取引では、価格を提供する市場メカニズムを通じて私的情報である参加者の時間評価を探り、それに基づく最適な時間配分の実現方法を模

索した。本節では、ビブリオバトルやディベート、演劇ワークショップで用いられる「件の宣言」において、参加者の私的情報をどのように考慮すべきかを考える。ここではその共通ルールとして採用されている「多数決」に注目して、その問題点を指摘し、新しい投票ルールへの変更を提案する。

### ▶ 多数決を疑う

いつからともなく、私たちは「多数決」を皆の意見を集約する最良の決定方法だと信じていないだろうか。小・中学校の学級会に始まり、生徒会選挙、国政選挙など、何らかの合意形成を実現しようとすると、多くの場合には多数決を利用する。

しかし、多数決はそれほど完全なものではなく、必ずしも投票者の意見を適切に反映するものではないことは、経済学では古くから知られている。経済学では、投票などのように参加者の意見を集約し、その集団の意見や合意形成の方法を研究する分野を社会的選択理論と呼ぶ。社会的選択理論の専門家である坂井豊貴による著書『多数決を疑う』(坂井 2015) では、その具体的な失敗例として2000年の米国大統領選挙を挙げる。

共和党と民主党の二大政党制のもとで4年に1度行われる米国大統領選挙は、常に接戦が繰り返される。2000年の米国大統領選挙も同様に、共和党候補のジョージ・W・ブッシュと民主党候補のアル・ゴアの間で熱戦が繰り広げられた。ご存知の通り、この時の選挙では共和党のブッシュ氏が第43代大統領に選出される。

様々な問題が指摘された選挙であったが、坂井が強調するのは第三の候補として立候補したラルフ・ネーダーの存在だ。ネーダー氏がゴア候補寄りの政策を掲げていたため、ゴア支持層の票を一部奪ってしまった。激戦の米国大統領選挙においてこれが大打撃となり、ゴア氏はブッシュ氏に敗れる。

ここからわかる多数決の問題点は、投票者が最も当選させたい候補に1票を投じることしかできないルールが、似た特徴を持つ候補者間で票の取り合い (票割れ) を引き起こすことだ。この「最も当選させたい候補への1

| | 1位 | 2位 |
|---|---|---|
| 100名 | ブッシュ | ゴア |
| 100名 | ゴア | ブッシュ |

表1a：票割れ原理

| | 1位 | 2位 | 3位 |
|---|---|---|---|
| 45名 | ブッシュ | ネーダー | ゴア |
| 55名 | ブッシュ | ゴア | ネーダー |
| 99名 | ゴア | ネーダー | ブッシュ |
| 1名 | ネーダー | ゴア | ブッシュ |

表1b：票割れ原理

票」をもう少し掘り下げてみよう。

　表1は、200名の投票者が支持する候補の順位とその人数を示している。例えば表1aは、100名の投票者がブッシュを1番目にゴアを2番目に支持し、別の100名の投票者がゴアを1番目にブッシュを2番目に支持する状況を表している。

　表1bは、ネーダーが立候補したのちの支持候補者の順位と投票者数を表1aと同様に表したものだ。多数決では、最も支持する候補者1名にだけ投票するので、ネーダーが立候補したことで、ブッシュが100票、ゴアが99票、ネーダーが1票を獲得し、ブッシュが当選する。これと同様な状況が2000年の米国大統領選でも起こったというわけだ。

　表1bの状況で、私たちはブッシュを最も支持数の多い候補者として選んでよいのだろうか？　なぜなら、もしこの状況で「最も大統領に選びたくない候補者投票」を行っても、ブッシュが1位の座を獲得[3]するからだ。このように多数決は、1位以外の情報を用いないため、多数決での選出者が、実は最も選びたくない候補者としても選出される可能性がある。こうした事実を見ると、多数決の結果が本当に投票者の意見を忠実に反映しているかについての疑問が残る。それでは一体、どのような時に多数決で票割れが起きず、投票者の意見が忠実に反映されるのだろう？

そもそも票割れは選択肢が複数ある時、性質の似た選択肢間で票が分散してしまうことで生じる。そのため、選択肢が二つしかなければ票割れにはならない。したがって、多数決は選択肢が二つの時にのみ有効といえる。

　選択肢が三つ以上ある場合には、票割れを防ぐための別な方法を考えなければならない。ビブリオバトルや件の宣言では、三つ以上の選択肢からチャンプ本を選びコミュニティーの方針を決定するので、投票者の意見を忠実に反映したルールとは言えない。それでは、一体どのような方法が他に考えられるだろうか。この点を次に考えてみよう。

### ▶ボルダルールの効力

　こうした問題点を解決する研究は、18世紀後半のフランスで始められた。その中心的役割を果たした人物の一人が、海軍の技術者であり科学者であったジャン＝シャルル・ド・ボルダ（1733〜1799）だ。

　多数決で選ばれる選択肢が「最も選びたくない選択肢」投票でも選ばれる米国大統領選挙のような性質は、ボルダも指摘している。そこで彼が代替案として提示したのは、投票者に選択肢への希望順位をすべて記入させ、その順位に応じた得点を集計する方法だ。現在では「ボルダルール」と呼ばれている。

　ボルダルールを表1bの例で実践してみよう。このルールでは、予め選択肢に応じて得点を与える。ここでは選択肢が三つあるので、1位に3点、2位に2点、3位に1点を割り当てる。この点数を用いて各候補者の獲得点数を集計し、最も高い得点を獲得した候補者を勝者とする。

　この得点方法に基づいて計算すると、各候補者は以下の得点を得る。

- ブッシュの得点＝（3点×100人）＋（2点×0人）＋（1点×101人）＝401点
- ゴアの得点＝（3点×99人）＋（2点×56人）＋（1点×45人）＝454点
- ネーダーの得点＝（3点×1人）＋（2点×144人）＋（1点×55人）＝346点

結果として最高点を獲得したゴアが勝者になる。

この方法では、2位以下の希望順位も集計に反映されるため、多数決の勝者でありながら「最も選びたくない選択肢」投票でも勝利してしまう選択肢が選ばれることはない（坂井 2013, p. 8）。

　三つ以上の選択肢を持つビブリオバトルや件の宣言では、ボルダルールの採用を一考すべきである。筆者が講義中にビブリオバトルを行った際、多数決とボルダルールの両方で集計を行うと、結果が異なることがしばしばあった。特に、投票者の評価が多様であるときほど、結果に違いが生じた。これは票割れを多数決が反映していないことの表れである。

### ▶ ボルダルールと投票者の私的情報

　このように多数決の欠陥を克服し、投票者の意見を集約できるボルダルールであるが欠点もある。その欠点は発話権取引と同様に、参加者の評価の私的情報性に起因する。具体的には、投票者の選択肢に対する評価が本人にしかわからない私的情報であるためだ。例えば表1で示した投票者個々の評価は、投票者自身にしかわからない。

　これがどのような問題を引き起こすかを理解するために、ブッシュ支持者のうち、2番目にゴア、3番目にネーダーを支持する55名のうち54名が虚偽の申告をする状況を考えてみよう。つまり、ブッシュ支持は変更せずに、2番目にネーダー、3番目にゴアを支持した時の投票結果をボルダルールで集計しよう（表2）。

　この時の得点は以下のようになる。

- ブッシュの得点＝（3点×100人）＋（2点×0人）＋（1点×101人）＝401点
- ゴアの得点＝（3点×99人）＋（2点×2人）＋（1点×99人）＝400点
- ネーダーの得点＝（3点×1人）＋（2点×198人）＋（1点×1人）＝400点

この結果、最高得点を獲得したブッシュが勝者となる。実はボルダルールにおいても、投票者が自分の評価を偽ることで、結果をねじ曲げることができることがわかる。

　重要な点は、ブッシュの支持者にはそのような動機が十分にあり、虚偽

| | 1位 | 2位 | 3位 |
|---|---|---|---|
| 99名 | ブッシュ | ネーダー | ゴア |
| 1名 | ブッシュ | ゴア | ネーダー |
| 99名 | ゴア | ネーダー | ブッシュ |
| 1名 | ネーダー | ゴア | ブッシュ |

表2：ブッシュ支持者の虚偽申告

申告によって自分たちが望む結果を実現できるということだ。このように虚偽の申告によって結果を歪め、自分にとって好ましい結果を実現できるとき、「戦略的操作性」が存在するという。戦略的操作性が存在しないルールは耐戦略性をもつと呼ばれ、メカニズムデザインでは耐戦略的ルールの実現を目指している。

しかし残念ながら、投票において耐戦略的なルールを設計することが実質的に不可能であることが、以下の定理[4]として知られている。

> **ギバード゠サタスウェイトの定理**（Gibbard 1973; Satterthwaite 1975）：
> 選択肢が三つ以上あるときに、耐戦略性を満たす投票ルールは独裁制のみである。

ここで独裁制とは、特定の個人（独裁者）の評価と投票結果を一致させるルールを指す。この時の定理の主張は明快だ。どんな投票ルールを用いても、戦略的操作性を排除するためには独裁者に決定を託すしか方法がないということだ。独裁者は自分の望む選択肢を選べるので、戦略的な操作を行う必要がないからだ。

いささか悲観的な結果ではあるが、この定理は数学的に証明されているため受け入れざるを得ない。それではこの状況から脱する別の方法はないのだろうか？　以下でその可能性を探っていこう。

### ▶マジョリティージャッジメント

ギバード゠サタスウェイトの定理による悲観的な結果を回避する方法と

して、Balinski and Laraki（2010）によって提示されたマジョリティー
ジャッジメント（MJ）[5] がある。

　MJでは投票者がもつ候補者の評価を、共通評価軸を用いた絶対評価に
変換する。例えば共通評価軸としては、「非常に良い、良い、普通、容認、
不十分」などが考えられる。小学校の通知表に、「よい、ふつう、がんば
ろう」といった評価があったが、これも共通評価軸にあたる。共通評価軸
による絶対評価は個々の投票者を独立に評価できる。これはギバード＝サ
タスウェイトの定理が想定する候補者の順位付けとは異なるものだ。

　共通評価軸を先の大統領選の例に用いると、例えば（ブッシュ・普通）、（ゴ
ア・良い）、（ネーダー・良い）と評価できる。こうした評価を200人の投票者
すべてに行ってもらう。いま、その結果として表3のような集計結果が得
られたとしよう。MJはこの結果の中央投票者（200人の投票者の場合は100票
と101票）の評価をその候補の評価とする。

　表3に基づくと、ブッシュの100票目と101票目は「普通」、ゴアは「良
い」、ネーダーも「良い」という評価を得たことになる。ゴアとネーダー
は同じ評価を得ているが、その場合には自分の評価以上の票数を数え、多
い方が勝者になる。この例ではいずれも評価が「良い」なので、「非常に
良い」と「良い」の票数を足すことになる。結果、ゴアが83＋28＝111
票、ネーダーが39＋63＝102票獲得しているので、ゴアの勝利となる。

　このように共通評価軸を用いて絶対評価を投票者が行うことで、各候補
者の社会的な評価が確定する。この投票では、ゴア、ネーダー、ブッシュ
の順で評価が決定する。

　BalinskiとLarakiが示したことは、このような共通評価軸を用いた投
票を行い、投票数中央の評価を各候補者の評価とすることで、投票の戦略

| | 非常に良い | 良い | 普通 | 容認 | 不十分 |
|---|---|---|---|---|---|
| ブッシュ | 56 | 43 | 13 | 28 | 60 |
| ゴア | 83 | 28 | 54 | 35 | 0 |
| ネーダー | 39 | 63 | 54 | 38 | 6 |

表3：マジョリティージャッジメントの集計

的操作性に対して頑健[6]となることだ（Balinski & Laraki 2010）。この結果のおかげで、私たちは独裁者の呪縛から逃れる可能性を見出せる。それではなぜMJは戦略的操作性に対して頑健なのだろうか？　以下でその点を考えてみよう。

### ▶MJの戦略的操作に対する頑健性

　このことを理解するために、大統領選の例を縮約して考える。3人の候補者に対して投票者もアリス、ボブ、キャスの3人としよう。共通評価軸を良い・普通・不十分として、表4の評価が得られたとする。

　この評価では、各投票者が3候補にそれぞれ異なる評価を与えているので、MJに基づくとブッシュもゴアもネーダーも同じ評価を得る。MJが耐戦略性を満たしているかを確認するために、嘘をつくことでいずれかの候補者を「良い」評価に変えることができるか、もしくは他の2人の候補を同時に「不十分」に変えることができるかを確認しよう。

　アリスもボブもキャスも評価は異なるが、対称的な評価を持っているので、アリスにのみ特化して、ブッシュの評価を「良い」にできるか、もしくは他の候補者を同時に「不十分」に変えられるかを考えてみよう。

　アリスはブッシュに既に「良い」評価を与えているので、ネーダーと同様にゴアにも「不十分」と評価することしかできない。この結果、たしかに「ゴア」の評価は「不十分」に変わる一方で、ブッシュとネーダーの評価は「普通」のままである。ネーダーの評価を変えるためには、ネーダーを「普通」と評価しているボブの協力が必要だが、ボブはアリスと協力することはないだろう。なぜならばボブにとって「不十分」と評価しているブッシュを「良い」評価に変更する動機がないからだ。

|  | ブッシュ | ゴア | ネーダー |
|---|---|---|---|
| アリス | 良い | 普通 | 不十分 |
| ボブ | 不十分 | 良い | 普通 |
| キャス | 普通 | 不十分 | 良い |

表4：アリス・ボブ・キャスの各候補者への評価

このように、自分の支持する候補の評価を上げようとしても、最終評価は中央の投票者のものが採用されるため、他の候補の評価を下げるしかない。そのためには他の投票者の協力が必要になる一方で、その他の投票者には評価を変える動機がないのである。

　MJは比較的集計も楽なことが2007年のフランス大統領選挙の社会実験でも示されており、共通評価軸も高々六つで十分[7]であることも検証されている。また共通評価軸を奇数個にすると評価が中央に寄ることがあるので、偶数個にすべきことも指摘されている。

　共通評価軸は投票者間で、評価の意味が共通に認識できるものであるとよい。例えば、フランス大統領の社会実験で用いられた共通評価軸（非常に良い、良い、まずまず、容認、不十分、失格）は、失格を除いてフランスの学校での成績評価に使われており投票者に馴染みがあった。そのため、評価のスケールを投票者間で共通に認識することが可能であった。

　このように、MJはギバード=サタスウェイトの定理を乗り越えた非常に優れたルールで、その集計も簡単である。ビブリオバトルやディベート、件の宣言の最終投票で今後採用されることを期待したい。


# 4. メカニズムデザインとゲーム理論

　ここまで、発話権取引を市場メカニズムの観点から、ビブリオバトル、ディベートおよび件の宣言における投票制度を戦略的操作の観点から再考した。共通する問題は、参加者の評価や目的が私的情報であるため、コミュニケーション場の目的と異なる行動や結果を歪める行動を参加者が取る可能性があることだ。

　メカニズムデザインの基本的発想は、そうした「嘘をつくものが得をする」という状況をできる限り減じるためのルールを設計することにある。この考え方をより深く理解するために、メカニズムデザインがどのように構成されているかを見ていこう。

　いま、人々の意見を取り入れて何かを達成したいと思っているグループ

を一つの社会としよう。学校の１クラスや、東京都などの一つの自治体や日本などの国家は、規模の違いこそあれ一つの社会とみなすことができる。コミュニケーション場であれば、その場に参加する集団が社会になる。このような社会には、何らかの実現したい「結果」がある。個々の構成員はその結果に対する評価（選好と呼ぶ）をもっているとする。

　例えば、ビブリオバトルにおけるチャンプ本の決定投票を思い出そう。３名の審査員がいて、チャンプ本の候補がＡとＢの２冊あったとしよう。この場合、３名の審査員が社会構成員であり、結果はチャンプ本になりうるＡかＢということになる。審査員の各々はＡとＢのどちらがチャンプ本として適切かという結果に対する選好をもっている。審査員１がＡをＢよりも同程度かそれ以上に望ましいと評価する時、$A \leqslant_1 B$と書く。同様に審査員２と３も評価として、$\leqslant_2$と$\leqslant_3$を用いてＡとＢのどちらがチャンプ本として望ましいかの評価を記述できる。

　図２はこの状況を表している。ここでルールとは、人々の選好に基づいて決定する結果や順位付けを行う取り決めに他ならない。このルールを「社会的選択関数」と呼び、定義域を構成員の選好の組み合わせ、値域を起こりうる結果とした関数$f$で表す。

　しかしこれまで見てきたように、構成員の選好は私的情報である。したがってルール設計者は、実際には構成員の発言や行動（これらを構成員からの「メッセージ」と呼ぶ）を観察し、望ましい結果を実現するための間接的ルールを設計する。図３はこの関係を示している。

　構成員からメッセージへの矢印は、選好を私的情報として持つ構成員が、ルール設計者になにかしらのメッセージを送る状況を表す。そのメッセージは、多数決であれば投票者が記した候補者名や評価順位であり、発

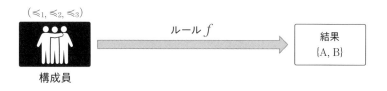

図２：社会的選択関数

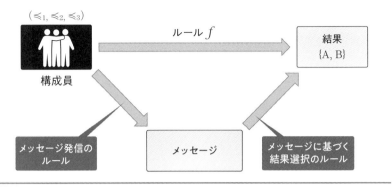

図3：メカニズムデザインのメカニズム

話権取引では発話時間の取引数が対応する。このように構成員に何らかの
メッセージを提示させ、ルール設計者は結果を決定するための情報を得
る。ルール設計者はこの情報を用いて結果を実現する。多数決によるチャ
ンプ本の決定や発話権カードの保有枚数に応じた発話時間の決定が結果に
対応する。このようにルール設計者は、構成員の「メッセージ発信のルー
ル」とメッセージに基づく「結果選択のルール」をメカニズムとして設計
する。それでは設計者は何を基準にこのメカニズムを設計していくのだろ
う？

## 5. ゲーム理論とメッセージ送信ゲーム

図3でみたように、メカニズムデザインでは、社会的選択関数を、

(1) 構成員がメッセージをルール設計者に発信するルール

(2) 設計者が受信メッセージに基づいて結果を選択するルール

の二つに分解して設計する。これにより、構成員が意思決定する状況と
ルール設計者が構成員からのメッセージを利用する段階を区別できる。こ
こで段階 (1) を「メッセージ送信ゲーム」と呼ぶ。

「メッセージ送信ゲーム」の分析に必要になるのが、メカニズムデザイ
ンの基礎をなす「ゲーム理論」だ。ゲーム理論が指す「ゲーム」とは、私

たちがイメージするコンピュータゲームやスポーツゲームは然り、企業の販売競争や国家間の政治的駆け引きまでも含む。これらの「ゲーム」の共通点は、自分の利益が自分の行動のみならず、他者の行動からも影響を受ける点だ。このように個々の利益が自分と他者の選択行動に相互に依存する状況を「ゲーム的状況」（もしくは相互依存的状況）と呼び、ゲーム理論はこの状況における最適な意思決定を考察する。

　例えば多数決投票では、誰が選ばれるかは自分の投票のみならず他の投票者が誰に投票したかによっても決まるため、ゲーム的状況といえる。このため段階 (1) のメッセージ送信ゲームにおける戦略的操作性をゲーム理論によって分析できる。また、一般的なコミュニケーション場における参加者の発話行動もメッセージ送信ゲームとして描写することで、ゲーム理論の分析対象になる。それではゲーム理論では、参加者の戦略をどのように分析するのだろうか。以下でゲーム理論を概観しながらこの点を見ていこう。

### ▶意思決定を科学するゲーム理論：合理的行動仮説

　ゲーム理論は、数学者フォン・ノイマン（1903〜1957）と経済学者モルゲンシュテルン（1902〜1977）によって著された『ゲーム理論と経済行動』の出版（von Neumann and Morgenstern, 1944）で誕生した、比較的新しい学問である。「ゲーム」が相手の行動によって、自分の利益が影響を受ける状況であることは先ほど説明したが、近年の分析対象は必ずしも人間の意思決定に限らない。遺伝子やインターネット上のコンピュータも意思決定主体とみなすことで、分析の範囲をさらに広げている。もちろん、相手の意見を聞きながら自分の意見を述べる対話や合意形成も分析対象になる。ゲーム理論は、相互依存的な社会現象や自然現象全般を描写する新しい言語といえる。

　ゲーム的状況で意思決定者が「ゲームに勝つ」もしくは「高い利益を得る」ためには、相手がとりうる行動を正しく推論した上で自分の行動を決定する必要がある。意思決定という人々が自由に選択することを「科学的に」分析できるのは、「すべての人々は合理的思考を通じて、利益を最大

にする行動を選択する」という行動仮説・規準（以後「合理的行動仮説」と呼ぶ）に則っているからだ。

　この合理的行動仮説を理解するために、Hardin（1968）を通じて広く知られた「共有地の悲劇」ゲーム[8]を考えてみよう。ここで「共有地」とは、人々が自由に利用することが可能で、複数の人々で共有して利用する場を指す。公園や公営プールなどの物理的な場やインターネット上のサーバーなどの仮想的な場も、複数人で自由に利用できるので共有地と言える。こうした共有地では、適切な人数で利用すれば利用者がその恩恵を受けられる一方、許容人数を超えると十分な恩恵を得られない。例えばインターネット上のサーバーも、許容人数を超えたアクセスによってサーバーが落ちてしまうことはよく見受けられる。

　ゲーム理論では、そうした状況を主体の選択と帰結を関係付ける利得関数によって表現する。共有地の悲劇を引き起こす2個人のゲームを「サーバーアクセスゲーム」として考えてみよう。

　ザックとラリーがインターネット上の、あるサーバーにアクセスするかしないかの二つの選択肢をもつとする。貧弱なサーバーで、2人同時にアクセスすると落ちてしまい、その回復費用として各人が3千円を負担しなければならない。一人でアクセスした場合には、サーバーからサービスを独占的に享受でき、そのサービスに1万円の価値があるとしよう。アクセスしなければ、サービスの享受も負担もないので0円だが、もし相手が1人でサーバにアクセスした場合には、サーバからのアクセス制限により相手にサービスを独占・搾取されるので4千円の損をするとしよう。この状況における主体の選択と帰結を示す利得関数は、表5の利得表で表現できる。

　表5では、行と列でザックとラリーの選択肢をそれぞれ表し、その組み合わせに対応する利得がまとめられている。各々の組み合わせに対応する括弧内の数字は、左側と右側でザックとラリーの利得をそれぞれ表している。例えばザックが「アクセスする」、ラリーが「アクセスしない」を選ぶと、ザックは1万円の利得を得て、ラリーは4千円の利得を失うことになる。この利得表が示すように、個々人の利得が自分の選択だけではな

|  | ラリー | |
| --- | --- | --- |
|  | アクセスしない | アクセスする |
| ザック アクセスしない | (0, 0) | (− 4, 10) |
| ザック アクセスする | (10, − 4) | (− 3, − 3) |

表5：サーバーアクセスゲームの利得表（単位：千円）

く、相手の選択からも影響を受けるので、ゲーム的状況となっている。ゲーム理論はこうした利得表や利得関数を用いて、合理的行動仮説に基づいた分析を行う。

　このように意思決定を科学するとは、ある仮説を立て、その仮説に基づく演繹的結果を考察することである。現実世界の人々はそれほど合理的ではないため、ゲーム理論による分析の妥当性を疑わしいという人もいるが、その考え方は科学的方法論と行動予測を混同している。ゲーム理論の分析があるおかげで、その分析と異なる現実の結果を検証できるようになる。自然科学で行われてきた仮説と検証の反復が、近年の社会科学でもゲーム理論の発展で可能になったのだ。加えて近年では実験の手法も確立[9]し、より科学的な発展が今後も期待できる。コミュニケーションや対話の分析もこうした理論と仮説検証の両輪が必要であり、ゲーム理論はその一助となる。

　閑話休題。サーバーアクセスゲームの分析に戻ろう。このゲームにおける合理的行動の結果はどのようなものになるのだろうか。まずザックがどのように意思決定を行うかを考えてみよう。ザックは、ラリーがサーバーにアクセスするかしないか分からないので、その両方の可能性を考える必要がある。もしラリーがサーバーにアクセスしない場合、ザックもサーバーにアクセスしなければ利得0、アクセスすることで利得10（千円、以降単位を省略）が得られる。よって、ラリーがサーバーにアクセスしないならば、ザックはサーバーにアクセスした方がよいことになる。

　一方でラリーがサーバーにアクセスする可能性もある。この場合も同様にザックがサーバーにアクセスすべきか否かを考える。アクセスしなければ利得は−4、アクセスすれば−3の利得となる。いずれにしても損をす

るが、サーバーにアクセスすることでザックの損失は最小限に抑えられる。こうした思考の結果、いずれのラリーの選択に対してもザックはサーバーにアクセスすることで高い利得を得られることがわかる。

このゲームではラリーもザックと同じ利得構造をもつため、同様にしてサーバーにアクセスすることで高い利得を得る。互いにこうした合理的思考が行えるならば、両人がサーバーにアクセスするという帰結が得られる。このように、合理的行動仮説に基づいた最適な選択の組み合わせを「ナッシュ均衡」と呼ぶ。

このゲームではザックは、「ラリーがアクセスする」と「ラリーがアクセスしない」という選択の各々に対して「アクセスしない」という選択で利得を最大にできた。そのザックが「アクセスしない」という利得最大化行動に対して、ラリーも「アクセスしない」ことで利得が最大化され、双方がサーバーにアクセスしないことが互いの最適な選択の組み合わせになり、ナッシュ均衡になる。

こうしたゲーム理論の分析をメカニズムデザインにおけるメッセージ発信ルールの分析に応用する。構成員に選択可能なメッセージを提示し、自分の選好に矛盾なく正直に振る舞うことがナッシュ均衡となる「結果選択のルール」を設計する。以下でこの点を見ていく。

### ▶メッセージ送信ゲーム、ふたたび

図3でみたように、メカニズムデザインでは参加者の戦略的操作性が伴う段階 (1) をメッセージ送信ゲームとして、結果選択のルール設計と切り離して分析する。このゲームが、コミュニケーション場に対応し、ルール設計者に観察できる情報を与える。

したがって、コミュニケーション場のデザインにあたり、このゲーム内での参加者の意思決定を把握する必要がある。その定式化においては以下を明確にする必要がある。

- ゲームのプレイヤー：ゲームをプレイする参加者、及び参加者の利益に影響を与える主体 (声援や野次をとばす観客) もプレイヤーになる。
- プレイヤーのメッセージ：コミュニケーションの場では発話内容[10]と

なるが、投票などの候補者選択もメッセージに含まれる。

- **プレイヤーの利得**：参加者のメッセージがすべて揃ったときに、個々人が得る利益。

この情報を用いて、コミュニケーションの場、特にビブリオバトルやディベート、件の宣言のように場の終盤に投票を伴う状況は、2段階のゲームとして定式化できる。

---

**コミュニケーションゲーム**（石川 2019）：
コミュニケーションゲームとは、以下の二つのステージで構成される $n$ 人ゲームである。
**熟議の第一ステージ**：意見や政策的立場を持つ発話者が、決議で賛同を得るために、自らの意見を表明する。
**決議の第二ステージ**：第一ステージの意見表明を元に、投票者が「結果」に関する選好を形成し、それに基づき投票する。

---

このコミュニケーションゲームでは、第一ステージで投票者にどのような選好を形成させるかを発話者が合理的仮説に基づいて推論し、発話戦略を立てる。この定式化が、標準的なメカニズムデザイン（MDと以下略記）とコミュニケーション場のメカニズムデザイン（CMD）の違いを明確にする。以下でこの点を考える。

### ▶MDを超えるCMD

CMDにおいてもMDと同様に、「メッセージ選択のルール」と「結果選択のルール」への問題の分割がなされる。実際、本章の前半で考察したように、私的情報を持つ参加者同士の対話をメッセージで対応させると、場の目的に沿った時間配分や合意形成のための投票は「結果選択のルール」に対応する。

CMDにおいてMDと異なるのは、序章で述べられている「設計変数」を設定・調整することで、結果選択ルールでは表現されない参加者の好みや期待を調整する点だ。これは、参加者が必ずしも最終結果だけに重きを

置いているわけではないコミュニケーション場では重要な点だ。例えばビブリオバトルではチャンプ本の決定を行うが、チャンプ本を選出することだけが目的ではない。書籍情報を共有したり、発表者の個性を知るなどの側面もある。こうした多様な動機や期待に応じた目的達成を支えるのが設計変数である。

　コミュニケーションゲームにおける熟議の第一ステージがこの点を描写する基礎を与えており、今後は設計変数を伴う枠組みに拡張していく必要がある。CMDはその意味でMDを内包しつつもより広い社会目的を考察できる理論でなければならない。


## 6. メカニズムデザインからマーケットデザインへ

　前節で見たようにCMDではMDを拡張させる理論が必要だが、MDから学ぶべき成果もまだある。以下ではCMDに応用することが可能なMDの成果を見ていこう。以下ではMDを理論的基礎として発展したマーケットデザインについて紹介する。

　マーケットデザインでは、メカニズムデザインに基づき戦略的操作性の低い具体的な制度やルールを設計[11]する。その制度やルールを通じて、市場を介さない財配分を考察する「配分マッチング」や、人と人の組み合わせを考える「二部マッチング」の問題を扱う。こうした研究によって、市場取引の分析が中心であった経済学の研究対象を大きく広げた。Roth[12]とShapley[13]は、社会に直接応用可能な制度設計や市場が機能しない状況を克服する仕組みを研究する「マーケットデザイン」の開拓に寄与したことを理由に、2012年にノーベル経済学賞を受賞した。実際、彼らの研究は学校選択制の設計などに寄与していた。

　特に二部マッチング問題は、CMDと大きく関わる。これはコミュニケーションそのものが、人と人を結びつけ、意見の集約や合意形成の礎となるからだ。どのような人と対話し、意見を交わすべきかのデザインが、より良いコミュニケーション場づくりへの第一歩になる。

経済学で扱う典型的な二部マッチング問題では、就活生と企業、寮内での組み合わせや大学等のゼミナール配属、近年ではマッチングアプリを通じたカップリングなど、人と人、もしくは人と組織の結びつきを対象とする。ここでは、二部マッチング問題をコミュニケーション場内の人や組織の組み合わせ問題と捉え、CMDへの示唆を考える。

　これを踏まえて次節では、この問題における解の基準となる「安定マッチング」について説明する。その上で安定マッチングを見つける方法として知られる「受入保留型アルゴリズム」もしくはその発案者の名前から「ゲール=シャプレイ・アルゴリズム」（Gale and Shapley 1962）と呼ばれるルール[14]を紹介する。

### ▶ 安定マッチングとは

　再三強調したように、MDにおける難しさは参加者の評価や好みが私的情報であることに起因した。そのため、設計者が目標の達成を試みても、それが参加者の好みを正しく反映しているのかを判定できなかった。

　実際、多数決とは複数の選択肢から一つを選ぶ意見集約方法であるにもかかわらず、投票者の好みを適切に反映できるのは選択肢が二つの時に限られた。選択肢が三つ以上ある場合、投票者が自分の好みとは異なる嘘の投票で、多数決の結果を変えることができるからだ。二部マッチング問題もこうした戦略的操作性の排除を前提に考える必要がある。

　以下で説明するGale and Shapley（1962）による「受入保留型アルゴリズム」も同じ思想に基づいて提示されたアルゴリズムだ。この点を考える前に、「二部マッチング」問題がどのように定式化され、何を目標とするかについて明確にしていこう。

　前述のように、二部マッチング問題は人と人の組み合わせを考える問題なので、組み合わせる主体の集まりとして2グループを想定する。一方のグループのメンバーと他方のグループのメンバーをある基準にしたがって組み合わせる。次の例でこの点をみていこう。

　いま、政治的に保守的思想を持つ主体で構成されるグループ「右」と革新的思想を持つ主体で構成されるグループ「左」の2グループ間の個別討

|  | 青木 | 佐藤 | 山本 |
|------|--------|---------|--------|
| 一村 | (1, i) | (2, ii) | (3, i) |
| 二志 | (1, ii) | (2, i) | (3, iii) |
| 三島 | (3, iii) | (1, iii) | (2, ii) |

表6：主体の話し相手の好み

論を考える。右グループは（一村、二志、三島）、左グループは（青木、佐藤、山本）で構成されているとしよう。

　各人は話し相手に関する好みがあり、表6で示されている。この表では「右」グループの主体が行に、「左」グループの主体が列に並んでいる。行に書かれた主体（行主体）の好みは横方向に各セル内左側のアラビア数字で表されている。同様に、列に書かれた主体（列主体）の好みは縦方向に各セル内右側のローマ数字で表されている。

　例えば一村の希望は、その名前に対応した行のアラビア数字を読むことで確認できる（表7）。これによると一村は、青木と最も話をしたいと考え、次に佐藤、山本の順に話すことを希望している。

|  | 青木 | 佐藤 | 山本 |
|------|--------|---------|--------|
| 一村 | (1, i) | (2, ii) | (3, i) |

表7：一村の好み

　列主体の好みはどうだろう。例えば青木の好みを確認するために、名前に対応した縦方向のセルを抜き出そう（表8）。列主体の好みは右側ローマ数字で表されるので、青木は一村、二志、三島の順に話すことを希望している。

　それ以外の主体に関しても、行主体は横方向のアラビア数字を、列主体は縦方向のローマ数字を確認することで各人の希望がわかる。

|  | 青木 |
|------|---------|
| 一村 | (1, i) |
| 二志 | (1, ii) |
| 三島 | (3, iii) |

表8：青木の好み

　こうした希望を私的情報としてもつ参加者の組み合わせを考えるのが二部マッチング問題だ。話し相手に関するこのような好みをもつ2グループが集まった場合、どのような組み合わせが望ましいだろうか。その望ましい組み合わせを決定するのが、制度設計者の役目になる。例えば単純なくじ引きを用いて、ランダムに組み合わせることもできる。しかし生産的で活発な議論を促すためには、お互いに話をしたいと思っている同士で組み合わせることが効果的だろう。そこで「安定マッチング」という基準を導入する。

> **安定マッチング条件**：一方のグループに属すAとB、他方のグループに属すaとbとが（A、a）及び（B、b）のペアで、Aはbを好み、bもAを好むという状況が生じていないときにその組み合わせ全体を安定マッチングと呼ぶ。

　この条件は、双方の主体が組むことを希望する時には、その組み合わせが実現していることを意味する。この条件を満たす限り、その組み合わせの持続が可能になる。このため、二部マッチング問題では、安定マッチングの達成を社会的目標とする。

　それでは表6の好みをもつグループ間の安定マッチング条件を考えてみよう。各グループが3人で構成されている時の可能なマッチングは以下の6通りである。

①（一村、青木）（二志、佐藤）（三島、山本）

②（一村、青木）（二志、山本）（三島、佐藤）

③（一村、佐藤）（二志、青木）（三島、山本）

④（一村、佐藤）（二志、山本）（三島、青木）

⑤（一村、山本）（二志、青木）（三島、佐藤）

⑥（一村、山本）（二志、佐藤）（三島、青木）

　したがって、このなかで安定マッチング条件を満たす組み合わせを確認すればよい。この場合にはそれは難しくない。一村と青木はお互いに最も話をしたいと望んでいるので、この２人がペアにならない組み合わせはすべて安定マッチング条件を満たさない。このことから③から⑥はすべて安定マッチングではない。その結果、①と②のいずれが安定マッチング条件を満たすかを確認すればよい。

　そのために（一村、青木）以外のペアを見ていこう。二志が最も話をしたかったのは青木だが、青木は一村とのペアを望んでいるのでそれはかなわない。そこで二志が２番目に話をしたい相手に注目すると佐藤となる。佐藤は二志と最も話をしたかったので、（二志、佐藤）が安定マッチングに必要なペアとなり、①が安定マッチングということがわかる。

　このように可能な組み合わせをすべて列挙し、安定マッチングの条件を確認すれば、制度設計者が求める社会的目標が達成できるように思える。しかし、これはMDの思想に反している。

　実際、このように安定マッチングを発見するには、制度設計者が個々の参加者の好みを知る必要がある。前述のように、個人の好みに関する情報（表6）は私的情報なので、本人に尋ねたとしても正直に答えるとは限らない。この点が再三強調している戦略的操作性の余地があるところだ。

　この問題を解決するために考案されたのが、Gale and Shapley（1962）による受入保留型アルゴリズムである。次節でこのアルゴリズム（手続き）をみていく。

### ▶受入保留型メカニズム

　それでは、グループ「右」と「左」の個々人が議論をする組み合わせが安定マッチング条件を満たすものを、受入保留型アルゴリズムで求めてみよう。各個人の好みは表6で表されたが、設計者はこの好みに関する情報を持たない。このとき、どのように安定マッチングを見つけたらよいだろ

うか。

　受入保留型アルゴリズムでは以下の手順で一方が他方にペアの申込みを行い、その申込みを保留という形での受入れを反復することで進む。

---

**受入保留型アルゴリズム：**

1. ２グループの一方を「申込グループ」、他方を「受入グループ」として決定。
2. 申込グループの主体（申込主体）は、自分が最も好んでいる受入グループの主体（受入主体）にペアを組むことを申し込む。
3. 受入主体は、自分に申し込んできた主体の中から最も好ましい申込主体に「保留」を宣言。
4. 「保留」を宣言されなかった申込主体は、次に好む受入主体にペアを申込む。上記３で「保留」を宣言されている申込主体は、その宣言をした受入主体に同様にペアを申し込む。
5. 上記３と４を繰り返し、すべての申込主体が、受入主体から同時に「保留」を宣言された時点で終了。

---

　このアルゴリズムを、表６の好みに基づいて実行してみよう。ここでは、グループ「右」を申込グループ、グループ「左」を受入グループとする。申込グループの一村、二志、三島は自分の最も好んでいる受入主体にペアを組むことを申し込む。その結果、

- 一村と二志は青木にペアを組むことを申込み、
- 三島は佐藤にペアを組むことを申込む。

　青木は一村とのペアを好むので、一村に「保留」と宣言。佐藤も唯一の申込者である三島に「保留」を宣言する（図４）。

　二志は「保留」を宣言されていないため次に好む佐藤に、一村と三島は「保留」を宣言した青木と佐藤のそれぞれに、再度ペアを申し込む。この結果、

- 一村は青木にペアを組むことを申込み、
- 二志と三島は佐藤にペアを組むことを申込む。

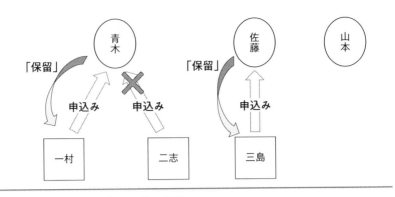

図4：受入保留型アルゴリズム第一段階

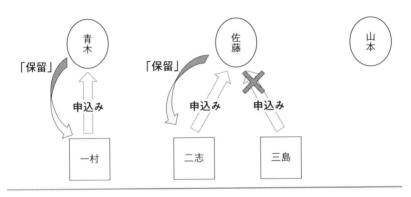

図5：受入保留型アルゴリズム第二段階

　青木は一村に、佐藤は最も好ましい二志に「保留」を宣言 (図5)。

　「保留」を宣言されていない三島は次に好む山本に、一村と二志は、青木と佐藤にそれぞれ再度ペアを組むことを申し込む。この結果、一村は青木から、二志は佐藤から、三島は山本から同時に「保留」を宣言され、アルゴリズムが終了する (図6)。結果として、先の①の安定マッチングが得られる。

　Gale and Shapley (1962) では「二部マッチング問題では必ず安定マッチングが存在し、受入保留型アルゴリズムがそれを発見する手続きである」ことを示している。

　このアルゴリズムでは受入主体は、ペアとなる相手を毎回「保留」す

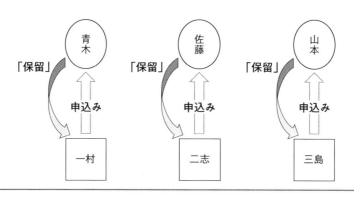

図6：受入保留型アルゴリズム最終段階

る。したがって、受入主体はペアを申込んできた主体の中で、最も自分が好む相手を最終的に「保留」できる。申込主体の立場で考えると、自分がペアを組みたい相手に申込もうとも、その相手に最も好まれていない限り、ペアになることはできない。結果、申込主体は自分の好みを偽ってペアを申込むという戦略的操作性は存在しない。むしろ正直に自分が好む相手に申込むことで、相手の好みとマッチすれば最終的に「保留」が宣言される。逆にいうと、相手が自分との組み合わせを望まない限り、どうやっても最終的に「保留」を宣言してもらえない。

　このように受入保留型アルゴリズムでは、制度設計者が主体の好みを知らなくとも、申込主体が自身の好みに正直に申込む形で安定マッチングを達成できる。

　それではこのアルゴリズムは欠点のない完璧なものだろうか。次節ではこの点を考察する。

▶ **受入保留型アルゴリズムの問題点**

　ここまで受入保留型アルゴリズムが安定マッチングを導き、申込主体が自分の好みについて虚偽を申告する戦略的操作性が存在しないことを確認した。したがってこのアルゴリズムを用いれば、制度設計者は主体がもつ好みの情報を収集する必要はないように思える。

　しかし一方で、こうして得られる安定マッチングには、「**受入主体が好**

| 希望 | 青木 | 佐藤 | 山本 |
|------|------|------|------|
| 一村 | (1, iii) | (3, ii) | (2, i) |
| 二志 | (2, i) | (1, iii) | (3, ii) |
| 三島 | (1, ii) | (2, i) | (3, iii) |

表9：受入主体が虚偽表明する可能性がある場合

みを偽ることで、より好ましい相手とペアになる余地がある」ことが知られている。このことを理解するために、表9の好みを例に考えてみよう。表9でもグループ「右」メンバーの好みは行方向のアラビア数字で、グループ「左」メンバーの好みは列方向のローマ数字で表されている。このもとで受入保留型アルゴリズムを用いると、どのような安定マッチングを得られるだろうか？

　これまでと同様、グループ「右」から申込む状況を考える。このとき、一村と三島は青木に、二志は佐藤に最初に申し込む。青木は一村よりも三島を好むため、三島に「保留」を宣言する。また二志は佐藤からしか申込みがないため、佐藤に「保留」を宣言する。「保留」を宣言されなかった一村は、次に好ましいと考える山本にペアの申し込みをする。その結果、すべての申込主体が「保留」を宣言されるため、安定マッチングである

（一村、山本）（二志、佐藤）（三島、青木）

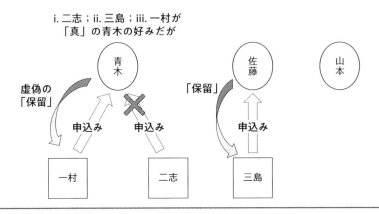

図7：青木が虚偽の「保留」をした場合の第一段階

を得る。ここまでは、受入保留型アルゴリズムを忠実に実行したにすぎない。

　受入主体が虚偽を申告することの優位性を考えるために、先ほど青木が一村と三島から申込まれた最初の段階に戻ってみよう。この段階で、青木は一村よりも三島を好んでいるにもかかわらず、一村に「保留」を宣言する虚偽を考える（図7）と何が起こるだろう？

　この場合、次の段階で三島は2番目に好ましい佐藤に申込むことになる。佐藤は二志より三島を好むため、三島に「保留」を宣言する（図8）。

　この結果、二志は2番目に好む青木に申込みをする。一村と二志から申込まれた青木は最もペアになりたかった二志に「保留」を宣言する（図9）。

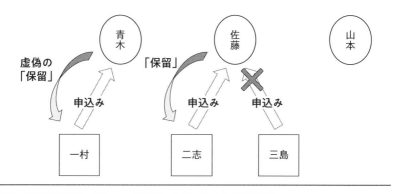

図8：三島が佐藤に申込み、「保留」を宣言される第二段階

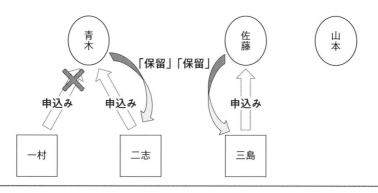

図9：佐藤から「保留」を得られなかった二志が青木のもとへ

そのため、次のステップで一村は山本に申込み、最終的なマッチングとして

（一村、山本）（二志、青木）（三島、佐藤）

に到達する。

　青木にしてみると、自分の本来の好みに基づいて「保留」を宣言すると三島とペアになるが、虚偽の「保留」を宣言することで二志とのペアを実現する。

　このように受入主体は、申込みを待つことしかできないため、申込まれない相手には「保留」を宣言できない。したがって、もし自分の好みの相手が自分以外で「保留」を宣言され続けると、自分への申込みの機会を逃すことになる。そこに虚偽を申告する余地が生まれる。

　このような虚偽申告の優位性は、安定マッチングが複数存在することと関係する。実際、青木の虚偽申告で到達したマッチングは、グループ「左」を申込主体として受入保留型アルゴリズムを実行したときに得られる安定マッチングに他ならない。

　複数の安定マッチングがあることで、グループ間で望む安定マッチングが異なることを、Gale and Shapley（1962）で提示された例（表10）を用いてさらに詳しく考えてみよう。まず、この好みのもとで受入保留型アルゴリズムを実行する。

　グループ「右」のメンバーを申込主体とする。一村は青木に、二志は佐藤に、三島は山本に最初に申し込む。受入メンバーは、各々1人からの申込みしかないため、安定マッチングとして

（一村、青木）（二志、佐藤）（三島、山本）

を得る。表10からわかるように、このマッチングは申込主体にとっては最も好ましいが、受入主体にとっては最も好ましくない。

　なぜ受入主体にとって最も好ましくない組み合わせが実現されたのだろうか？　この理由こそが、先に述べたように受入主体が申込みを待つことしかできないことにある。

　表10のケースでグループ「左」のメンバーからの申込みを考えると明らかだ。このとき青木は二志に、佐藤は三島に、山本は一村に申込み、こ

| 希望 | 青木 | 佐藤 | 山本 |
|------|------|------|------|
| 一村 | (1, iii) | (2, ii) | (3, i) |
| 二志 | (3, i) | (1, iii) | (2, ii) |
| 三島 | (2, ii) | (3, i) | (1, iii) |

表10：最高で最低のペア

の場合も各々が1人からの申込みしかないため、

（一村、山本）（二志、青木）（三島、佐藤）

という安定マッチングを得る。今度は申込主体となったグループ「左」の
メンバーにとって最も好ましい組み合わせが実現し、グループ「右」のメ
ンバーにとって最も好ましくない組み合わせになる。

　このように、受入保留型アルゴリズムでは一般に「申込主体にとって最
善の、受入グループには不利な安定マッチングが実現」することが知られ
ている。特に表6のように、複数の申込主体からの申込みが受入主体1人
に集まる時、虚偽の「保留」を宣言することが効力をもつ。受入主体は自
分に有利な組み合わせの実現を望むため、好みを偽るインセンティブが生
まれる。

　残念ながら、「受入主体が虚偽の『保留』を宣言するインセンティブを
排除した安定マッチングを実現する手順は存在しない」ことが、マッチン
グ研究の初期段階で明らかにされている（Dubins and Freedman 1981; Roth
1982）。しかしこの問題は、グループの構成員数の増加にしたがって虚偽
の余地が減少し、深刻な問題にならないことも現在ではわかっている
（Immolica and Mahdian 2005; Kojima and Pathak 2009）。

　いずれにしても、小規模なコミュニケーション場でこうした2部マッチ
ング問題を考える際には、どちらのグループを申込主体とするかに注意を
払う必要がある。

　また表10の好みのもとでは、受入保留型アルゴリズムでは見つからな
い安定マッチングも存在する。受入保留型アルゴリズムでは、2つのグ
ループのどちらかを申込主体にするため、最大でも二つの安定マッチング
しか見つけることができないからだ。そのため、安定マッチングが三つ以

上存在する場合、アルゴリズムで見つからない安定マッチングが存在する。実際、

（一村、佐藤）（二志、山本）（三島、青木）

は、このアルゴリズムでは見つけられない安定マッチングなので、確認してもらいたい。

　いずれの個人も2番目に好ましい相手とペアとなるこの組み合わせは、どちらのグループにとっても最適とは言えない。そのため、いずれのグループを優遇したことにはならず、設計者の観点からは他の二つの安定マッチングより異論のないものにみえる。したがってこの組み合わせを見つけられないアルゴリズムの有用性を疑う読者もいるかもしれない。

　とはいえ、受入保留型アルゴリズムが不十分なメカニズムと結論づけるのは早計である。そもそもこのアルゴリズムは、「安定マッチング条件を満たす組み合わせの発見」という要請のみに基づいている。もし設計者が、全員が2番目に好ましい相手とのマッチングを実現したいのであれば、それを追加的な制度の要件として課す必要がある。

　一方で追加的要請を課した結果、それを満たすマッチングが存在しない場合もある。制度設計で大事なことは、参加主体のインセンティブを考慮しながら、明示的に掲げた社会的目標を達成することだ。そのため、掲げた要請をすべて満たす目標が存在するのか、またそれが参加主体のインセンティブと両立するのかを吟味することは制度設計者の重要な役目である。

　この意味で、二部マッチング問題には必ず安定マッチングが存在し、受入保留型アルゴリズムを用いることで発見できることを保証したGaleとShapleyの成果は、問題解決の重要な基準となる。

　この点はCMDに重要な示唆を与える。制度設計者が単に参加者全員の意見を吸い上げるだけでは実用的なよい結果を導けるとは限らない。コミュニケーションには時間的制約があり、情報過多により議論発散の可能性もある。適度な情報のもとで、適度な議論を誘発しながら望ましい結論を得るための条件は何かを念頭におく必要がある。CMDでは「設計変数」をうまく調整することでそうしたMDでは達成しにくい効果を得られる

のではないだろうか。

# 7. 社会システム設計から制度と認識の経済学へ

　本章では経済学で発展したメカニズムデザイン（MD）の観点から、発話
権取引やビブリオバトル、ディベート、件の宣言に共通する投票ルールを
再考した。そこで注目したのは、参加者の動機・評価・好みに関する私的
情報性とそれに起因する戦略的操作性であった。

　元来MDは私的情報が存在する社会に何らかのルールを設計すること
で、正直な行動を社会的にも望ましい結果に結びつけることができるかを
考えてきた。その意味で、正直な発話や議論を通じて、社会的な合意形成
を探るコミュニケーションの場の根幹となる理論と言える。

　その一方で、CMDにおいてはその対象の特徴から、MDには組み込ま
れていない設計変数の役割も重要である。設計変数とMDで意味する
ルール設計との関係は今後の研究が待たれるところである。

　社会学者のルーマンは「コミュニケーションは社会システムの自己構成
の要素となる統一体＝単位」であると述べた（Luhmann 1984 邦訳 上 p. 237）。
本書が対象とするコミュニケーション場も社会の一部である限りその単位
を構成し、一つのコミュニケーションが別のコミュニケーションを創発す
ることで新たな単位を構築することにもなるだろう。

　コミュニケーション場を形づくるのは一つ一つの発話行為であり、発話
行為を引き出すには発話者のインセンティブに訴えかけなければならな
い。そうしたインセンティブへの訴えかけ＝付与をするための理論こそが
CMDである。

　CMDの難しさは、個々人が異なる経験を通じて多様な考え方を携えな
がらその場に参加することにある。異なる経験が多様な意見の源泉であ
り、合意形成を必要とする理由になるからだ。ルーマンが言うように、社
会的活動や行為全体の関係性を表すコミュニケーションを一つの要素と捉
えたとき、コミュニケーションを形づくる発話のインセンティブは個々人

の経験やそれに基づく考え方によって異なる。その結果、ゲーム理論が想定する「合理的行動仮説」では説明できないインセンティブも生じうる。

したがってCMDを支える基礎理論は、発話主体の個々の経験やそれに基づく考え方が描写可能な新しいゲーム理論を基礎としていくことも必要になる。近年、帰納的ゲーム理論と名付けられる新しいアプローチが研究されている (Kaneko and Kline 2008)。この理論では、個々の主体が持つ知識や社会観を、個々人の経験から獲得されるものと捉え、異なる経験から形成される多様な知識や社会認識を描写する。さらにそうした知識や認識の形成過程も研究されている (Hasebe and Ishikawa 2011)。

社会には法制度や政治・経済制度などの明文化されたものに加え、明文化されていない慣習や伝統などの社会を円滑に営むための規範も存在し (石川・船木 2013)、私たちの限定された能力を補完する役割を果たしている。家族や地域のコミュニティーで細かな説明をすることなく用いられる取り決めはその一例である。社会が異なれば異なる社会規範が存在するので、コミュニケーション場の設計にそうした社会規範の違いを考慮することも忘れてはならない。

本章でみた主体の戦略的操作性やインセンティブ、さらにそれらを考慮した受入保留型アルゴリズムのようなルールは、どのような社会システムでも有用な考え方である。コミュニケーション場の設計者はこうした点に注目しながら、参加者全員にとって心地よい空間づくりに取り組んでもらえればと思う。

---

注

1) 経済学におけるメカニズムデザインとの比較のために、本章ではそれぞれMD (Mechanism Design) およびCMD (Communication-field Mechanism Design) と略記する。
2) 経済学では、外部性の調整は新たな市場を構築することで解決を図るが、ここではその点には踏み込まない。神取 (2014) を参照。
3) 表1bで3位の候補者で投票数を集計すれば良い。
4) 坂井 (2013) の解説も参照。
5) 山本 (2012) は専門的ではあるが、MJの要点をまとめている数少ない邦語文献である。

6) ここで「頑健」の正確な意味は、山本 (2012) や原典を参照。

7) Balinski and Laraki (2010) もしくは山本 (2012) を参照。

8) 「囚人のディレンマ」としてゲーム理論の教科書で紹介されるゲームと同じ構造をもつ。ゲーム理論の入門書として、岡田 (2014) などがある。

9) ゲーム理論における理論と実験の両輪で行われている研究は、「行動ゲーム理論」と呼ばれる。川越 (2020) を参照。

10) 発話内容をメッセージとしてゲーム理論の枠組みで表現するのは技術的には難しい。例えば石川 (2019) を参照。

11) このことから、マーケットデザインとメカニズムデザインが混同して用いられることがしばしばある。メカニズムデザインは抽象性が高く、その理解にはゲーム理論の知識が必須となる。このため、この分野に興味を持たれた読者は、マーケットデザインの入門書にあたるとよい。Haeringer (栗野訳 2020) はこの分野の全体を学べる優れた教科書である。

12) Alvin E. Roth (1951〜)：米国スタンフォード大学教授。

13) Lloyd S. Shapley (1923〜2016)：米国カリフォルニア大学ロサンジェルス校名誉教授。

14) David Gale (1921〜2008) との共同研究による Gale and Shapley (1962) がシャプレイ博士のノーベル経済学賞受賞の直接的成果である。ゲール博士はすでに他界していたため、ノーベル経済学賞の受賞には至らなかった。

## 参考文献

Balinski, M. and R. Laraki (2010) *Majority Judgment: Measuring, Ranking, and Electing*, MIT Press.

Dubins, L. and D. Freedman (1981) Machiavelli and the Gale-Shapley Algorithm; *American Mathematical Monthly*, 88, pp. 485–494.

Gale, D. and L. S. Shapley (1962) College admissions and the stability of marriage; *American Mathematical Monthly*, 69 (1), pp. 9–15.

Gibbard, A. (1973) Manipulation of voting schemes: a general result; *Econometrica*, 41, pp. 587–601.

Haeringer, G. (2018) *Market Design: Auction and Matching*, MIT Press. 栗野盛光訳『マーケットデザイン』中央経済社、2020年

Hardin, G. (1968) The tragedy of the commons; *Science*, 162, pp. 1243–1248.

Hasebe, K. and R. Ishikawa (2011) Belief revision for inductive game theory; *9th European workshop on Multi-Agent systems* (EUMAS 2011), 15 pages.

Immolica, N. and M. Mahdian (2005) Marriage, honesty, and stability; *Proceedings of the 16th annual ACM-SIAM symposium on Discrete algorithms*, pp. 53–62.

Kaneko, M. and J. J. Kline (2008) Inductive Game Theory: A Basic Scenario; *Journal of Mathematical Economics*, 44, pp. 1332–1363.

Kojima, F. and P. A. Pathak（2009）Incentives and stability in large two-sided matching markets; *American Economic Review*, 99（3）, pp. 608–27.

Luhmann, N.（1984）*Soziale Systeme*, Suhrkamp Verlag. 馬場靖雄訳『社会システム（上・下）』勁草書房、2020年

Roth, A.（1982）The economics of matching: Stability and incentives; *Mathematics of Operations Research*, 7, pp. 617–628.

Satterthwaite, M. A.（1975）Strategy-proofness and Arrow's conditions: Existence and correspondence theorems for voting procedures and social welfare functions; *Journal of Economic Theory*, 10（2）, pp. 187–217.

von Neumann, J. and O. Morgenstern（1944）*Theory of Games and Economic Behavior*, Princeton University Press. 武藤滋夫訳『ゲーム理論と経済行動』勁草書房、2014年（旧訳がちくま学芸文庫からも出版されている）

石川竜一郎（2019）「コミュニケーションの場の動的ゲーム論理」『システム制御情報学会論文誌』第32巻第12号，pp. 429–438.

石川竜一郎・船木由喜彦（2013）「制度と認識の経済学に向けて」船木・石川編『制度と認識の経済学』序章、NTT出版

岡田章（2014）『ゲーム理論・入門（新版）』有斐閣

川越敏司（2020）『行動ゲーム理論入門（第2版）』NTT出版

神取道宏（2014）『ミクロ経済学の力』日本評論社

坂井豊貴（2013）『社会的選択理論への招待』日本評論社

坂井豊貴（2015）『多数決を疑う——社会的選択理論とは何か』岩波新書

山本芳嗣（2012）「1人1票からMajority Judgmentへ」『オペレーションズ・リサーチ』第57巻6号, pp. 295–301.

# 第 7 章

# コミュニケーションの言語処理
## 人工知能による議論の支援

### 井之上直也

## 1. はじめに

　第2章から第5章では、コミュニケーション場のメカニズムの設計変数を抽出・検討するために、いくつかの具体的なコミュニケーション場を取り上げてその性質を分析した。また、第6章では、コミュニケーションの理論モデルの開発に向けた取り組みを紹介した。これらは言い換えると、コミュニケーションというものに対して新たな構造・法則を見出す自然科学的な問いの探求である。その狙いは、これらの知見に基づいて、理論的な裏付けをもってコミュニケーションを様々な形に変化させることにより、そのコミュニケーション本来の目的を達成しようというものであった。

　これに対して本章では、コミュニケーション場の効率化を図るために情報通信技術的な支援（以後、「計算機による支援」と呼ぶ）がどのようにできるだろうかという工学的（モノづくり的）な問いに迫っていきたい。具体的には、図1に示すように、人々の議論を解析し、これに基づいてフィードバックを与えるような装置を考え、これにより人々の議論をより嚙み合ったものにする、人々の本音を引き出す、ひいては各自の議論力の底上げをするといった、計算機による議論の支援の可能性を探りたい。

　なぜ、「ヒトによる」ではなく、「計算機による」支援を考えるのだろう

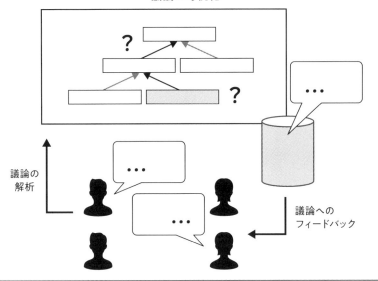

図1：計算機によるコミュニケーションの支援

　か。議論の生産性を上げるための支援といえば、ブレインストーミングな
どのいわゆるフレームワークの活用、ホワイトボード、付箋、議事録の全
員同時編集などのツールの活用、議論を交通整理するファシリテーターの
導入などが考えられるだろう。こうした支援は、成功すれば議論の生産性
が大きく改善する、すなわち、議論の本来の目的がより達成しやすくなる
と考えられる。しかし、結局は（ファシリテーターを含め）会議の参加者がそ
の成功の鍵を握っている。たとえホワイトボードや付箋などのツールを導
入したとしても、何をどのように整理していくかを決めるのは人間であ
り、議論の質はその整理の仕方に依存する。また、ファシリテーターを導
入したとしても、当然ファシリテーターは人間なので、ベテランかそうで
ないか、その会議の分野の知識がどれくらいあるか、もしかするとその日
の体調や気分といった因子に結果が左右されてしまうかもしれない。当
然、ファシリテーターはそうならないように訓練されているのであるが、
人間である以上、そこには限界があると考えられる。

計算機による支援が実現できれば、こうした支援の品質のばらつきを大きく抑えることができるだろう。また、計算機は量産ができ、かつ小型化も可能である。例えば、会議のファシリテーターを担ってくれる計算機をスマートスピーカーとして量産できる。実は、実体さえもいらないかもしれない。それなら、携帯やタブレットのアプリとしてダウンロード配布の形で提供することも考えられるだろう。こうしておけば、各会議室に1台、各家庭に1台、1人1台といったレベルで、支援品質がぶれることなくいつでもどこでも議論の支援を行うことができるようになる可能性がある。

　支援の目的はそのコミュニケーション場をよくすることであるが、究極的にはコミュニケーション場の参加者のコミュニケーションスキルそのものを向上させたい。究極的には、計算機がほとんど支援しなくても人々が本音を言えるようになってほしいし、論理的な議論ができるようになってほしい。このような「教育としての支援」を考えた場合に、計算機には大きな利点がある。支援者が計算機であれば、人々は恥ずかしさや遠慮を感じることなく自身の主張を展開し、いつでもどこでもフィードバックをもらい、気軽に議論力を鍛えることができるのである。第3章で紹介されているように、学校教育の場では批判的思考力の育成のためにディベートの授業が導入されつつあるが、こうしたことを生徒が家庭で自習形式で実施できるようになる可能性が出てくる。

　計算機による議論の支援の核となる技術は、タイトルにもある通り、「人工知能」、特に「自然言語処理（人間の言葉を計算機処理する方法の研究領域）」の技術である。近年、自然言語処理技術の高性能化がメディアでも大きく取り上げられ、これを応用すれば上述のようなことが簡単にできるのではないか（もしくは既に実現している）、と思われる読者もいるかもしれない。例えば、米IBM社のProject Debaterでは、プロのディベータと人工知能が対決し、人工知能と人間が対等に闘ったという結果が報じられている（IBM Project Debater 2020）。また、米OpenAI社により発表されたGPT-3と呼ばれるモデルは、フェイクニュースの生成などに悪用される危険性が指摘されているほど流暢な文章を生成できるといわれている（CBS News 2020）。筆者は2008年に自然言語処理の研究に携わって以来、

執筆時点までこの分野の最前線で研究を続けている。しかし、こうした現実を踏まえてみても、筆者からみると、現状の自然言語処理の技術は現実世界の議論の支援に応用できるレベルには達していないようにみえる。たしかに、深層学習の成功により自然言語処理の技術が大きく進歩したことは間違いない。しかし、だからといって直ちに自然言語処理の技術が現実世界に出ていけるかというと、まだまだ大きな壁があるのではないかと考えている。もちろん、限られた状況下であれば人工知能技術による議論の支援が貢献できる場はあり、人工知能技術によるファシリテーションの実証実験なども始まっている（D-Agree 2021）。

　本章では、こうした現状を踏まえて、自然言語処理における議論の解析の進展と、これを議論の支援に応用するにあたっての課題について述べていく。まずは、どのような支援を目指すのかという基本的なところから議論を展開していこう。


## ▶ 計算機による支援が目指すもの

　これまでの章で見たように、町内会、スタッフミーティング、パネルディスカッション、家庭の食卓など、議論をする場面はいくつもある。こうした場面では、「議論が噛み合ってないな」「結論がよくわからなかった」「根拠の弱さを指摘したら相手が激昂してしまった」などということはよく耳にする話だ。人間による解決策として代表的なのは、ファシリテーターの導入である。ファシリテーターの重要な役割は、議論を交通整理することである。「いまの主張はこうで、それはこういう証拠に基づくものですよね」「この証拠は確かなものでしょうか」といった確認を何度も行い、ホワイトボードに書いて可視化し、議論が常に噛み合っているかを確認していくのである。また、会議がある程度進んで、ファシリテーターが「噛み合っていませんね。ちょっと最初から整理してみませんか」ということもあるだろう。こうして議論の論理構造の可視化をしつつ、さらに議論の場にフィードバックを与えることにより、論理を着実に一歩ずつ展開させ、議論の生産性を上げるのである。

　ここにヒントを得て、計算機がこれらの一部を肩代わりしてくれるよう

なシナリオを考えることができるだろう。

- 議論の可視化：例えば、会議における議論をリアルタイムに整理して表示してくれるスマートホワイトボードなどの応用を考えることができるだろう。また、大人数での会議を行う際、参加者の意見を自動集約し、それぞれの主張・根拠について「いいね！」を付与できるような聴衆参加型の会議などを考えることもできそうである（パネルディスカッションなどはその典型例だ）。
- 議論へのフィードバック：議論の自動可視化ができたとしても、それを活用して議論の生産性を上げられるのかは参加者のスキルにかかっている。次なる計算機による支援として、論者に対しフィードバックを与えることも考えられるだろう。常に議論をモニタリングし、議論が噛み合わなくなったところで、「いまの根拠は主張をサポートしていません」「話がそれていませんか？」といった論理構造の不備に関して気付きを与えるような機構を考えることができる。さらに発展させ、いまの議論がどう不十分なのかを具体的に提示してくれ、こうするともっとよくなるのでは、とか、一段踏み込んだフィードバックを与えるような支援も考えられる。

こうした支援がどのようになるのか、具体的な例をもって体感いただきたい。ある日の町内会の会合の様子である。

町内会長「町内夏祭りの廃止について議論しましょう」
町民A「夏祭りのせいで大規模な交通渋滞が起こっています。私も近所の山田さんも交通渋滞には迷惑していて、みんな困ってるんです。もう、夏祭りはやめましょう」
町民B「私は迷惑だという人を見たことがありません。みんな楽しみにしていると思います。夏祭りは続けるべきです」
町民C「そうですよ。もっと露店の数を増やすべきだと思います」
町民A「それを言うならあんたのところの出店スペースを減らしたらど

うだ」

　町民たちが好き勝手に話を展開し、話し合いが収束する気配はないようだ。

　では、前述したような計算機による支援によって、この町内会の会合がどのように改善しうるだろうか。例として、議論の生産性や一貫性といった品質を常にモニタリングし、議論が主題から外れそうになったら自動的にガイドしてくれるようなスマートスピーカ "JUDGE" を想像してみてほしい。

　町内会長「町内夏祭りの廃止について議論しましょう」
　町民A「夏祭りのせいで大規模な交通渋滞が起こっています。私も近所の山田さんも交通渋滞には迷惑していて、みんな困ってるんです。もう、夏祭りはやめましょう」
　JUDGE「『私も近所の山田さんも交通渋滞には迷惑している』ことから『みんな困っている』を帰結できますか。他に結論を支持するデータはありますか？」
　町内会長「たしかにそういう人は多いと思いますよ。この前の町民アンケートで、約8割の人が夏祭りの交通渋滞に迷惑していると書いていました」
　町民A「では、やはり夏祭りはやめるべきでしょう」
　JUDGE「『夏祭り』と『交通渋滞』の因果関係は強いでしょうか？『夏祭り』をやめると、本当に『交通渋滞』がなくなりますか？」
　町民C「そういえば、隣町の知り合いから聞いたのですが、例年私たちの町内の夏祭りと同じ日程で、隣町で全国金魚すくい選手権をやっているらしいです」
　町民A「では交通渋滞の原因は夏祭りではなくて、そっちかもしれませんね」

　JUDGEの支援により、議論の交通整理が行われ、交通渋滞を理由に夏

祭りをやめるという議論はここでは意味がないことがわかった。これなら
ば次の論点に進めそうだ。

　ここで注意いただきたいのは、議論の支援というと、計算機自身が議論
に参加する——すなわち、計算機自身が論題について参加者とともに考
え、問題の解決策を提示するといった場面を思い浮かべる読者もいるかも
しれない。しかし、本章では、計算機自身が議論に参加するタイプの支援
を目指すわけではなく、「計算機が議論を促すような支援」を考えていく。
すなわち、論者の発言を分析・評価し、証拠不十分な論理展開があった場
合に「本当にあなたが言ったことは正しいのか？」と問う、ということで
ある。著者としては、こうした一歩引いた後方支援的なやり方には、いく
つもメリットがあると考えている。一つは、冒頭で述べたような「教育と
しての支援」の有効な手段となりうるということだ。JUDGEのような支
援が何度も介入していくうちに、論者自身が成長していくことが期待でき
る。もう一つは、計算機という中立的で無機質なファシリテーターが入る
ことで、議論に偏りがなくなるということである。計算機なら人間であれ
ば見過ごしてしまうような議論の穴を捉え、言い出しにくい場面、相手、
事柄であっても「それは本当ですか？」とはっきりとものを言い、一段深
く考えるきっかけをコミュニケーション場に与えることができる。

## ▶支援に必要な要素技術の全体像

　まず、コミュニケーションは、これまでの章で見てきたように様々な形
により行われるが、その本質は言語である。ゆえに、計算機により人間の
コミュニケーションを支援するためには、私たち人間が話す言葉を計算機
がまずは理解できなければならない。人工知能の研究の主要な研究領域の
一つである自然言語処理（Natural Language Processing）は、まさにこうし
た問題を扱う領域であり、計算機によるコミュニケーションの支援を考え
る上で欠かせない（図2）。自然言語処理では、身近なところでは検索エン
ジン、計算機翻訳など様々な分野の研究が行われているが、近年論述的な
文書の自動解析に関する研究が盛んに行われ、議論マイニング（Argumen-
tation Mining）と呼ばれる分野として認知されるようになった。ここで研

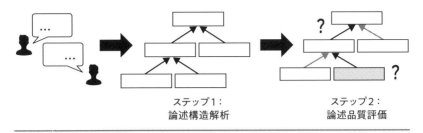

ステップ1：　　　　　　　　ステップ2：
論述構造解析　　　　　　　論述品質評価

**図2：計算機による議論支援のステップ**

究対象とされるテキストには、小論文、マイクロブログ、ウェブフォーラ
ムの投稿、ディベートなど、議論と呼ばれるものは何でも含まれる。

　また、計算機による議論の解析とは別に、議論そのものを分析・形式化
しようとする議論学 (Argumentation Theory) という研究領域がある。これ
らは、哲学や言語学の談話分析から派生した領域であり、科学的な議論、
政治的な議論、法律的な議論など様々な議論を分析し、その性質を解き明
かし、ときには議論を数理論理的に表現することを目的とする。紀元前4
世紀には、誰もが一度は耳にしたことがあろう哲学者アリストテレスが弁
論術について執筆している。アリストテレスの三段論法 (Syllogism) では、
大前提 (Major Premise)、小前提 (Minor Premise) から結論 (Conclusion) を
導く構造を考えている。大前提「すべての人間は死ぬ」、小前提「アリス
トテレスは人間である」、結論「アリストテレスは死ぬ」という例は、誰
もが一度は聞いたことがあるだろう。また、望ましい議論の性質につい
て、信頼でき (Ethos)、魅力的で (Pathos)、論理的な (Logos) 議論であると
いうことも述べられている。ディベートでお馴染みのトゥールミンモデル
(Toulmin 1958) もこの分野に属する。本章では、議論学については必要最
小限の説明にとどめるが、さらに興味のある読者はvan Eemeren et al.
(2014) を読んでみるとよいだろう。

　それでは、上述のような議論支援を実現するためにはどのような技術が
必要なのか考えてみよう。私たち人間が議論を支援しようとするときに、
何をするだろうか。まずは、議論の論理を解釈し、頭の中で議論を「可視
化」してみる。次に、それぞれの主張や根拠について論理におかしな点が

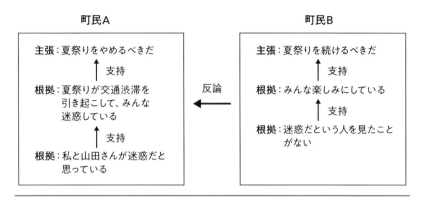

**町民A**

主張：夏祭りをやめるべきだ
↑支持
根拠：夏祭りが交通渋滞を
引き起こして、みんな
迷惑している
↑支持
根拠：私と山田さんが迷惑だと
思っている

反論

**町民B**

主張：夏祭りを続けるべきだ
↑支持
根拠：みんな楽しみにしている
↑支持
根拠：迷惑だという人を見たこと
がない

図3：町内会会合の町民Aと町民Bの論述の構造

ないかを検査し、必要があれば指摘する。図2に示すように、計算機による議論の支援も、これと同じステップが必要である。これ以降、それぞれについて詳しく述べていく。

　まず、支援の第一歩は、「論述の論理構造を解析する」ことである。人間の言語で平文として記述された議論は、計算機にとってはただの文字の羅列でしかない。論理構造の解析とはこれを、計算機がわかる形に翻訳するということである。例えば、町内会の会合では、図3に示すように、町民Aは「夏祭りをやめるべきだ」という主張をしていて、それを「夏祭りが交通渋滞を引き起こして、それにみんな迷惑している」という根拠が支えている、という構造がある。さらに、この根拠は、「私と山田さんが迷惑だと思っている」という根拠によって支えられている。また、町民Bは、町民Aの主張に対して、「みんな楽しみにしている」ということを根拠として、「夏祭りを続けるべきだ」という反論を展開している。さらに、この「みんな楽しみにしている」ということの根拠は、「迷惑だという人を見たことがない」という根拠によって支えられている。まずはこうした構造を認識することにより、計算機にとってはただの文字の羅列でしかなかった議論に意味づけが行われるというわけである。こうした解析課題は議論マイニングの分野では論述構造解析（Argument Component Identification, Argument Structure Prediction）と呼ばれており、解析対象のテキストの種類によって

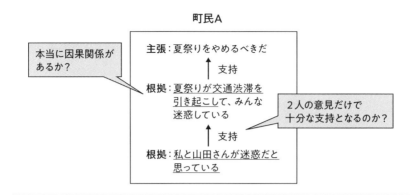

図4：町民Aの論述の品質評価

は、近年ある程度高精度な自動解析が可能になってきた。詳しくは2節に
て述べる。

　次に、議論の論理構造を解析できたら、これに基づいて「議論の良し悪
しを評価する」必要がある（図4）。すなわち、根拠が本当に根拠として機
能しているのか、誤った論理展開に基づく推論になっていないか、反論は
嚙み合っているか、といったことを検証する。例えば、図4に示すように、
町民Aの論理展開「私と山田さんが迷惑だと思っている」→「みんな迷惑
している」について見てみよう。実はこれは早まった一般化（Hasty Gener-
alization）と呼ばれる詭弁（logical fallacy）の一例である。「A、BがXをし
ている」ことを根拠として、「すべての人がXをしている」ということを
主張するものであり、町民Aの根拠は十分に信頼できないということを
認識する。こうした課題は議論マイニングの分野では論述品質評価
（Argumentation Quality Assessment）と呼ばれており、詳しくは、3節にて
述べる。

　本章ではこれ以降、それぞれ重要な要素技術である論理構造の可視化と
品質の評価について、理論と技術の現状・課題の両面を述べ、最後に今後
の展望について述べたい。

## 2. 論述構造解析

### ▶ 何が難しいのか

図3のような構造を計算機により自動認識する問題を考える。自然言語処理を含む計算機科学の世界では、まず解こうとする問題の入力と出力の仕様を明確に定める。定めた仕様をタスクと呼び、タスクを定めることをタスクの定式化と呼ぶ。図5に示すように、今日の議論マイニングの分野は、論述構造の解析に関して、(a) 論述要素認識 (Argument Component Identification)、(b) 論述要素分類 (Argument Component Type Classification)、(c) 論述関係同定 (Argumentative Relation Identification) という大きく三つのタスクに取り組んでいる (Stab and Gurevych 2018)。

論述要素認識では、まずは議論に関係のある部品、すなわち論述ユニット (Argumentative Discourse Unit) を抽出する。例えば、図5 (a) でいえば「夏祭りはやめましょう」を論述要素として抽出する。一方で、「もう、」や「いて、」は、掛け声や接続語であり、議論の中身とは本来関係のないものであるので、論述要素としては抽出しない。

論述要素分類では、構造の解析を論述ユニットの系列ラベリング問題とみなす。すなわち、論述ユニットの系列を入力とし、それぞれの論述ユニットについて「主張」「根拠」「関係なし」といった論述ユニットの種類を表すラベルを出力するタスクである。形式的に書くと、論述ユニットの系列 $a_1, a_2, \cdots, a_n$ を入力とし、それぞれのユニット $a_i$ について、ラベル

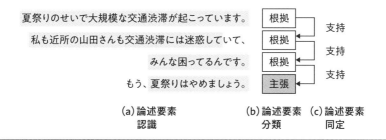

(a) 論述要素　　　(b) 論述要素　(c) 論述要素
　　認識　　　　　　　分類　　　　　同定

図5：論述構造解析の三大タスク

$y_1, y_2, \cdots, y_n$（$y_i$は「主張」「根拠」「関係なし」のいずれか）を出力する問題である。これは図5 (b) に示すように、議論の論述ユニットにあたる部分に対して、文字通りラベルを貼っていくことを想像していただくとわかりやすい。しかし、これだけでは、どの根拠がどの主張を支持するのか、また根拠を支持する根拠はどれなのか、といったより複雑な論述の構造を表現することができない。また、主張と主張が衝突するような「反論」の関係を表現することもできない。

　論述関係同定は、論述ユニットのペアを入力とし、その関係を「支持」「反論」「関係なし」に分類する問題である。あらゆる論述ユニットの対の集合 $\{(a_1, a_2), (a_1, a_3), \cdots, (a_n, a_{n-1})\}$ に対して、$y_1, y_2, \cdots, y_{n(n-1)}$（$y_i$は「支持」「反論」「関係なし」のいずれか）を出力する問題である。これは、図5 (c) に示すように、図5 (a) でマークした箇所の間に矢印を引き、そこに「支持」といった注釈を付けるものとご想像していただくとわかりやすいだろう。

　それでは、こうしたタスクを解くにあたり、どのような点が難しいのだろうか。まずは、自然言語処理の解析手法の歴史を簡単に振り返ってみよう。まず、物事を単純に考えてみると、論述要素分類のタスクでは、論述ユニットに「べき」という単語が含まれていれば「主張」を出力、「なぜなら」が含まれていれば「根拠」を出力するプログラムを作ることができそうだ。実際に、自然言語処理研究の初期 (〜1990年代) は、タスクを解くための規則を人手により書くルールベースのアプローチが主流であった。しかし、お察しのとおり、「べき」が含まれていても主張でないといった例外は多々あり、そのためのルールをすべて人手により書き尽くすことは難しい。こうして、2000年代は出力ラベルと文の特徴の関係をラベル付きのデータセットから統計的に学習する、いわゆる統計的機械学習のアプローチの時代に突入した。これにより様々な分野が躍進を遂げたが、文の特徴を表現するための特徴量は依然として人手により設計する必要があり、いかにそのタスクに役に立つ特徴量を巧妙に設計できるかがタスクを精度良く解く鍵であった。基本的には、解析対象の文に含まれる単語の集合 (Bag-of-Words) を基本として、そこにタスク特有の特徴量 (例えば、文に

「べき」が含まれるかどうか）を追加していくというものであった。

　言語の処理は、画像や音声などの信号の処理とは異なり、基本的に入力されるのは文字、すなわち記号の列である。ここで難しいのは、同義語、すなわち似た意味を持つ全く異なる記号の列が無数に存在するということである。例えば、「靴」と「ブーツ」は私たち人間にとってはほぼ同じ意味であるが、記号列としては全く異なる。逆に、全く意味が異なるよく似た記号列もある。例えば、「太郎が次郎を殴った」と「太郎を次郎が殴った」は、記号列としては2文字しか違わないものの、その意味は全く異なる。人間はこうした些細な違いをほぼ無意識に処理できるのであるが、計算機には記号の類似性の情報がないため（また、それを網羅的に持たせることも難しいため）、人間のように柔軟な意味解釈を行うことは非常に困難である。自然言語処理の難しさはここに終始するといっても過言ではない。文の特徴量を人手により設計するということは、こうした問題をいかに解決するかを考えるということでもあった。

　ところが、2010年代に入って、こうした意味の問題を大きく前進させる出来事が起きた。本章を読む読者であれば一度は聞いたことがあろう、深層学習の登場である。2012年に開催された世界的な画像認識コンテストにおいて、人間の神経ネットワークを模した深いニューラルネットワーク（Deep Neural Network）に基づく手法が大きく成功を収めたことがきっかけとなり、自然言語処理でも様々なタスクがニューラルネットワークにより解かれるようになり、その有効性が次々に示されていった。ニューラルネットワークに基づくアプローチの革命的な点は、統計的機械学習の時代と異なり、タスクを達成するのに有用な文の特徴量それ自体を学習できるという点である。先に述べたように、文の特徴量を設計することに苦心していた自然言語処理研究者にとっては、これは非常に強力な武器となった。記号の意味を実数ベクトルにより表現し、ベクトルの類似度をもって記号間の意味の類似性を測るのである。これらのベクトルは、埋め込み（Embedding）と呼ばれ、単語、句、文、段落、文章など、様々な言語単位で埋め込みを考えることができる。

　この手法の一つの大きな利点は、これらのベクトルの計算の仕方を自分

で設計する必要はなく、大規模なテキストデータがあれば、そこから高品質な埋め込みを学習可能であるという点である。ある文脈が与えられたときに、次の単語を予測できるような埋め込みを学習することにより、その埋め込みは単語の意味をうまく表現できるようなものになるということがわかっている。これを言語モデル（Language Model）の学習と呼ぶ。こうして学習された埋め込みは、自然言語処理の様々なタスクに効果的であることが報告されており、それまでのタスク個別的なアプローチから、どのタスクにも有用な言語モデルを出発点とし、それを各タスクにチューニングするというアプローチに変わっていった。代表的な埋め込みの学習手法には、単語の埋め込みを学習するword2vec（Mikolov et al. 2013）、さらに、周辺の文脈を考慮した単語の埋め込み（contextualized word embedding）と文の埋め込みを学習するELMO（Peters et al. 2018）、BERT（Devlin et al. 2019）などが挙げられる。こうして学習された埋め込みは、誰もが手軽に利用できるような形で公開されており、多くの研究者がこれを利用して自然言語処理の研究を進めている。

　意味の問題の緩和は、入力と出力の関係をパタン的に捉えられるタスク（いわゆる、パタン認識的なタスク）に特に大きな効果をもたらした。例えば、論述要素分類はまさにこうしたタスクである。どのような文が主張になりうるか、根拠になりうるかというのは、文のパタンからかなり推測ができそうである。実際に、限られた解析対象であれば高精度な解析ができるという報告がある（栗林ほか 2020；内藤ほか 2020）。一方で、高次の理解を必要とするようなタスクについては、課題は山積である。例えば、論述関係同定のタスクはまさにこれにあたる。ある論述ユニットA1が別の論述ユニットA2を支持するか反論しているかは、A1で述べられている内容が、A2を補強しようとしているのか、それとも反証しようとしているのかを論述の内容に鑑みて判断することが必要である。しかし、限られたデータからこうした判断のヒントを学習するのは非常に難しい。

　賢明な読者は、そんなことはない、質問応答などの高次な理解を必要とするタスクでも人間を越えたという報告がある（CNet Japan 2018）、というだろう。しかし、最近の研究では、こうした結果は必ずしも計算機の高次

の理解によりもたらされたものではないことが示唆されている（Sen et al. 2020）。質問応答の評価データセットの中に、高次の理解なしに回答が分かってしまうヒントが潜んでおり、計算機はこのヒントを元に回答をしているというのである。例えば、あるデータセットにおいて、「誰」で始まる質問に対する回答の多くが、与えられた文章の一番最初に出てくる人物である場合、計算機は「「誰」で始まる質問が入力されたら、文章に初出の人物を回答として出力する」という高次の理解からは程遠い推論規則を学習してしまう傾向がある。

　深層学習による分野の進展は、意味の問題の緩和を大きく進展させたが、議論の支援のような高次の推論を必要とする問題に対してはそこまで大きな効果を発揮しておらず、そこには依然として大きな課題が残っている。

### ▶ 技術の現状

　論述構造解析の難しさについてご理解していただいたところで、論述要素分類の最先端の解析手法を図6を用いてご紹介しよう。ここでは数理的な話が中心となるが、高校数学程度の知識があれば理解できる内容なので、興味のある読者はぜひお付き合い願いたい。

　ここでは、「夏祭りをやめるべきだ。みんな困っているからだ。」という論述文を入力として、それぞれの文を「主張」または「根拠」に分類することを考える。手法によって細部は異なるものの、基本的な流れは概ね次のようなものである。まず、入力文を単語に分割し、各単語を埋め込みにより表現する。次に、これらの埋め込みに対していくつかの操作を適用し、「文」の埋め込みを得る。これを文の特徴量とみなし、主張・根拠の分類器の入力とし、最終的な分類結果を得る。

1. 単語分解　入力された文章は、そのままでは計算機にとっては単なる文字の羅列である。そこでまず必要になるのは、入力文を単語の単位に分けることである。この分割は、形態素解析と呼ばれ、古くは1990年代から研究されており、新聞記事のような形式的な文章

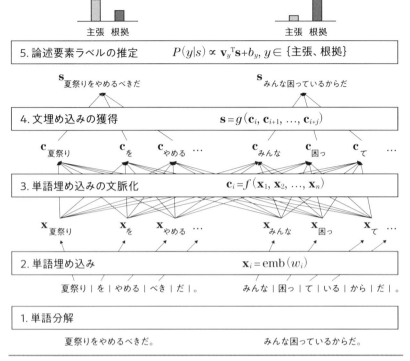

図6：論述要素分類モデルのアーキテクチャ

であれば高精度に解析できることが知られている。英語の場合には、文はすでにスペースで単語が区切られているため、この処理の代わりに単語分割 (tokenization) と呼ばれる処理が行われる。例えば、"Mr. President, it's time." を "Mr." "President" "," "it" "'s" "time" "." の7個の単語に分割する。

　しかし、単語を単位とする分割では、分類器の学習時に存在しなかった単語が解析時に出てきたときに、解析の精度が下がってしまうという問題があった。そこで最近では、サブワードと呼ばれる、未知の単語は単語の部分文字列として表現した上で解析する手法が主流となりつつある。例えば、"working" を "work" と "ing" の2種類に分割して表現しようという話である。また、分割さえせず

に、1文字を単位として処理を行うという方向性も存在する。以降では単語を単位とした前提で話を進めるが、サブワードや文字を単位とする場合でも全く同じ処理が行われると思ってよい。

2. 単語埋め込み　次に、各単語の意味をベクトルで表現するために、各単語に埋め込みを割り当てる。まず、$N \times D$の行列を用意しておく。ここで、$N$は単語数、$D$は単語埋め込みの次元数であり、行列の各行が単語埋め込みに対応する。つまり、ここでの処理は、単にこの行列から対応する単語埋め込みを引っ張ってくる（ルックアップと呼ばれる）だけである。典型的には、単語数$N$は、手元にある議論のデータに頻出する上位10万単語などが用いられる。単語埋め込みの次元$D$は、50から1024がよく用いられ、最終的には実験により理想的な値を決める。図中では、このルックアップを$\mathbf{x}_i = \mathrm{emb}\,(w_i)$として表現している。以後、$i$番目の単語の単語埋め込みを$\mathbf{x}_i$と表現する。

3. 単語埋め込みの文脈化　単語の意味は、周辺の文脈から決まる。例えば、「単位」という名詞を考えたとき、「大学で単位を取る」という場合と、「リットル単位で計測する」という場合では、その意味は大きく異なる（こうした問題は語義曖昧性と呼ばれる）。代名詞の場合はさらに深刻である。「プチッという音。これが好きなんです」と「いきなり罵倒された。これは許せない」では、「これ」の意味は全く違う（こうした現象は照応と呼ばれる）。しかしこれに反して、1の処理により得られる単語埋め込みは、文脈に全く依存しないものである。

　そこで近年の自然言語処理では、単語埋め込みを周辺の文脈の単語埋め込みと合成して「文脈化」された単語埋め込みを作ることが一般的になっている。数式的に書くと、合成する関数を$f$としたとき、新たな文脈化単語埋め込み$\mathbf{c}_i$は$f(\mathbf{x}_1, \mathbf{x}_2, \cdots, \mathbf{x}_n)$により得られる、ということである。この関数$f$は、近年ニューラルネットワークを用いて設計することが典型的である。よく用いられるのは、リカレントニューラルネットワークの一種であるLong Short-Term

Memory (LSTM) やGated Recurrent Unit (GRU) である。また、最近は、Googleの研究グループが発表したTransformer (Vaswani et al. 2017) に代表されるSelf-Attentionと呼ばれるアーキテクチャが有効であることがわかってきている。近年その有効性が示されているBERT (Devlin et al. 2019)、GPT-3 (Brown et al. 2020) などはこのアーキテクチャに基づくものである。

4．文埋め込みの獲得　各単語の埋め込みができたら、次は「文」の意味を表現する埋め込みを作る。基本的には、これは文に含まれる単語に対応する文脈化単語埋め込みを合成する。文$a$の埋め込み$s_a$は、$a$を構成する単語の文脈化単語埋め込みを$\mathbf{c}_1, \mathbf{c}_2, \cdots, \mathbf{c}_n$, 合成関数を$g$とすると、$g(\mathbf{c}_1, \mathbf{c}_2, \cdots, \mathbf{c}_n)$により表現できる。この$g$についても様々なバリエーションが考えられるが、単に文頭の文脈化単語埋め込みと文末の文脈化単語埋め込みを結合するものや、すべての文脈化単語埋め込みの平均を取るものが用いられる。文の埋め込みの世界もまた、奥深い。実は、単語埋め込みの平均を取るだけである程度高品質な文の埋め込みが得られるということも報告されている (Arora et al. 2017)。

5．主張・根拠への分類　文の意味を表現する「埋め込み」が得られたら、次はこれを特徴量として主張・根拠への分類を行う。基本的には、文の埋め込みを説明変数（ここで、埋め込みの各次元の値が説明変数となる）、「ある文が主張（根拠）であるか」ということを被説明変数とみなして重回帰分析を行うイメージである。すなわち、$\mathbf{v}$を説明変数の重みのベクトル表現、$\mathbf{s}$を文の埋め込み、$b$をバイアス項、$y$を文$s$が主張であるかという被説明変数とすると、$y = \mathbf{v}^\mathrm{T}\mathbf{s} + b$を計算する。これを主張・根拠・関係なしの各ラベルについて計算し、スコアが高いラベルを最終的に出力する。実際には、この分類にも非線形活性関数が用いられたり、多層パーセプトロンによる実現が行われるが、基本はこれである。これで、やっと各文の論述要素分類が完了したというわけである。

単語埋め込みやそれらを合成する関数 $f$, $g$, $\mathbf{v}$, $b$ はモデルのパラメタと呼ばれる。これらのパラメタは、論述要素分類ラベルの付いたデータセットを用いて推定される。これを学習と呼ぶ。以下、具体的な学習の方法について説明する。

1. **損失関数の定義**　あるパラメタ $\theta$ が与えられた際、そのパラメタの悪さを測る関数 $L(\theta)$ を考えてみよう。これがあれば、学習の問題は、$L(\theta)$ を最も小さくするようなパラメタ $\theta^*$ を求める問題に帰着できる。機械学習の分野では、このような関数を損失関数と呼ぶ。損失関数には様々なものが提案されているが、基本的な考え方は、正解のラベルに対してモデルが与えるスコアのマイナスを取るということである。例えば、二つの文 $s_1$, $s_2$ のそれぞれに対して正解ラベル「主張」「根拠」が与えられているとしよう。分類問題に用いられるクロスエントロピー損失では、$L(\theta) = -(\log P(y=主張 \mid s_1) + \log P(y=根拠 \mid s_2))$ とする。これを図示したのが図7である。$L(\theta)$ の値がちょうどお椀の底にくるように $\theta$ を調整すれば、最良のパラメタ $\theta^*$ が求められたことになる。

2. **損失関数の最小化**　では、そのようなパラメタ $\theta^*$ をどのように求めるか。ここでは、深層学習でも用いられる勾配法という手法を紹介しよう (図7)。基本的には、高校で習った偏微分を使って $\theta$ を繰り返し更新していき、$\theta^*$ に辿り着く。すなわち、$\theta$ を適当な値(ランダムな値でもよいし、教師なし学習によって推定しておいてもよい)に設定しておき、その位置での $L(\theta)$ の接線の傾きを求める。接線の傾きは、損失関数 $L(\theta)$ を $\theta$ により微分することでわかる。この接線の傾きを求めることで、$\theta$ をどう動かすべきかの指針が得られる。例えば図7で、いま $\theta_1$ にいるとすると、接線の傾きは正になる。よって、$\theta$ を左に動かせばよい。$\theta_2$ にいる場合には、接線の傾きは負になり、$\theta$ を右に動かせばよいということがわかる。こうして、徐々にパラメタを更新し、損失関数をなるべく小さくするようなパラメタ $\theta^*$ を求めるというわけである。

訓練データ：

| 入力文 | 正解ラベル |
|---|---|
| 夏祭りをやめるべきだ。 | 主張 |
| みんな困っているからだ。 | 根拠 |

損失関数：

$$L(\theta)=-(\log P_\theta(y=主張|s=夏祭りをやめるべきだ。)$$
$$+\log P_\theta(y=根拠|s=みんな困っているからだ。))$$

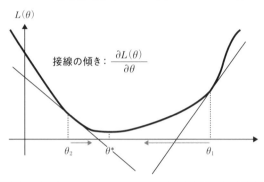

図7：損失関数の最小化

　なお、近年主流となっている推定手法は、まず言語モデルから得られる埋め込みを用いてモデルのパラメタの一部を初期化し、上述のように正解の論述要素ラベルを用いてパラメタの微調整を行う（ファインチューニングと呼ぶ）という手法である。

　こうして無事にモデルのパラメタが推定できたら、あとは未知のデータに対して、このパラメタを用いて論述要素ラベルを予測するというわけである。

### ▶現実世界の議論の支援に向けた課題

　小論文における論述要素同定、論述要素分類のタスクについては、かなり高い精度で解析できることが報告されている（栗林ほか 2020；内藤ほか 2020）。これに対し、論述関係同定については十分な精度が得られておらず、まだ研究の余地が多い分野であるといえる。特に、「〜だから」のよ

うな、解析のヒントの少ない問題に関する精度が低いとされている。こうした事例を正確に捕捉するには、計算機が苦手とする常識的知識を用いて根拠と主張の意味的な繋がりを正確に捉える、すなわち前述のような高次の推論が必要であるためだと考えられる。計算機に常識的知識をもたせる試みは日進月歩で進んでいるが、深層学習が意味の問題にもたらしたような、大きなブレークスルーはまだ起きていない。著者は、深層学習を用いて意味の問題を解消していきながら、これを高次の推論に活用できるような記号的な推論の枠組みが必要なのではないかと考えている。こうした方向性の研究は、ニューロ記号推論 (Neuro-Symbolic Reasoning) と呼ばれ、機械学習、自然言語処理の中でも一大分野になりつつある。現実の議論では、必ずしも「だから」などの手がかりとなる単語が現れるとは限らないため、こうした問題を解決することが一つの大きな課題となるだろう。

　もう一点の課題は、現状の研究のドメイン、すなわち研究対象のデータの種類の狭さである。現状の研究対象は、小論文とウェブフォーラムがその大半を占めており、リアルタイムに行われる議論、すなわちディベートや会議に関してはほとんど手付かずの状態である。静的な議論とリアルタイムな議論ではその性質が大きく異なる。例えば、リアルタイムな議論では、言い直し、繰り返し、聞き返しなどが頻繁に現れる一方、静的な議論では、これは書く過程である程度修正され、データ上には現れてこない。これを踏まえると、小論文やウェブフォーラムの上で精度良く動く論述構造解析器ができたとしても、これをすぐにリアルタイムな議論に持ち込むことは難しいだろう。著者としては、まずはデータを整備し、これを誰もが使える状態にすることが喫緊の課題だと考えている。

　議論マイニングに限らず、研究を進める上で「データ」は非常に重要である。上で述べたように、予測モデルの学習をするにも、予測モデルの評価をするにも、モデルの弱点を探すにも、とにかくデータが必要である。議論マイニングの世界では、小論文、ウェブフォーラムなどの「議論」を集め、ここに人手により予測させたいラベルを付与していく。一つの共通データができると、皆がそれを利用し、競い合い、一気に研究が進むのである。ディベートについては、こうした取り組みはまだ少ないものの、

徐々に始まりつつある（澤田ほか 2020; IBM Debate Speech Analysis Dataset 2020）。リアルタイムな議論の解析は、文字列だけでなく音声データや画像（動画）データをいかに有効活用するか、など、技術的にも興味深い課題が多く、これからの発展が楽しみな分野である。声の抑揚、身振り手振りを特徴量として利用し、今話していることが主張なのか根拠なのか、どの程度の自信を持って話しているかといった議論の構造をより精度よく認識できるようになるかもしれない。

# 3. 論述品質評価

▶ **評価軸を定義する**

　本節では、計算機により議論の良し悪しを評価する問題を考える。今日の議論マイニングでは、論述の品質評価の手法に関して様々な研究が行われているが、それ以前の問題として、どのような観点から「良し悪し」を定義するかということも重要なトピックの一つとなっている。冒頭の町内会の文脈を借りて、まずはこの課題の重要性を体感してみよう。町民Aが夏祭りを廃止すべき理由を、下記の2通り語ったとしよう。

理由1：
　町民A「先月の100人町民アンケートでは、町民の8割が交通渋滞に迷惑しているという結果が出ています。」

理由2：
　町民A「私の勤務先では、夏祭りの交通渋滞のせいで製品の配達が遅れる事態が出ています。」

　どちらの根拠がより良いと思うだろうか。理由1の方が、根拠の出処が明確で良い、というのは一つの考え方であろう。しかし、根拠の具体性・深刻性という観点では、理由1の方がより抽象的で漠然としており、理由

2の方が良さそうである。このように、単に「良いか悪いか」という直感的な基準だけでは評価の結果が一意に定まらず、正解のない問題になってしまうことがおわかりいただけるだろう。計算機による自動評価を考えるためには、こうした直感を言語化して「良し悪し」を具体的に定義し、多くの人が設問に対して同じような評価結果を出すように問題を整え、それを検証しておく必要がある。具体的には、評価の問題を設計した後、複数の人間に同じ問題を解かせてみて、その答えが互いにどの程度一致するかを調べる。これを作業者間一致率（Inter-Annotator Agreement）と呼び、議論マイニングに限らず、新たな問題を定義してデータセットを作った場合には必ず慣習的に行われる。

　Wachsmuth et al. (2017) のまとめによると、表1に示すように、これまで検討されてきた評価の観点は11種類の良し悪しの次元に分類できるといわれている。評価軸は大きく3点に分けられる。論理の適切さ（Cogency）は、論者の議論が論理的に正しいか、すなわち論者の主張が根拠によって正しくサポートされているか、といった観点である。伝え方（Effectiveness）とは、論者の議論がどれだけ説得的であるか、すなわち信頼性のある情報を引いているか、主張や根拠が漠然としていないか、という観点である。大域的な論理の適切さ（Reasonableness）とは、今論じている問題に議論がどれだけ関連するかという観点である。論理的に組み立てられた説得力のある議論ができても、それが議論している問題と関連のないことであれば、良い議論とはいえないというわけである。

　こうして問題を設計してデータセットを作るということは、人工知能研究では必ずといってよいほど行われるが、その設計方法自身が一つの研究トピックになるほど奥深い問題である。問題の定義が漠然すぎると、その結果が揺れてしまうのは上述のとおりであるが、逆に細かすぎる定義を与えると、例外に対処できなくなるし、何より作業者への負担が大きくなり（その定義を理解できない、作業ミスや作業時間が増大する）、その結果作業品質の低下が起きてしまう。論述品質評価の問題定義・データセット構築に関しては、こうして理論の整備、データセットの構築が繰り返し行われ一旦収束の兆しが見えてきているが、これも論述構造解析と同様に、主な研究対

| 評価の観点 | | 説明 |
|---|---|---|
| 論理の適切さ<br>（Cogency） | Local acceptability | 合理的に考えて根拠を信じられない理由があるか。 |
| | Local relevance | 根拠が結論の支持または反証に貢献しているか。 |
| | Local sufficiency | 結論を支える十分な根拠が提示されているか。 |
| 伝え方<br>（Effectiveness） | Credibility | 論述は信頼に足るものか。 |
| | Emotional appeal | 聴衆の感情に訴え、聴衆が論述を聞き入れるように議論ができているか。 |
| | Clarity | 論述は明確か。適切な言語を使っているか、不必要に複雑でないか、議題から逸脱していないか。 |
| | Appropriateness | 議論のスタイルは適切か。用いられている言葉が、信頼性や感情への訴えに貢献しているか。不必要に難しい語彙、文法を使っていないか。 |
| | Arrangement | 論点、主張、根拠を述べる順序は適切か。 |
| 大域的な論理の適切さ<br>（Reasonableness） | Global relevance | 想定聴衆が論述を受け入れうるか。 |
| | Global acceptability | 論述が論点の解決に貢献するか。 |
| | Global sufficiency | 想定される反論に対して論述が十分な反証力を持つか。 |

表1：議論マイニングの先行研究における11種類の論述評価軸（Wachsmuth et al. 2017）

象は静的な議論である。これを現実の議論支援に繋げるには、リアルタイムな議論への理論の適用、データセットの構築といったサイクルを通して評価の問題を定義することが最初に必要な一歩であろう。

## ▶ 品質評価技術の現状と課題

それでは、品質評価技術についてはどのような状況であろうか。議論マイニングには、エッセイスコアリング（Essay Scoring）と呼ばれる分野があり、小論文の自動採点について様々な研究がなされている。これは文字通り、小論文を入力としてその点数を出力するという課題である。「点数」の定義については散々議論したように、様々な観点が考えられるが、総合

点といった粗い点数、構成の良さ、議論の強さなどといった細かい粒度の点数まで、様々な種類の点数が対象とされている。

エッセイスコアリングに次いで大きいのが、ディベートフォーラムなどのネットユーザーの議論の自動評価に関する研究である（Wachsmuth et al. 2017; Habernal et al. 2018; Gleize et al. 2019）。先に紹介した Wachsmuth et al.（2017）では、ウェブフォーラムの議論に対して、11種類の評価軸で点数を付与したデータセットを構築している。2節で述べたように、ディベートなどのリアルタイムな議論に関する研究はまだまだ少ないものの、ある程度進みつつある（澤田ほか 2020）。

次に、具体的な論述品質の評価手法について触れる。評価軸さえ決まってしまえば、論述の品質評価の問題は、議論を入力とし、点数を表現する実数（または整数）を出力するという問題に落とし込むことができる。近年の自動評価の手法としては、やはり2節の論述構造同様、深層学習を活用して議論の埋め込みを計算し、点数評価の問題を回帰問題として解く、というのが主流である。

図8に、近年の自動評価モデルの典型的な仕組みを示す。基本的な構造は、2節の論述構造解析モデルとほぼ変わらないため、一部を省略している。注目すべき点は、単語埋め込みの文脈化の後ろである。すなわち、文の埋め込みを作るのではなく、文書の埋め込み、すなわち議論全体の埋め込みを作る、という点である。文の埋め込みと同じように、文書の埋め込みを $\mathbf{d}$ とおき、単語埋め込みの合成関数を $g$ とおくと、$\mathbf{d} = g(\mathbf{c}_1, \mathbf{c}_2, \cdots, \mathbf{c}_n)$ を計算するということである。

論述構造解析に比べて難しいのは、やはりこちらの問題のほうが入力長が圧倒的に長く、評価に重要な情報をいかに落とさずに文書の埋め込みを作るかという点である。典型的には、各次元の最大値を集める最大プーリング（max pooling）、平均を取る平均プーリング（mean pooling）などが用いられる。最先端の研究では、Longformer と呼ばれる、長い入力を扱える BERT を用いたモデリングがエッセイスコアリングに有効であることが知られている（Mim et al. 2020）。

文書の埋め込みが得られたら、あとはこれを特徴量として点数を求め

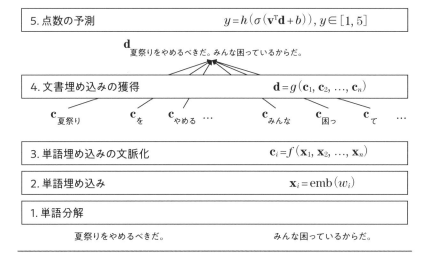

点数2.31

| 5. 点数の予測 | $y = h\left(\sigma\left(\mathbf{v}^{\mathrm{T}}\mathbf{d}+b\right)\right), y \in [1, 5]$ |

$\mathbf{d}$
夏祭りをやめるべきだ。みんな困っているからだ。

| 4. 文書埋め込みの獲得 | $\mathbf{d} = g\left(\mathbf{c}_1, \mathbf{c}_2, ..., \mathbf{c}_n\right)$ |

$\mathbf{c}_{夏祭り}$　$\mathbf{c}_{を}$　$\mathbf{c}_{やめる}$ …　$\mathbf{c}_{みんな}$　$\mathbf{c}_{困っ}$　$\mathbf{c}_{て}$ …

| 3. 単語埋め込みの文脈化 | $\mathbf{c}_i = f\left(\mathbf{x}_1, \mathbf{x}_2, ..., \mathbf{x}_n\right)$ |
| 2. 単語埋め込み | $\mathbf{x}_i = \mathrm{emb}\left(w_i\right)$ |
| 1. 単語分解 | |

夏祭りをやめるべきだ。　　　　　　みんな困っているからだ。

図8：論述品質評価モデルのアーキテクチャ

る。これも2節同様、重回帰分析と同じようなことをする。すなわち、点数を$y$とし、重みベクトルを$\mathbf{v}$、バイアス項を$b$とし、$y = \mathbf{v}^{\mathrm{T}}\mathbf{d}+b$を計算する。ここで、点数を所望の範囲に収めるために、シグモイド関数と呼ばれる関数$\sigma$を通し、まずは点数を$(0, 1)$の区画に収める。続いて、これを所望の点数の範囲に変換するために、スケーリング関数$h$を通す。1〜5点としたいなら、$h(x) = 4x+1$といった具合である。モデルパラメタの学習については、2節同様、大規模なコーパスで初期値を決めたあと、これを人間の付与した点数のデータの上でファインチューニングを行うのが定石となっている。

　こうしたアプローチは、限られたドメインにおいてはある程度の成功を収めている。最近の研究 (Mim et al. 2020) では、小論文の5段階評価において、誤差0.2点程度で正確に点数を予測することができるという報告もある。しかし、一つの大きな課題は、その予測結果の説明を出力できないという点である。冒頭で述べたように、議論支援への応用を考えると、これは望ましくない性質である。議論のどこがどう悪いのか、説明が全くな

く、どこをどう直して議論を立て直していけばよいのかわからないからである。これでは、議論の生産性の向上には繋がらないし、「教育としての支援」を期待することもできないだろう。

　なお、こうした問題は説明性（explainability）とか解釈性（interpretability）といったキーワードで、人工知能研究全体の重要課題の一つになっている。特に、昨今は深層学習が広く用いられているが、深層学習は予測精度こそ高いものの、その中身は複雑なブラックボックスの関数であり、予測結果に対する説明を与えることが困難である。上述の最先端のモデルについて、ある点数が出たときに、その予測の理由を出力できそうであろうか。回帰問題となっているため、どの単語を重視して点数を計算したのかはわかるのだが、私たちが求めているフィードバックは、「この主張が弱い」とか「根拠があまりサポートになっていない」といった説明である。こうした背景から、深層学習の予測結果に説明をつけるための手法が盛んに研究されているが、まだまだ決定的な解決策は生まれていないのが現状である。

　なお、論述に対してフィードバックを返すことだけが目的なのであれば、論述構造解析、論述品質評価、と段階的に解析を積み重ねていくのではなく、議論 $x$ とフィードバック $y$ の関係を表す関数 $y = f(x)$ を、大規模なデータから直接的に学習する方式を考えることもできる。これは、エンドツーエンド（end to end）の解析手法と呼ばれるものであり、深層学習の台頭とともに主流なアプローチになりつつある。しかしながら、前述したように、論述に対するフィードバックのような高次な理解を要する問題では、学習する関数の複雑さに対して十分な量のデータが集まらない可能性があり、著者はこの方式は適さないと考えている。また、もう一つの問題として、説明性の問題もある。論述がどのように解釈されてそのフィードバックを生成したのかが議論の支援では重要だが、この方式ではそれは簡単には見えてこないのである。これ以降は、こうした問題への一つの解決策について議論してみたいと思う。

## ▶ 点数からコメントへ

　説明性の高い論述品質評価の方法として、深層学習とニューロ記号推論を組み合わせたようなアプローチが有効であると著者は考えている。具体的には、すべてをブラックボックスの関数で処理するのではなく、論述のパタンを認識し、これに基づいて論述の評価なり改善案の提示なりを行うという枠組みである。議論学の分野では、人々の論述はパタンとして類型化できることがわかっており、これを活用する。

　「悪い」議論の典型例は、議論学では詭弁（fallacy）として知られており、約300種類の詭弁があるとされている（Logically Fallacious 2020）。いくつか代表的な詭弁の例を挙げておく。

- Slippery Slope：いくつかの悪いことが観察されたことを根拠に、これからさらに悪いことが起こることを主張する論法。「今年は消費税が３％から５％に上がったよ。このままではどんどん上がり続けてすぐに20％になってしまうよ。」消費税が２％上がったことだけを根拠にしてさらにそれが上がり続けるということを主張するのは無理がある。

- Appeal to Tradition：古くからあるものは重要であるということを根拠に、主張を展開する論法。例えば、「校則で染髪を禁止すべきなのは当然ですよ。昔からそうだったのですから。」といった議論。昔からそうだというのは単なる事実であり、染髪を禁止することの合理的な説明には全くなっていない。

- False Dillema：実際には三つ以上の選択肢があるのに、あたかもAとBの二つしか選択肢がないようにふるまい、議論を展開する論法。例えば、「夏祭りが廃止できないのなら、うちの会社は潰れるしかないですよ。やはり夏祭りを廃止する以外に手はないですよ」といった議論。これから起こることは、あたかもA「夏祭りを廃止する」かB「会社が潰れる」しかないように錯覚させた上で、最悪の選択肢であるBを潰し、所望の選択肢Aを選ばせている。

- Hasty Generalization：少数の事例を観察したことを根拠に、これ

を「みんなそうだ」と一般化する論法。冒頭の町内会における町民Aの議論がその実例である。

　こうした悪い論述のパタンを認識することができれば、「あなたの議論は早まった一般化になっている」といったフィードバックができるようになり、確実に現実世界の議論支援に一歩近づくであろう。

　もう一つの可能性として、日常の議論で典型的に用いられる論証を約60のパタンに類型化したArgumentation Schemes（Walton 2008）を使うことも考えられる。それぞれの論証（スキーム）は、基本的には前提（Premise）と結論（Conclusion）からなる。さらに、論述の強さを評価するための批判的質問（Critical Question, CQ）と呼ばれる、論述に対する典型的な批判的な質問が付随しており、これに答えられるような論述が強いとされる。

　例えば、冒頭の町内会での町民Aの主張は、「夏祭りを実施することが、交通渋滞という悪い結果を引き起こす」ということを根拠として、「夏祭りを廃止すべきだ」ということを主張するものと解釈できる。これは、Argumentation Schemes でいうところの結果からの議論（Argument from Consequence）というスキームであり、次のような形をしたものである。

- 前提：$X$を実行すると、良い（または悪い）結果 $Y$が起こる
- 結論：$X$をすべきである（またはすべきでない）
- CQ：(1) $Y$はどれほど起こりやすい事柄か？　(2) $X$と$Y$に因果関係があるか、あるならばその証拠は何か？　(3) $Y$の他に考慮すべき悪い（または良い）結果はないか？

町民Aの主張をこのスキームに当てはめると、次のように表現できる。

- 前提：夏祭りを実施する（＝$X$）と、交通渋滞（＝$Y$）という悪い結果が起こる

- 結論：夏祭りを実施する（＝ X）べきでない
- CQ：(1) 交通渋滞はどれほど起こりやすい事柄か？ (2) 夏祭りと交通渋滞に因果関係があるか、あるならばその証拠は何か？ (3) 交通渋滞の他に考慮すべき良い結果はないか？

　このスキームの他にも、専門家の意見に基づく論証（Argument from Expert Opinion）、例に基づく論証（Argument from Example）など、様々な種類の議論が形式化されている。こうした論述のパタンを認識できると、CQをもとに、論述を様々な観点から評価し、改善案の提示を行う問題を考えることができるだろう。町民Aの論述に関して、それぞれのCQについて考察してみよう。

- CQ1：元の議論では触れられていない（評価）。普段の交通渋滞の発生頻度を言えるとよいだろう（改善案）。
- CQ2：証拠は「私と近所の山田さんがそういっている」ということであるが、これだけでは不十分だ（評価）。過去数十年分、夏祭りを実施した日の交通量のデータと、平均の交通量を述べられるとよいだろう。さらに、交通量が増える原因が夏祭りであることを強く示すデータを提示できるとよいだろう（改善案）。
- CQ3：触れられていない（評価）。夏祭りの実施により、「町民の交流が促進される」「経済効果が期待される」といった良い結果が考えられそうだ。実際の議論では、これを想定反論として提示した上で、「もちろん夏祭りには……というメリットもあるが、これは他に小規模な交流イベントを頻繁に実施すれば同様の効果を得られる」というように予防線を張っておくと、より強い議論になりそうだ（改善案）。

　これだけの情報をフィードバックとして返せるようになれば、議論の支援としては十分に機能するであろう。
　こうした論述のパタンを認識する研究は、深層学習時代以前に一部見ら

れるものの (Feng et al. 2011; Reisert et al. 2018)、高精度にパタン認識がで
きる段階には至っていない。しかし、論述パタンの認識問題は、いわば論
述構造解析の粒度を細かくしたパタン認識的な問題であり、2節で論じた
ように、こうした問題を解くのは深層学習に基づくアプローチの得意分野
である。研究の第一歩として、論述パタンのデータセットの整備、及び埋
め込みを活用した論述パタンの認識器を作ることが考えられる。


# 4. まとめと今後の展望

　本章では、コミュニケーション場の効率化を図るための情報通信技術的
な支援の可能性について論じた。計算機による議論の支援に必要な論述構
造解析、論述品質評価を取り上げ、その現状と課題について述べた。両タ
スクともに、特定の分野では高い精度で解析ができつつあるものの、現実
世界で行われるようなリアルタイムな議論についてはまだ多くの手つかず
の課題が残っていることに触れた。また、論述品質評価については、評価
結果に対して説明を与えることができないという大きな課題に触れ、これ
に対する解決策について論じた。

　本章を通して、情報通信技術的な議論の支援への可能性を感じていただ
く一方で、その実現には乗り越えなければいけない障壁が多々あることを
実感していただけたら幸いである。こうした議論の支援ができた暁には、
次のステップとして、情報通信技術による支援を導入することにより、コ
ミュニケーション場のメカニズムがどのように変化するのかを明らかにし
たい。計算機による支援を導入することで、コミュニケーション場はどの
ような設計変数を新たに持つことになるのか。また、それらの設計変数
は、コミュニケーションの本来の目的の達成にどのように貢献するのか。
こうした問いを明らかにすることで、計算機による支援が目指すべきもの
がクリアになっていくだろう。

　さらに、計算機による議論の支援の形として、「教育としての支援」を
推し進めたい。人々が行った議論にフィードバックをするだけでなく、計

算機自身が議論の練習相手になってくれるような支援を考えるのも興味深いだろう。これは、議論マイニングの分野では、議論生成（Argument Synthesis）と呼ばれていて、まだまだ研究は始まったばかりである。ユーザーの議論に対する反論の生成（Hua et al. 2018）から交渉的な発話の生成（He et al. 2018）まで様々な試みがなされており、これからの発展が楽しみな分野である。

　なお、本章で人工知能技術、特に自然言語処理の研究に興味を持ち、もう少しその中身を勉強してみたいという読者の皆様には、奥村（2010）；黒橋（2016）からスタートしてみることをお薦めする。また、東京都立大学自然言語処理研究室小町研のウェブページ（自然言語処理を学ぶ推薦書籍2021）では、自然言語処理の学習に役立つ最新の書籍が常に更新されており、そちらも併せて参照されたい。

### 参考文献

Arora, S., Y. Liang, and T. Ma (2017) A Simple but Tough-to-Beat Baseline for Sentence Embeddings; Proceedings of the 7th International Conference on Learning Representations.

Brown, T. B., B. Mann, N. Ryder, M. Subbiah, J. Kaplan, P. Dhariwal, A. Neelakantan, P. Shyam, G. Sastry, A. Askell, S. Agarwal, A. Herbert-Voss, G. Krueger, T. Henighan, R. Child, A. Ramesh, D. M. Ziegler, J. Wu, C. Winter, C. Hesse, M. Chen, E. Sigler, M. Litwin, S. Gray, B. Chess, J. Clark, C. Berner, S. McCandlish, A. Radford, I. Sutskever, and D. Amodei (2020) Language Models are Few-Shot Learners. arxiv preprint.

Devlin, J., M. Chang, K. Lee, and K. Toutanova (2019) BERT: Pre-training of Deep Bidirectional Transformers for Language Understanding; Proceedings of the 2019 Conference of the North American Chapter of the Association for Computational Linguistics: Human Language Technologies, Volume 1 (Long and Short Papers). pp. 4171-4186.

Feng, V. W., and G. Hirst (2011) Classifying arguments by scheme; Proceedings of the 49th Annual Meeting of the Association for Computational Linguistics: Human Language Technologies. pp. 987-996.

Gleize, M., E. Shnarch, L. Choshen, L. Dankin, G. Moshkowich, R. Aharonov and N. Slonim (2019) Are You Convinced? Choosing the More Convincing Evidence with a Siamese Network; Proceedings of the 57th Annual Meeting of the Association for Computational Linguistics, pp. 967-976.

Habernal, I., H. Wachsmuth, I. Gurevych, and B. Stein (2018) Before Name-Calling: Dynamics and Triggers of Ad Hominem Fallacies in Web Argumentation; Proceedings of the 2018 Conference of the North American Chapter of the Association for Computational Linguistics: Human Language Technologies, Volume 1 (Long Papers). pp. 386-396.

He, H., D. Chen, A. Balakrishnan, and P. Liang (2018) Decoupling Strategy and Generation in Negotiation Dialogues; Proceedings of the 2018 Conference on Empirical Methods in Natural Language Processing. pp. 2333-2343

Hua, X., and L. Wang (2018) Neural Argument Generation Augmented with Externally Retrieved Evidence; Proceedings of the 56th Annual Meeting of the Association for Computational Linguistics, Volume 1: Long Papers, pp. 219-230.

Mikolov, T., I. Sutskever, K. Chen, G. S. Corrado, and J. Dean (2013) Distributed Representations of Words and Phrases and their Compositionality; Advances in Neural Information Processing Systems.

Mim, F. S., N. Inoue, P. Reisert, H. Ouchi, and K. Inui (2020) Corruption Is Not All Bad: Incorporating Discourse Structure into Pre-training via Corruption for Essay Scoring. arxiv preprint.

Peters, M., M. Neumann, M. Iyyer, M. Gardner, C. Clark, K. Lee, and L. Zettlemoyer (2018) Deep Contextualized Word Representations; Proceedings of the 2018 Conference of the North American Chapter of the Association for Computational Linguistics: Human Language Technologies, Volume 1 (Long Papers). pp. 2227-2237.

Reisert P., N. Inoue, T. Kuribayashi, and K. Inui (2018) Feasible Annotation Scheme for Capturing Policy Argument Reasoning using Argument Templates; Proceedings of the 5th Workshop on Argumentation Mining.

Sen, P., and A. Saffari (2020) What do Models Learn from Question Answering Datasets?; Proceedings of the 2020 Conference on Empirical Methods in Natural Language Processing, pp. 2429-2438.

Stab, C., and I. Gurevych (2017) Parsing Argumentation Structures in Persuasive Essays; Computational Linguistics, Volume 43, Issue 3. pp. 619-659.

Toulmin, S. E. (1958) The Uses of Argument, Cambridge University Press, updated edition (2003). 戸田山和久・福澤一吉訳『議論の技法——トゥールーミンモデルの原点』東京図書、2011年

Vaswani, A., N. Shazeer, N. Parmar, J. Uszkoreit, L. Jones, A. N. Gomez, Ł. Kaiser and, I. Polosukhin (2017) Attention is All you Need; Advances in Neural Information Processing Systems.

van Eemeren, F. H., B. Garssen, E. C, W. Krabbe, A. F. S. Henkemans, B. Verheij, and J. H. M. Wagemans (2014) Handbook of Argumentation Theory, Springer.

Wachsmuth, H., N. Naderi, Y. Hou, Y. Bilu, V. Prabhakaran, T. A. Thijm, G.

Hirst, and B. Stein (2017) Computational Argumentation Quality Assessment in Natural Language; Proceedings of the 15th Conference of the European Chapter of the Association for Computational Linguistics, Volume 1, Long Papers. pp. 176-187.

Walton, D., C. Reed and F. Macagno (2008) *Argumentation Schemes*. Cambridge University Press.

栗林樹生・大内啓樹・井之上直也・鈴木潤・Paul Reisert・三好利昇・乾健太郎 (2020)「論述構造解析におけるスパン分散表現」『自然言語処理』Vol. 27, No. 4, pp. 753-779.

内藤昭一・井之上直也・乾健太郎 (2020)「論述構造解析における事前学習済み言語モデルの有効性検証」『言語処理学会第26回年次大会論文集』pp. 275-278.

澤田慎太郎・中川智皓・新谷篤彦・井之上直也 (2020)「対話的議論の自動評価に向けたディベートデータセットの構築」『言語処理学会第26回年次大会論文集』pp. 708-711.

CNet Japan. https://japan.cnet.com/article/35113192/ (最終アクセス：2021/3/1)

IBM Project Debater. https://www.research.ibm.com/artificial-intelligence/project-debater/ (最終アクセス：2021/3/1)

Logically Fallacious. https://www.logicallyfallacious.com/ (最終アクセス：2021/3/1)

IBM Debate Speech Analysis Dataset. https://www.research.ibm.com/haifa/dept/vst/debating_data.shtml (最終アクセス：2021/3/1)

CBS News. https://www.nbcnews.com/tech/tech-news/have-you-read-something-written-gpt-3-probably-not-it-n1240384 (最終アクセス：2021/3/1)

D-Agree. https://d-agree.com/site/ (最終アクセス：2021/3/1)

奥村学 (2010)『自然言語処理の基礎』コロナ社

黒橋禎夫 (2016)『自然言語処理概論』サイエンス社

自然言語処理を学ぶ推薦書籍 (東京都立大学 自然言語処理研究室 小町研) http://cl.sd.tmu.ac.jp/prospective/readings (最終アクセス：2021/3/1)

# 第 8 章

# コミュニケーション場のシステム理論
## 論点整理と課題

### 谷口忠大

## 1. コミュニケーション場の階層性とその制御

▶ **コミュニケーション場をどう制御すべきか?**

　コミュニケーション場は自律分散システムである。その前提を第1章で共有し、これまで様々なトピックを紹介してきた。本章ではあらためて原点に立ち返り、これまでの研究事例や理論を踏まえながら、私たちがどのようにコミュニケーション場を制御すべきか、何を設計すべきか、そしてどのようにメカニズムの設計原理へと接近すべきかを論じたい（谷口 2019）。

　コミュニケーション場の改善を目指すにあたり「何を設計対象、工学的研究対象とすべきであるか?」という問いに対する答えがまず重要である。結論から先に述べると、これまでに話してきたようにコミュニケーション場のメカニズムを設計対象および研究対象にしようということとなる。ここでは、その結論に至る議論を演繹的に説明したい。

　ここでまず私たちが扱う存在が他律的に操作される機械システムではなく、自己閉鎖性と自己決定性を有した、自律的に動く人間の集まりであることを思い出そう。対象が機械や物質であれば私たちは所望の状態変数を定義してエネルギーを注入し、望ましい状態に向けて強制的に状態変化を起こす直接制御によって制御可能だ。しかし先に述べたように人間に強制

的に話させたり、強制的に理解させたり、脳内の情報を読み取ったりすることは不可能である。ゆえにそのような自律分散システムに対する周縁制御（もしくは間接制御）こそが向き合うべき制御問題となる。

　もしかすると「コミュニケーション場は生き物であり制御不可能である」というナイーブな論を張る人がいるかもしれない。これは「制御」という言葉の意味を狭く解釈されているために生じる反論だ。「コミュニケーション場を改善したい」という言葉に異論を唱える人は少ないだろう。そうであれば、そこには良いコミュニケーション場のイメージがあり、その状態へとゆるやかに状況を変化させることを否定する人は少ないだろう。私たちがここで述べている制御とはそういう類のものである。一見、曖昧模糊（あいまいもこ）としたこのコミュニケーション場の制御概念に確たる理論的および実証的根拠を与えることこそ、コミュニケーション場のメカニズムデザインの学問的野心であると言えるだろう。

　ではコミュニケーション場の制御のために、私たちはどのような技術を開発すべきだろうか。その技術開発において私たちは技術の適用可能性を考慮しなければならない。何かの技術開発を行う際に、その技術は様々な場面で使用可能となることが望ましい。例えばせっかく開発した会議の改善手法がある特定のメンバーでのある特定の議題にしか使えないというのでは、技術開発に費やした労力が報われない。また生み出した技術がある学校の内部でしか用いることができないのであれば、それは日本中、世界中のコミュニケーションを改善することには役立たない。全国への展開可能性という意味では、適用可能性の高さはその普及活動のスケーラビリティ（拡張可能性）と呼んでもよいかもしれない。

　コミュニケーション場のメカニズムデザインの議論において、しばしばファシリテーター依存性という言葉が用いられる。ファシリテーター依存性の高いメカニズムでは、ファシリテーターが熟練していればコミュニケーション場を改善できるが、ファシリテーターが素人であればコミュニケーション場を改善できない。ファシリテーター依存性の高いメカニズムは結局のところ、これを多くの人々が利用できるようにするとなるとファシリテーター育成問題を抱えるはめに陥り、つまりはスケーラビリティに

欠陥を抱えることになる。ビブリオバトルはファシリテーター依存性が極めて低いことにより、10年も経たずに全国へと急速に広まった例である。一方で、パーラメンタリーディベートは基本的にはファシリテーター依存性が低いものの、「ジャッジの教育」というファシリテーター依存性問題を抱えている。普及活動のスケーラビリティという問題は、多くの場合、ファシリテーター依存性という言葉に置き換えられるのだ。

### ▶コミュニケーション場に潜む階層性

　コミュニケーション場にはシステムの階層性が潜んでいる。その視点から何を制御と設計対象とすべきかの議論を前に進めたい。

　「何を制御対象にすべきか」という問いは、「何を制御対象として捉えれば適用可能性の高い技術開発が可能か」という問いに帰着する。私たちはできるだけ多くのコミュニケーションを改善したいのである。その意味では、コミュニケーション場の構造を認識した上で、様々な状況で用いることのできる手法の開発可能性について、その技術開発の始めから考えるべきである。また「何を制御対象にすべきか」という問いは、コミュニケーション場における、どのような抽象度のある事象を制御対象とすべきかという問いに読み替えられる。この問いに対する答えを準備するためには、まずコミュニケーション場に潜む抽象度の階層性を把握することが望ましい。

　図1にコミュニケーション場の設計の階層性を表す概念図を示す。下から順に、コミュニケーションの軌跡、コミュニケーション場、コミュニケーション場のメカニズム、コミュニケーション場のメカニズムデザインの設計原理と名付けている。

　これはコミュニケーション場が自律分散システムであることを、つまり各主体が自己閉鎖性と自己決定性を持ち、振る舞うシステムであることを前提とすると、自然と現れてくる概念的階層性である。

　基本的に目で見て耳で聞いて観測できるのはコミュニケーションの軌跡だけであり、それより上の階層のものへと行くに従い、個別の発話や個別の場にしばられない抽象概念になっていく。これらを順に見ていこう。

| コミュニケーション場のメカニズムの設計原理 |
|:---:|
| 「コミュニケーション場のメカニズム」を生み出すための理論 |

| コミュニケーション場のメカニズム |
|:---:|
| ビブリオバトル、発話権取引、パーラメンタリーディベート、<br>ブレインストーミングなどの個別ルール |

| コミュニケーション場 |
|:---:|
| その場その場の参加者やテーマ、場所に応じた適用のための設計 |

| コミュニケーションの軌跡 |
|:---:|
| 現場で生じる参加者間のコミュニケーションそのもの |

図1：コミュニケーション場のシステム階層性

注：谷口（2019）を元に作成。

### ▶ コミュニケーションの軌跡

　コミュニケーションの軌跡とは発現するコミュニケーションそのものであり、実際のコミュニケーション場での発話内容や人々の振る舞い、時間の使われ方、参加者の内部状態変化などを表す。これはコミュニケーション場において発現した事象そのものである。このうち、会議におけるそれぞれの発言そのものなど観測可能な事象を、観測されたコミュニケーションと呼ぶことにする。

　多くの読者が「軌跡」という言葉の使い方に違和感を覚えるかもしれない。この言葉の用法は機械学習に基づく制御の分野で状態 $s_t$（state）と行動 $a_t$（action）の系列 $\tau = \{s_t, a_t, s_{(t+1)}, a_{(t+1)} \cdots\}$ を軌跡（trajectory）と呼ぶことに由来している（なおここで $t$ は時刻を表す添字である）。つまりコミュニケーション場における発話やその他の振る舞いを行動とみなし、それによる状態の変化を時系列として捉え、その全体を表現したのが軌跡なのである。

複数の主体が参加するコミュニケーション場で行われる発話や相互作用は情報として膨大であるが、「そのすべて」を表しているのがコミュニケーションの軌跡である。

コミュニケーション場が自律分散システムであることを考慮に入れると、誰が何を話すといった内容自体を制御することは難しい。これを制御しようとすることがコミュニケーション場の直接制御である。状態に対して適切な行動を出力する制御器 $a_t = U(s_t)$ を設計することで、対象システムの軌跡を所望のものに変化させようとするのが、制御工学における最適制御概念そのものであり、ここでのコミュニケーション場の直接制御に関わる議論はその学問的枠組みに一致している。

コミュニケーション場の直接制御は問題として解くことが不可能だとは言いきれないが、少なくとも高度なコミュニケーション技能は求められる。会話の中で人の発言を誘導しようとしたり、催眠術にかけて発言や認識を誘導したりしようという考え方がこれにあたる。

例えば討論番組において司会が恣意的に話題を振ったり、発言を誘導したりすることがあるが、これはコミュニケーションの軌跡自体を制御しようとしているのだと解釈できる。情報番組の司会者などが番組をショーとしてシナリオ通りに運ぼうとして焦点を合わせるのはしばしばこの層である。

しかしコミュニケーション場の目的の一つを参加者の発言による私的情報の表出とするならば、このような直接制御はしばしば無意味である。なぜならば現れる発言は発話者の私的情報を表出するものではなく、外部から制御する人間が所望し、理想的な軌跡として明示的に、もしくは暗黙的に与えるものへと近付いていくからだ。

例えば、政治家のタウンミーティングにおいて、質疑応答が事前に準備されて参加者（サクラ）がそれを話すように仕向けられるという事件があった。これは発話内容自体を制御しようとしたわけであるが、その結果としてタウンミーティングは目的とは異なる茶番へと変質させてしまい、大きな問題となった。これはコミュニケーションの軌跡のレベルでコミュニケーション場を設計・制御しようとしたことにより生じた問題とも言え

る。

コミュニケーションの軌跡そのものは徹頭徹尾一度だけしか生じないその場限りの出来事である。同じメンバー、同じ場所、同じテーマで話しても、２度行えば異なってくるのがコミュニケーションの軌跡である。だからこそ、その状況に合わせた直接制御を行うには難しいのだ。

### ▶ コミュニケーション場

コミュニケーション場とはコミュニケーションが行われる場であり、その空間的なデザインや議題の設定、小道具の準備、司会進行の進め方等を含めた概念である。「コミュニケーション場の設計」を行うという場合には、通常、コミュニケーションが始まる前の空間デザインや事前準備などを指す。例えば、ファシリテーターの選出や議題の設定、会議参加者の選別ということまでもがコミュニケーション場の設計に属すると考えられる。

ワークショップデザイナーと呼ばれるような人たちはこの層の設計と制御に大きな関心を持つ場合が多い。コミュニケーション場の設計も制御も、観測されたコミュニケーションに対しての直接的な制御に比べると間接的ではあり、自律分散システムとしてのコミュニケーション場の前提には反していないが、幾つかの問題を抱えている。

まず、コミュニケーション場の設計に関しては、コミュニケーション場そのものが１回限りのものであり、このような場ではどのような設計をすべきであるという知見が再利用しにくいという点である。また、ファシリテーターを導入することで、適切な会議運びをすれば生産的な議論が期待できるものの、そのような場の設計はファシリテーターの技能に依存した職人芸であることも多く、そのような問題解決では、スケーラビリティをもって日本中および世界中のコミュニケーション場を改善することは難しい（ファシリテーター依存性）。

ワークショップの開催の記録がしばしばその様子と共に様々な報告書やWEBサイトで紹介されるように、コミュニケーション場の設計や制御には、空間デザインや一回一回の対話の記録などの目に見える現象として、

その様子や取り組みを可視化しやすい面がある。それゆえに、まちづくりや社内改革の事例として報告書や書籍などに掲載されて注目を集めることがある。しかしそれらは、成功事例集として事例が蓄積されるにとどまってしまいがちであり、一般化されて他の対象に適用することが可能な技術へと昇華されない傾向がある。本質的に一回限りしか生じないコミュニケーション場の「場」自体を設計・制御対象としていることの自然な帰結であると考えられる。

　よって本書のアプローチでは「コミュニケーション場を作る」という従来から取り組まれていた考え方から脱却し、「コミュニケーション場のメカニズムを作る」というもう一段上位の思想へと跳躍するのである。


### ▶ コミュニケーション場のメカニズム

　コミュニケーション場のメカニズムは、コミュニケーション場を支配する制度を意味する。日常の会議においても、その場を支配する制度が明示的に、もしくは暗黙的に存在する場合がある。

　例として、議長がおり、発言者が挙手して発言するタイプの進行を行う会議では、この進行のルールが既にメカニズムの一つとなっている。明示的、もしくは暗黙的にメカニズムが設定されていると、そこから各参加者にとってのインセンティブや制約が生じる。例えば大人数で行われる上記会議では発言が抑制される傾向や、本音が出にくいという現象が生じやすい。これは、一度に発話できるのが1名であるために、発言すること自体が非常に大きな意味を持ってしまうこと（組織内での立場に影響を与える）や、全員が議論を戦わすと収集がつかなくなるので自然と各参加者が発言を手控えることなどによる。また、議長には指名の権限があり、一定の会議運営における権力行使が可能である。このような会議運営手法、もしくはメカニズムは、組織による議事の承認や意思決定には向いているが、皆から広く意見を募ることを目的としたコミュニケーション場には向いていない。

　ところで上のような会議運営を行うとほぼ常に同じような雰囲気の沈黙が生じるという事実は注目に値する。それもかなり高い再現性を持ってい

る。それは観測されるコミュニケーション、つまり、具体的な発言や結論という意味での再現性ではなく、観測されるコミュニケーションにおいて生じるある種のパターンや性質という意味での構造的な再現性である.

　この事実は設定されたコミュニケーション場のメカニズムが、参加者や議題によらず、ある種の効果や機能をコミュニケーション場にもたらすということを意味する。

　アイデア出しの会議の運営手法であるブレインストーミングでは、適切な運用さえ行えば多くのアイデアを出す会議が実現できる。擬似的な内閣と野党に分かれて議論を戦わせるパーラメンタリーディベートでは、そのルールに従う限りにおいて、有益な議論のトレーニングができる。本の紹介ゲームであるビブリオバトルは様々な場所で開催されるが、その雰囲気は参加者や紹介される書籍の違いにもかかわらず非常に似通っていると言える。

　コミュニケーションの軌跡でもなく、コミュニケーション場でもなく、コミュニケーション場のメカニズムの階層に焦点を合わせてその制御を行い、技術開発を行おうとするのがコミュニケーション場のメカニズムデザインなのである。

　コミュニケーション場が自律分散システムであることを受け入れると、コミュニケーション場のメカニズムの階層こそが技術開発の対象として妥当な粒度を持つことが見えてくるのである。

### ▶ コミュニケーション場のメカニズムの設計原理

　ではそのさらに上位に位置するコミュニケーション場のメカニズムの設計原理とは何だろうか。コミュニケーション場のメカニズムとして捉えられる事例は既に多く存在する。本書で紹介してきただけでもビブリオバトル、パーラメンタリーディベート、件の宣言、発話権取引などがある。

　筆者は経済学におけるメカニズムデザインのアナロジーから、コミュニケーション場のメカニズムデザインを「参加者が自らの効用を最大化するように行動する結果、実りあるコミュニケーションがなされることによって目的がみたされるメカニズムを構築するという問題をたて、これに対す

る設計解を提案すること」として暫定的に定義している（谷口・須藤 2011）。このような定義を与えた上で設計解を探索することが、コミュニケーション場のメカニズムデザイン研究である。

　ブレインストーミング、ワールドカフェ、パーラメンタリーディベート、ビブリオバトルなどは、多くの場で実践の評価に耐え、生存し続けてきたコミュニケーション場のメカニズムの事例と言えるだろう。しかし、それがすべてであるはずもないし、今存在するメカニズムが最適であるとも限らない。コミュニケーションに関わる様々な問題に対応するために、新たなメカニズムの設計が求められる場合も多いだろう。一般的に何かを生み出す際に、それを支える知見を与えるのが工学である。

　しかし、これまでコミュニケーション場を支配するメカニズムはワークショップ手法やコミュニケーションゲーム、ファシリテーション技法（もしくはツール）といった呼ばれ方がされており、メカニズムという視点では整理されてこなかった。またこれらは個別にヒューリスティックに設計され、提案されては、実践の場で活用され、淘汰されてきた。従来、コミュニケーション場のメカニズムに関しては、そこに工学的な設計の視点はなかったのである。ここに科学的および工学的な思考に基づく設計の視点を導入しようというのが、本書で描いてきたコミュニケーション場のメカニズムデザインという研究アプローチの狙いである。

　第1章で述べたように、コミュニケーション場のメカニズムがコミュニケーション場というプラントを制御するための制御器であるとするならば、その設計や制御を支える制御工学に相当するコミュニケーション場のメカニズムデザイン論が存在しうるだろう。

　様々に存在するコミュニケーション場のメカニズムの事例を整理しながら、それを新たに設計、改善し、また、それらの性質を明らかにすることで、よりコミュニケーション場のメカニズムの一般論としてのデザイン論を導くことが、コミュニケーション場のメカニズムデザイン論である。コミュニケーション場のメカニズムデザイン論の構築が、バラバラなコミュニケーション場に関する設計・制御の議論を結束させる学術的な扇の要を生む。そして最終到達点として考えられるのが、コミュニケーション場の

メカニズムデザインの一般理論としての設計原理の抽出である。

　設計原理を抽出する上で、コミュニケーション場のメカニズムにどのような設計要素があり、それらが、既存のメカニズムにどのように効いているのかを検討することは重要である。ここでそれらの設計要素を設計変数と呼ぶことにする。設計原理におけるそれらの設計変数に「値」を代入することで、メカニズムの実態をアルゴリズム的に確定することができると考えるのである。

# 3. コミュニケーション場のメカニズムの設計原理を求めて

### ▶ コミュニケーション場を研究しよう！

　本書の読者の中には、コミュニケーション場のメカニズム研究や実践に携わっている人や、携わりたいと思う人も多いだろう。本書ではコミュニケーション場のメカニズムデザインとは何かという概念化を進めてきた。そして第2章から第5章では具体的なメカニズム事例も紹介し、その中で実証的な研究に関しても触れてきた。また第6章ではゲーム理論を中心とした理論的な視点を与えた。

　本節ではメカニズムの設計原理を求めて、またコミュニケーション場を科学的もしくは工学的に研究するための指針を論じたい。

　もちろん、これまでにも様々な分野で様々なアプローチから人間同士のコミュニケーションを扱う取り組みはあった。しかしそれらと本書でのアプローチの違いは、コミュニケーション場のメカニズムという概念を中心に据えるかどうかである。筆者はこの概念を中心に据えて研究展開を行うことが、コミュニケーション場の工学的改善にとって不可欠だと認識している。

　コミュニケーション場を研究するということにはいくつかの抽象度の段階がある。それは先に述べたコミュニケーション場のシステム階層性に関係する。一番抽象度の高いものがコミュニケーション場のメカニズムの設計原理を研究するものだ。その次に抽象度の高いものが、コミュニケー

ション場のメカニズムそのものを研究するものだろう。次に続くのがコミュニケーション場のメカニズムの適用方法に関する研究を行うものであり、これはコミュニケーション場の設計に対応する。最も抽象度の低い段階に存在するのが、あるメカニズム下で生じるコミュニケーション場における発話や個々人の行動に関する研究である。これはコミュニケーションの軌跡に対応する。いずれにせよ演繹的・理論的思考と帰納的・実証的思考を大切にして取り組みたい。

### ▶コミュニケーション場のメカニズムの設計原理と設計変数の研究方法

まず一番本質的なコミュニケーション場のメカニズムの設計原理に関する研究であるが、その目的は様々なコミュニケーション場のメカニズムを設計すると同時に、それがコミュニケーション場及びそこでの各参加者のコミュニケーション行動に与える影響を予測可能にすることである。

ここでいうコミュニケーション行動の予測とは決して参加者の発言の一言一句を予測すること、つまりコミュニケーションの軌跡の予測ではない。そんなことは不可能だ。ここでの予測はより構造的で、抽象的もしくは傾向的なものを意味する。

例えば発話権取引ではそのメカニズムの結果として提案や理由に関わる発言が多く現れることがみられた。また、ビブリオバトルでは総合満足度の高い本との出会いが生じることがみられた。パーラメンタリーディベートでは参加者がお互いに反論しあうのに、ロールプレイの効果もあり、参加者が心理的に傷つくことは少なく、相反する二つの視点から多角的な意見が出て、対象に対する論点が表出される。また、件の宣言ではこれがさらに4極化することにより、意見の多様性が促進される。これらの効果は開催場所や参加者に質的には強くは依存せず、普遍的に観測されるものである。つまり、これらはメカニズムそのものが持つ性質なのである。それゆえに、その原因はメカニズムの設計そのものに潜んでいるはずである。

本書で紹介したメカニズムはすべてそのルールを箇条書きや文章、アルゴリズムとして書き下すことができる。それはさらに本書で言うところの設計変数とその統語的な配列に置き換えられるだろう。その視点からすれ

| 設計変数 | ビブリオバトル | パーラメンタリーディベート |
|---|---|---|
| 発話権制御(時間配分) | 集中管理<br>固定配分 | 集中管理<br>固定配分 |
| ロールプレイ | あり<br>「ある本の紹介者」としてのロールが固定される。<br>本の紹介者となる。票が投じられるのは本に対してであり、意見(本)と人格は分離される。 | あり<br>立場が乱択により決まるので、議論と人格・意見が分離される。<br>また「政府」や「野党」を演じる。 |
| 極の配置 | 多極的(発表者の数だけ) | 2極的 |
| 論理構造の導入 | なし<br>(主張に対する反論の機会は基本的に設けない。質疑においても批判を避ける) | あり<br>(肯定と反対の間で支持や反論を明示的に行うことをルール化している) |
| 主張の変容 | なし<br>(紹介する本が一定であるという意味で、主張の変容が止められている)<br>※最後の投票において自分の紹介本以外への投票が求められるが、これは意見の変容を意味するのではなく、自身の本が一番であることを前提とした上での投票である。 | なし<br>(ここでの「主張」とは賛否の主張(賛成の方向なのか、否定の方向なのかという主張)のことを指している。途中で主張が変われば、与えられた論題に対する賛成理由と反対理由がその場において共有されなくなる) |
| ゴール(決定方式) | 民主的投票<br>参加者全員それぞれ一人1票で「一番読みたくなった本」に投票し「チャンプ本」を決める。 | ジャッジによる判断<br>(民主的投票とする場合もある) |

表1：コミュニケーション場のメカニズムの設計変数とメカニズムの対応表

ば、狙った機能を持つメカニズムを設計できるようになるということは、それらの設計変数とその統語的な配列がもたらす効果が予測できるようになることに等しい。この予測理論を構築することがコミュニケーション場のメカニズムの設計原理へと繋がる。

| 件の宣言 | 発話権取引 | ブレインストーミング |
|---|---|---|
| 集中管理(演説時)<br>放任(グループごと議論時) | 自律分散管理<br>動的配分 | 放任 |
| あり<br>立場が乱択により決まるので、議論と人格・意見が分離される。<br>過激改革派、穏健改革派、穏健保守派、過激保守派という4極に分かれ、ロールプレイを行う。<br>演説時に「親愛なるコミュニティの諸君」などの固定フレーズを入れて演劇性を増す。 | なし<br>(評価や反論といった、自らの意見が否定されるネガティブな評価を得る機会も持たない) | なし<br>(「否定しない」という心構えをゆるやかな制約(インストラクション)として入れることで、否定的な評価を受けるリスクから参加者を遠のけ、より多くの発言を促す方策を打っている) |
| 多極的(4極) | 各個人が個人として議論の場に参加 | 各個人が個人として議論の場に参加 |
| なし<br>(主張間の議論は基本的に設けない) | なし<br>(一切ないので、結果的に議論が飛躍したり発散したりしがちになる) | なし<br>(「類似したアイデアをまとめる」という作業を入れることがある。これはあくまで類似性に基づくクラスタリングであり、論理関係に着目した関係性の抽出ではない) |
| なし<br>(ロールプレイの意味で、主張の変容が止められている) | あり<br>個々人が個人として参加し、気づきを得たり、自由に意見を変容させたりしてよい。 | あり<br>個々人が個人として参加し、気づきを得たり、自由に意見を変容させたりしてよい。 |
| 民主的投票<br>(ただしゴールの設計が曖昧にされており、分析的視点から言えば、その意味や良否が判然としない) | なし<br>(メカニズム内に規定されたゴールはない。これは通常の話し合いにおけるゴールやインセンティブをそのまま継承している) | なし<br>(明確なゴールはないが実質的には「たくさんのアイデアを出した人」が称賛される傾向があり、その数が可視化されて、ゴール化されている場合が多い) |

しかし、その予測理論を可能にするためには、コミュニケーション場のメカニズムのもつ機能そのものに関する知識が整理されている必要がある。本書で紹介したようにいくつかのコミュニケーション場のメカニズムに関してはその機能の一部が明らかになっているが、世の中に広く存在す

るコミュニケーション場のメカニズムの多くは、本書で説明してきたような工学的な意味での分析的視点で研究および調査されておらず、それを明らかにすることが、やはりまずはコミュニケーション場のメカニズムの設計原理に至る第一歩だと言えよう。

　例えばメカニズムの設計変数の視点から各メカニズムを比較することも重要である。第1章では設計変数のリストを示したが、設計変数の視点から本書で紹介した四つのメカニズム——ビブリオバトル、パーラメンタリーディベート、件の宣言、発話権取引——に有名なアイデア出し手法であるブレインストーミングを加えた五つのメカニズムを対比してみよう。

　それぞれの項目に関して、それぞれのメカニズムの特徴を整理した結果を表1に示す。その内容のほとんどはこれまでの章で述べてきたものであるのであらためて説明は行わないが、設計変数の軸によりそれぞれの関係性が見えてくるのだ。

　実践や実験は必須だ。これはコミュニケーション場のメカニズム研究に限ったことではない。化学や生物学などの自然科学でも普遍的に重要なことだ。自然界の現象は環境や対象系を取り巻く他の要素との相互作用によって生じるために、机上の予測とはまるで違う振る舞いを生むことが多々ある。薬学者が新しい化学式を考えたとしても、その人物が考えたとおりの薬効が生まれるとは限らないし、生物学で研究者がある遺伝子を改変したとしても期待された性質が発現するとは限らない[1]。

　コミュニケーション場は自律的な存在である人々の言語的および非言語的な相互作用を通じて様々な現象が生じる生命的な自律分散システムである。実際に設計されたメカニズムが現実のコミュニケーション場でどのような振る舞いを生じさせるかは、実践や実験をもって評価されるべきだろう。

### ▶コミュニケーション場のメカニズムの実践と研究

　コミュニケーション場のメカニズムを研究することが、結局のところ設計原理を探求するためにも重要となる。しかし、ただ漠然とコミュニケー

ション場のメカニズムを研究するのではなく、設計変数を組み立ててメカニズムを設計するという視点、つまりメカニズムの設計原理を明らかにするという視点から実証的に研究することが極めて重要になる。本書で紹介した実証研究の多くはそのような視点に基づいている。では、あるコミュニケーション場のメカニズムを対象にして新たに実証的な研究を行うためには、どのようなやり方をすればよいだろうか。

　一つはあるメカニズムとその他のメカニズムを比較する方法だ。その他のメカニズムとしては類似のメカニズム、もしくは特に何の設計もしない状況を与える場合が多い。例えば発話権取引の研究では、フリーディスカッション（特に何の設計もしない状況）、及び順番に決まった時間だけ話すメカニズム（ストラクチャード・ラウンドテーブル方式）と発話権取引を比較して、その発話内容の変化などを観察していた。またビブリオバトルでは、書籍の推薦機能に関して協調フィルタリングや内容に基づく推薦手法、キーワード検索などといったメカニズムと比較していた。これは完成品としてのメカニズム全体がどのようにコミュニケーション場に変化を与えるかという側面、つまり、メカニズムの機能の分析に役立つ。比較実験を通してきちんと統計的な検定などを行うことで、メカニズムの機能を明らかにするのだ。これは極めて地道な研究となるが、様々な工学や薬学の研究がそうであるように、粘りづよい実証的な積み重ねが必要である。ある意味で、私たちは「コミュニケーション場につける薬」を研究開発しているのだから。

　もう一つは設計変数の水準で比較研究をする方法だ。メカニズムの設計原理の視点からすれば、メカニズムの一つ一つはその構成要素となる設計変数の設定により、その最終的な機能が生み出される。これは生命におけるゲノム上の遺伝子配列と、その表現型の関係に等しい。すでに存在するあるメカニズムと他のメカニズムを比較することは、それぞれのメカニズムの総合的な特徴を把握する意味では役に立つが、設計原理のレベルにまで進むことはできない。なぜそのメカニズムがそのような機能を持つのかを説明することができないからだ。個別の設計変数が持つ意味や効果、その組み合わせがもたらす機能を理解してこそ、それらの知見は設計原理を

介して、新たなメカニズムの創造や、その機能の予測に役立つ。また既存のメカニズムに関しても深く理解することができる。

　例えばビブリオバトルでは、発表時間を変更して、その際の発表内容の変化や、参加者の受ける心理的な印象の変化を検証することで、制限時間の持つ意味を明らかにした。これは発話権制御（時間配分）の設計変数に関わる。件の宣言では４極であった参加者のグループ分けを２極に変更した場合と比較して、設計変数の一つである極の配置がもたらす影響を検討した。このように設計変数の水準で理解されたメカニズムのコミュニケーション場への影響は、新しいコミュニケーション場のメカニズムを創造する際にも知見として活かすことができる。

　ゲノム研究のアナロジーで説明するならば、上記の研究は「遺伝子ノックアウト」の考え方に相当する。遺伝子ノックアウトとは、配列は知られているが、その機能がよくわかっていない遺伝子を研究する時に用いられる手法である。ある遺伝子をわざとその機能を欠損させたものに置き換えて、生まれた生物の振る舞いを、もとの生物と比較することで、その遺伝子の機能を探るのである。コミュニケーション場において与えられたメカニズムは遺伝子配列のようなものであり、設計変数は遺伝子に相当する。遺伝子ノックアウト研究によって生命の不思議が解き明かされていったように、設計変数の研究によってコミュニケーション場の不思議を解き明かしていきたい。

### ▶ コミュニケーション場のメカニズムの適用方法

　コミュニケーション場のメカニズムの適用方法に関する研究も重要である。コミュニケーション場のメカニズムがファシリテーターや個別の状況への依存性が低いといっても、ゼロにはなりえない。メカニズムを効果的に活用するためには、どのような場で、どのように用いるべきかなど、研究することは重要である。このような研究においては、上の事例におけるような比較研究のみならず、実践報告なども有用であろう。例えば、ビブリオバトルの活用においては、学校の授業内で行う場合、イベント型ではなく、ワークショップ型で行う方が有効であろうという認識が広まってい

る。これは実践とその経験の共有という形で広まってきた。

　最後に挙げるのが、あるメカニズム下で生じるコミュニケーション場における発話や個々人の行動に関して研究するものである。コミュニケーション場を自律分散システムと見なして周縁制御に徹するコミュニケーション場のメカニズムのアプローチは、このレベルを制御や設計の対象とはしない。しかし、会話分析などのコミュニケーションに関する質的研究は歴史的にこのような具体的な発話内容に踏み込んで研究を行ってきたし、それによって得られる知見がコミュニケーション場の改善に役に立つこともあるだろう。例えば、パーラメンタリーディベートやビブリオバトルにおいてどのような発話を行う者がより勝利しやすいかを分析する研究などが、このタイプの研究に分類されるだろう。

　上記のような研究が蓄積されていくことで、工学としてのコミュニケーション場のメカニズムデザインが一つの学問として成立していくことを期待している。

8

## 4. 関連分野における学術的な広がり

　本章の最後に、コミュニケーション場のメカニズムデザインの関連研究分野についてまとめておきたい。コミュニケーション場のメカニズムデザインは萌芽的で学際的な研究分野であり、それに関わる概念は多くの隣接分野で議論されてきた。本節ではそれらの関連研究分野や隣接的な概念を列挙的に紹介していく。コミュニケーション場のメカニズムデザインはそれ自体がまとまりのある研究分野であると筆者は確信しているが、それに関係する研究は関連分野で行われており、それらの学術的議論の流れや技術開発の流れを継承しつつ、コミュニケーション場のメカニズムデザインを検討していくことが重要である。

### ▶ファシリテーション技法
　実践的な意味においてコミュニケーション場を改善するアプローチとし

て最も多く取られてきたのは、ファシリテーターの活用によるアプローチであろう。ファシリテーターが行うコミュニケーション場での役割をファシリテーションと呼ぶ。ファシリテーションとは、効率的な会議を運営するために、その場を支援する活動のことであり、広範な概念である。司会のような役割を指す場合が多いが、コミュニケーション場を円滑に運営するためのかなり広い役割を指す。このファシリテーションを行う上でのツールや技法はファシリテーションツール／技法と呼ばれる。ワークショップのような場を運営することを念頭に置く場合には、ワークショップ技法などと呼ぶこともある。

　ブレインストーミングやオープンスペーステクノロジーなども、ファシリテーション技法の一種として捉えられる。これらはコミュニケーション場のメカニズムの一種と見なすこともできるが、すべてのファシリテーション技法がコミュニケーション場のメカニズムとして捉えられるわけではない。図1の階層に対応させて説明すれば、ファシリテーション技法にはコミュニケーションの軌跡、コミュニケーション場、コミュニケーション場のメカニズムといったそれぞれの設計や制御、またはその部品に関わるものが渾然一体となって含まれている。それは、ファシリテーション技法という括りそのものが、コミュニケーション場を自律分散システムとして俯瞰的に見た上でその設計と制御という視点から導出されたものではなく、あくまでファシリテーターという人物の視点によって括られたものだからである。

　コミュニケーション場のメカニズムデザインでは、ファシリテーターという特殊な存在を必要としない状況も多い。少人数で行うビブリオバトルや発話権取引にはファシリテーターが存在せず、メカニズムに従えば自動的にセッションが進行していく。むしろコミュニケーション場のメカニズムデザインとしては、ファシリテーターが存在しなかったり、それに依存しなかったりすることを寧ろよしとする。この点は一旦ここで強調しておきたい。

　ファシリテーターに依存するコミュニケーション場のメカニズムは、多くの場合、そのパフォーマンスをファシリテーターが持つ技能に依存す

る。つまり、そのメカニズムが目指すコミュニケーションを実現できるかどうかは、有能なファシリテーターを連れてこられるかどうかに掛かってくるわけだ。これは翻って、技能あるファシリテーターを持たない組織では利用不可能ということになる。よりドライに費用という面から見れば、コミュニケーション場の改善に、ファシリテーターという人材の育成コスト、調達コストが必要となり、結局はそれが得られない限り問題解決ができないことになる。

ゆえに、スケーラビリティをもって全国へと広がり、様々な場所でコミュニケーション場を改善するメカニズムを開発したいのであれば、ファシリテーター依存性を極限まで減らせることが望ましい。ビブリオバトルは司会の力量にほとんど依存せず、開催することのできるメカニズムとして知られている。

ファシリテーション技法とコミュニケーション場のメカニズムとは隣接した概念でありながら、ファシリテーターの存在を前提とするかしないかの点が異なるのである。ただし現実問題として、あらゆるコミュニケーション場のメカニズムから完全にファシリテーターの存在を消せるわけではない。例えばファシリテーター依存性が極めて低いとされるビブリオバトルでさえ、イベント型で開催されるものでは司会というファシリテーターのような存在が置かれ、その場の雰囲気を和ませることが求められる。ただ、ビブリオバトルが10年経たないうちに日本全国に広まったという背景にこのファシリテーター依存性の低さがあることは間違いなく、コミュニケーション場のメカニズムにおけるより属人性の低いメカニズムの探求は重要であろう。もしファシリテーターの技量に依存せず同様の効果を得られるならば、そのようなメカニズムの方が、他のコミュニティ、組織への展開可能性の意味において良いメカニズムとなるのである。

### ▶ メカニズムデザイン

学術用語としてのメカニズムデザインは、経済学やゲーム理論の専門用語であるメカニズムデザインを指すことがほとんどである（坂井・藤中・若山 2008）。しかし本書が扱ってきたメカニズムデザインそのものは、日本

語では制度設計を意味し、より広義なものとして捉えられる。その意味で
コミュニケーション場のメカニズムデザインはコミュニケーション場にお
ける制度設計としておおらかに解釈していただいて構わない。そうは言う
ものの、コミュニケーション場のメカニズムデザインとゲーム理論におけ
るメカニズムデザインの間には密接な潜在的関係性がある。

　第6章で説明したように、メカニズムデザイン論とは資源配分や公共的
な意思決定などで実現したい目標を自律分散的に実現するルールを設計す
ることを目指す学問である。経済学のメカニズムデザインでは、例えば
オークションにおける価格決定のメカニズムであるヴィックレーオーク
ションや、安定結婚問題を解くゲール・シャプレーアルゴリズムなどが存
在する (Landemore and Elster 2012; 横尾 2006)。多人数が参加した場合に各
主体の自律的な意思決定を仮定しつつ、集団として望ましい帰結を導くメ
カニズムが、数理的モデルとしても、またその応用としての実践において
も目指される。

　メカニズムデザインの研究の前提として重要なのは、中央集権体制を持
つ運営者が個々人の私的情報を正しく把握できないという不可能性から出
発するという点である。これは社会における情報を政府が中央集権的に把
握することができて、最適な計画を実施することができるという前提に
立った計画経済によるアプローチの対極に位置する。政治経済史を振り返
ると、20世紀において多くの国家が計画経済に基づく社会主義国家を実
践しようとして破綻していった。20世紀は計画経済と自由主義経済の壮
大な社会実験期間であったとも見なせるが、実験的な意味においても計画
経済は多くの場合で実現不可能であり、自律分散的なシステム観を前提と
したメカニズムデザインが重要であることがわかっているという時代に、
私たちは立っている[2]。

　この意味でメカニズムデザインは運営者が人々の私的情報を直接的には
取得できないままで、いかにして望ましい社会的帰結を導くことができる
かという、情報分権的な制度構築を目指す色彩の強い学問である。

　コミュニケーション場のメカニズムデザインの根本的な思想は、このメ
カニズムデザインの発想の延長にある。人間集団を自律分散システムとし

て見なし、各主体の頭の中にある情報を直接的には抽出できないことを出発点とする。会議や話し合いの場においては司会やファシリテーターは人々の私的情報を入手できないし、ワーキンググループを設置しようとする上層部はどんな問題が組織全体に存在していて誰が適任かに関して十分な知識を持っていない。あらゆる人々が他人の頭の中は覗けないという情報分権的な状況にあるのだ。

　先に述べたように、多くのコミュニケーション場において起きる非効率性や非生産性は、人間の自律性、つまり自己閉鎖性と自己決定性に端を発している場合が多い。経済学においてメカニズムデザインが長い歴史的研究の文脈の上で作られてきたのと同様に、自律分散的なシステム観を前提としてコミュニケーション場におけるメカニズムデザイン論を構築することが重要なのである。その意味ではコミュニケーション場のメカニズムデザインにおける「メカニズムデザイン」は、ゲーム論におけるメカニズムデザインのアナロジー、もしくは拡張に基づいているのだ。

　ゆえにコミュニケーション場のメカニズムデザインに対する一つの重要なアプローチはメカニズムデザイン論を拡張することで、コミュニケーション場のメカニズムデザインの基礎的枠組みを提供することであろう。主に選考順序などを扱う経済学におけるメカニズムデザイン論に対して、コミュニケーション場のメカニズムデザイン論においては、発話内容や意見の論理的関係を扱う必要すらあるだろう。　この問題に対して、本書著者の一人である石川はコミュニケーションの場のメカニズムデザイン論とゲーム理論を結合させ、パーラメンタリーディベートのような場での議論を表現する枠組みを提案している（石川 2019）。

### ▶ マルチエージェントシステム

　マルチエージェントシステムとは、複数の主体がそれぞれに分散的に意思決定することで、作動するシステムである。システム工学や最適化、制御工学、複雑系など幅広い分野でマルチエージェントシステムについて研究されてきた。

　マルチエージェントシステムが対象とされ制御や最適化がなされる研究

や、社会現象をマルチエージェントシステムとしてモデル化しシミュレーションすることで対象系の理解や予測をしようという研究がある。マルチエージェントシステムという学問分野自体は極めて広範な分野であり、昆虫の群行動のモデルから、都市における車の交通量の制御問題までと幅広い。その中で人間のコミュニケーションを扱うマルチエージェントシステムの研究も存在する。

コミュニケーション場そのものがマルチエージェントシステムであるのは必然だ。先に述べたように、コミュニケーション場に存在する各参加者は自律的な主体であり、それぞれが自らの意思決定に基づき、発言したり、投票したりする。そのようなシステムとしてマルチエージェントシステムが構築され、研究されたりしている。

一方で、コミュニケーション場そのものがマルチエージェントシステムとして数理的モデル化やシミュレーション研究の対象となってきたかと言われると、そのような研究事例は決して多くない。その理由としては、コミュニケーション場における多様な言語的コミュニケーションをモデル化するのが困難だったということがあるだろう。

コミュニケーション場のメカニズムを研究しようとすると、コミュニケーション場そのものをマルチエージェントシステムとしてモデル化し分析する研究や、マルチエージェントシステムでモデル化することでコミュニケーション場のメカニズムの設計に示唆を与える研究などが必ず必要になってくる。マルチエージェントシステムの分野の研究と融合した研究が今後とも期待される。


### ▶集合知

集合知 (Collective Intelligence) とは多くの人々に分散した「知」を集約することにより得られる「知」のことを指す。これは群衆の英知 (Wisdom of Crowds) と呼ばれることもある (スロウィッキー 2009)。例えば、西垣は「人々のいわゆる『衆知』、とくにインターネットを利用して見ず知らずの他人同士が知恵を出し合って構築する知のことを意味する」という定義を与えている (西垣 2013)。これは元々は、Wikipediaのようなインターネッ

ト上で地理的制約を超えて形式的な知識を集約できるようになったことから注目された言葉である。しかし広く読まれたスロウィッキーの『「みんなの意見」は案外正しい』において多数決を始めとした伝統的な社会的選択理論と現代の集合知が地続きに論じられていることからも、インターネットを用いない従来の情報の集約方式とインターネットを用いた方式の間に明確な境界はないことがわかる。

　集合知という言葉は自己閉鎖性を持つ主体を超えて「知」の活用ができるようなニュアンスを含んでおり、その意味で大変蠱惑的な言葉である。しかし、そういう言葉を用いたところで私たちの実空間上での、もしくはインターネット上でのコミュニケーションが私たちの自己閉鎖性と自己決定性の上でなされることに変わりはない。その意味において、集合知を得ようとすれば重要となるのは集合知メカニズムである。集合知メカニズムとコミュニケーション場のメカニズムは大きく重なりあう概念である。

　ある場（インターネット上の空間でもよい）に人々が集まったからといって、集合知が生まれるわけではない（水山 2015）。そこには、何らかの集合知メカニズムが必要である。例えば、予測市場は予測のための証券を発行し、市場の力を使って集合知としての予測を生む優れた集合知メカニズムである（水山・鎌田 2008）。例えば、簡単な集合知メカニズムの例として多数決が挙げられる。多数決のような単純な集合知メカニズムであっても、適切に用いれば非常に有用である（スロウィッキー 2009）。

　これは、人が集まりさえすればコミュニケーション場においてよいアイデアが得られるわけではない、というのと同じ問題である。会議に人だけ集めても、司会進行が悪かったり、何のメカニズムも準備せずに放置したりすれば、ゴールのない無為な時間が過ぎるだけである。実際に、そのような無意識な悪行によって、多くの組織が無駄な会議を持つことで生産性を低下させたり、多くの社会において衆愚と呼ばれる状況が生じたりしている。この意味で、集合知メカニズムとコミュニケーション場のメカニズムは多くの部分を共有する。

　しかし集合知メカニズムの議論では、得られる「知」、特に形式知に焦点を置く場合が多い。つまり、第1章のプラントのアナロジーで説明した

8

記述モデルを表した図 1 における $Y$ である。一方で、既存の多くのコミュニケーション場のメカニズムにおいては、知識の共有や、各参加者の気づき、スキルの向上といった、参加者自身の状態変化をその効果の重要な部分として捉えているものが多い。第 1 章図 1 における $\{X'_j, K'_j, S'_j\}$ である。実際の組織や社会での話し合いが、その結論のみに重きを置くことは寧ろ稀である。その意味においては、コミュニケーション場のメカニズムが扱う対象は集合知メカニズムが主として扱ってきた範囲よりも少し広いとも言えるし、集合知メカニズムを解く問題の多くがコミュニケーション場のメカニズムデザインの議論に包摂されるとも言えるだろう。

### ▶ ゲーミフィケーション

ゲーミフィケーションは人を夢中にさせるゲームの力をより広く活用しようというアプローチである。マクゴニガルはチクセントミハイのフロー体験という概念を用いて説明する (マクゴニガル 2011, チクセント 2010)[3]。

ゲーミフィケーションは日常の活動にゲームの要素を加えることで、人を動機づけるゲームの機能を援用して、参加者の能動的な参画を引き出そうというものである (井上 2012)。例えばビブリオバトルは書評のゲーミフィケーションとして捉えられる (谷口 2013)。発話権取引もやってみるとゲーム的な面白さがある。パーラメンタリーディベートも議論のゲーム化と言えるだろう。

マクゴニガルはゲームの 4 要素としてゴール、ルール、フィードバック、自発的な参加を挙げている。その視点から言えば、コミュニケーション場のメカニズムデザインとは、しばしば、コミュニケーション場のゲーミフィケーションとしても捉えられる。

コミュニケーション場においては各参加者の出すべき情報が脳内の私的情報であるという特性上、各主体の自発的な参加を引き出すことが重要になる。つまり「北風と太陽」の寓話に沿えば、メカニズムは太陽である必要があるのだ。

理屈上、各参加者が積極的に参加すれば有用な効果が得られるメカニズムを設計したとしても、各参加者の積極的な参加が引き出せなければ、そ

のコミュニケーション場のメカニズムは無用の長物となる。実際に
Wikipediaの成功の後、雨後の筍（たけのこ）のように大量のWikiサイトが乱立し
た。様々な会社で社内情報をまとめる社内Wikiサイトが構築された。し
かし、その圧倒的多数には閑古鳥が鳴いた。なぜならそこに情報を提供す
る活動が全く楽しくなかったからだ。人間は明示的なインセンティブのみ
ではなく、感情によって動く。多くの人々はお金をもらうのではなく、む
しろお金を払ってでもゲームをプレイする。ゲームには様々な「ハマる」
仕掛けがあるからだ。数理モデルとして「上手くいくはず」のコミュニ
ケーション場のメカニズムと、現実問題として「上手くいく」コミュニ
ケーション場のメカニズムの間には「楽しさ」という大変曖昧なギャップ
が存在していることが多い。最終的にコミュニケーション場の問題解決を
したければ「上手くいくはず」では不足であり、「上手くいく」ことが重
要である。そうでなければその技術は活用されない。

　実世界においてコミュニケーション場のメカニズムが有用であるために
は、各参加者の動機システムに適切に作用し、各参加者の貢献を引き出す
ゲーミフィケーションが必要である。また、より包括的な概念として、
ゲーミング＆シミュレーションという概念があるが、コミュニケーション
場のメカニズムデザインを同様の意味で含む概念として捉えられるであろ
う。

### ▶コミュニケーション支援のための情報通信・人工知能技術

　情報「通信」が「communication」を扱うという関係もあり、情報学
分野から発展したヒューマンインタフェースや人工知能といった分野にお
いて、様々な形で、コミュニケーションを便利にする研究や、コミュニ
ケーション場を作るもしくは支援するための技術が研究開発されてきた。

　直接的にコミュニケーション場を作る技術としてはWEB会議システム
やSNS、Wikiのような技術がある。それはしばしばオンライン上にコ
ミュニケーション場を生み出す。ただ先に述べたように、技術的にコミュ
ニケーション場を作れることと、コミュニケーションを活性化できるコ
ミュニケーション場が作れるかは別問題である。しかし、これに関しても

2000年代半ばから現在にかけて漸進的に進化してきた。例えばリアルタイムのチーム内コミュニケーションツールであるSlackでは細かなフィードバックを絵文字のリアクションボタンで返せるようになっている。ツイッターでは「いいね」やリツイートによりフィードバックが与えられたり情報を拡散できたりする。これらはマクゴニガルのゲームの4要素におけるフィードバックに相当する。昨今のインターネットコミュニケーションツールはそういったメカニズムの視点からも進化してきているのである。

　実空間における会議や話し合いを支援する技術も多く研究開発されてきた。例えば第5章で説明したように、会議参加者の発言量や行動を計測し、フィードバックすることで、会議の改善に役立てようというものなどがある。

　しかし、会議や話し合い全体を俯瞰するシステム論的な視点での研究は少なく、ヒューリスティックな手当てにとどまってきた感は否めない。

　さて本書で提示した「コミュニケーション場のメカニズムデザイン」という、コミュニケーション場のシステム全体を俯瞰する視点に立つことで、コミュニケーション場の支援に関する情報技術開発に関しても、その位置付けをより明確にできると考える。ブレインストーミングやパーラメンタリーディベートなどの従来のメカニズムは基本的には情報通信・人工知能技術に依存しないが、技術の存在は「ありうる」理論上のコミュニケーション場を実現可能にする。例えば、第5章で紹介したように、発話権取引はそれを提案した論文において紙のカードを使って発話権のやり取りを実現していた（古賀・谷口 2014）。しかし実際のカードを用いた運用では20人規模の参加者が一堂に会して話し合うような状況に発話権取引を適用することは難しくなる。また単純に発話権取引を実施しようとすると、カードを使用した際に発話時間の30秒を計測したり、時間終了時にベルを鳴らしたりするメカニズムの運用を行う人物が1名必要になる。これらの問題は発話権を管理するモバイルアプリケーションを開発することで実現可能になった（益井ほか 2021）。これは見落とされがちな論点であるが、ビブリオバトルにさえそういう側面がある。なぜビブリオバトルが

2000年末まで発案され、普及しなかったのかといえば、カウントダウンタイマーとそれを会議の場で皆に見せるという機器がまだ世の中の人々にとって身近に利用可能な存在ではなかったからだ。これがノートパソコンの低廉化と普及、およびタブレットやスマートフォンの普及によって利用可能になった。

　コミュニケーション場のメカニズムデザイン論はメカニズムのレベルでの理論や議論枠組みを提供する。理論的な意味で実現可能なメカニズムが、技術的な意味でも実現可能かつ普及可能だとは限らない。これを可能にするのが情報技術や人工知能技術の役割であり、コミュニケーション場の支援技術開発はそのような枠組みで整理検討されるべきだろう。

　これまでに実世界において存在しえなかったコミュニケーション場のメカニズムを新たな情報技術により構築することさえも可能だろう。例えば会議における詭弁を抑制するために、詭弁を話した分だけ減点が与えられるメカニズムを考えたとする。これも現状では実現が難しいが、音声認識と詭弁検知の自然言語処理技術により実現できる可能性がある。これは情報通信技術や人工知能技術がコミュニケーション場のメカニズムの進化に貢献することを意味している。伊藤らは人工知能技術を活用しながら大規模合意形成支援システムの創成を目指している (伊藤 2018)。コミュニケーションの多くが言語でなされることを考えると、言語を扱う言語処理技術の発展が特に重要な役割を果たしうる。また既存のメカニズムも情報技術や人工知能技術で進化しうる。ディベートもその内容を分析し可視化するような言語処理技術があることが、コミュニケーション場のメカニズムの新たな進化につながる可能は十分にある。この意味で本書の第7章ではコミュニケーション場のメカニズムに関わって言語処理技術を関して紹介した。

　このように、情報通信技術と人工知能技術の開発はコミュニケーション場の改善を生み出しうる。しかし先端的な技術の闇雲な投入がコミュニケーション場を必ずしも改善するわけではない。情報技術の導入はコミュニケーション場を変容させ、それは暗黙的に、もしくは明示的にコミュニケーション場のメカニズムに影響を与える。適切な情報技術の開発を誘導

8

するためには、コミュニケーション場の理解と、それに対するコミュニケーション場のメカニズム設計論の構築が必要であろう。

　逆に人工知能研究の進化がコミュニケーション場のメカニズムにより加速される可能性についても述べておこう。言語処理技術や画像認識、音声認識といった人工知能技術の多くは、無制限な環境下で利用することはしばしば困難である。実際に様々な人工知能技術の一方で発話などの認識対象に何らかの制約を与えることでその活用が容易になることがしばしばある。ここで注目すべきは、コミュニケーション場のメカニズムとはそれ自体が無制限な日常的コミュニケーションに枠組みを与え、ルールに則った制約を与えるという点である。この制約により人工知能技術が適用可能、もしくは開発可能になる可能性がある。例えば、パーラメンタリーディベートにおいては話者交替が明確であり、どの発言がどの発言に関する反論になっているかはルール上でおおまかに規定されており、自由な発話文から言語処理技術を使って立論と反論の関係を推定するのに比べれば幾分簡単に推定できるだろう。実際に筆者らのグループは発話権取引の導入が音声認識率を向上させるということを実験的に示している（中林・益井・谷口 2020）。

　一般的に、何の制約もないコミュニケーション場において生じる会話や発話の音声認識や言語処理を行うのは容易ではない。しかし、コミュニケーション場のメカニズムはコミュニケーション場に制約を与えることにより、観測されるコミュニケーションに一定の制約を与える。これにより、コミュニケーション場において活用することが可能な人工知能技術が段階的に開発できれば、コミュニケーション場のメカニズムデザインが、人工知能技術の進化に寄与することが考えられる。

　コミュニケーション場のメカニズムデザインと人工知能研究には、共進化的な関係を期待することができるのである。

1）　アナロジーとして生物学に対応させれば、コミュニケーション場のメカニズムが遺伝型で、現れるコミュニケーションの軌跡が表現型、そしてコミュニケーション場が環境となる。

2）　計画経済の不可能性はハイエクなどによって早い段階から指摘されてきた。『隷属への道』に書かれた批判は、その後の社会主義国家がたどった道を予言しているかのようであった（ハイエク2008）。

3）　マクゴニガル自身は現実代替ゲームという言葉を用いて、ゲーミフィケーションという言葉の使用を控えているが、ゲームの力を多様なフィールドで用いるという意味において、本書ではゲーミフィケーションという言葉を統一的に用いる。本書でゲーミフィケーションという言葉を用いる場合はむしろマクゴニガルの現実拡張ゲームの意味で用いる。

## 参考文献

Landemore, H and J. Elster（2012）*Collective Wisdom: Principles and Mechanisms*, Cambridge University Press.

石川竜一郎（2019）「コミュニケーションの場の動的ゲーム論理」『システム制御情報学会論文誌』32巻, 12号, pp. 429-438.

伊藤孝行（2018）「エージェント技術に基づく大規模合意形成支援システムの創成」『経営システム』

井上明人（2012）『ゲーミフィケーション——ゲームがビジネスを変える』NHK出版

古賀裕之・谷口忠大（2014）「発話権取引：話し合いの場における時間配分のメカニズムデザイン」『日本経営工学会論文誌』Vol. 65, No. 3, pp. 144-156.

坂井豊貴・藤中裕二・若山琢磨（2008）『メカニズムデザイン——資源配分制度の設計とインセンティブ』ミネルヴァ書房

スロウィッキー, ジェームズ（2009）『「みんなの意見」は案外正しい』小高尚子監訳, KADOKAWA

谷口忠大（2019）「コミュニケーション場のメカニズムデザインに向けたシステム論の構築と展望」『システム制御情報学会論文誌』第32巻第12号, pp. 417-428.

谷口忠大・須藤秀紹（2011）「コミュニケーションのメカニズムデザイン：ビブリオバトルと発話権取引を事例として」『システム／制御／情報』55.8, pp. 339-344.

チクセント, ミハイ（2010）『フロー体験入門——楽しみと創造の心理学』大森弘訳, 世界思想社

中林一貴・益井博史・谷口忠大（2020）「発話権取引を用いた会議の音声認識精度向上——コミュニケーション場のメカニズムにおける制約活用による人工知能活用」『人工知能学会論文誌』35.5: G-K31_1-10.

西垣通（2013）『集合知とは何か——ネット時代の「知」のゆくえ』中央公論新社

ハイエク, F・A（2008）『隷属へ道』（ハイエク全集第I期別巻［新装版］）西山千明訳,

8

　春秋社

マクゴニガル，ジェイン（2011）『幸せな未来は「ゲーム」が創る』妹尾 堅一郎監修、
　早川書房

益井博史・大島崇弘・中林一貴・長橋栄介・谷口忠大（2021）「発話権取引の多人数化
　がコミュニケーション場に与える影響の分析」『システム制御情報学会論文誌』（34
　巻，8号，pp. 219-330）

水山元（2015）「集合知メカニズムとそのビジネスへの応用」『人工知能』Vol. 30, No. 4,
　pp. 417-422.

水山元・鎌田瑛介（2008）「予測市場システムに基づく衆知集約型需要予測法の研究」
　『日本経営工学会論文誌』Vol. 59, No. 4, pp. 330-341.

横尾真（2006）『オークション理論の基礎——ゲーム理論と情報科学の先端領域』東京
　電機大学出版局

　「ビブリオバトル」を15年ほど前に発案したことが、人間のコミュニケーション場に関して僕自身が研究を始める出発点となった。発案の裏側には「人を含んだ自律分散システムの設計と制御」に関する僕自身の学術的な関心と、システム論の視点があった。とはいえ始めのうちは、自分の作ったビブリオバトルが特別であるという自信もなかったし、本書で書いたようなコミュニケーション場に対するアプローチが研究として成立するかどうかもわからなかった。ビブリオバトルに関しては、「我ながら面白いゲームを作れたなぁ。でも、どうせ自分たちの内輪の活動で終わってしまうのかなぁ」と思っていたら、後輩が継承してくれて、他大学の学生団体にも飛び火した。人と人の繋がりからビブリオバトル普及委員会が生まれて、全国、全世界へと広がった。おかげさまで僕はビブリオバトルの発案者として本も論文も書いたし、たくさんの講演もした。ビブリオバトルは多くの人に楽しんでもらえていると思うし、世の中の読書推進やコミュニケーションの場作りにある程度貢献できていると思う。

　さて、ビブリオバトルの成功は、研究者である僕に当然にしてその「一般化」を志させた。そんな中、柳の下の二匹目のドジョウを狙って作ったのが発話権取引だ。そして「一般化」の理論として構想を始めたのが「コミュニケーション場のメカニズムデザイン」になる。2012年頃のことだ。それ以降、様々な出会いがあったし、様々な議論や発見をした。自由な発想と、幸福なめぐり合わせ、そして研究室の学生や関係研究者との議論と努力が、僕らを「コミュニケーション場のメカニズムデザイン」まで連れてきてくれた。

　しかし、本書のテーマである「コミュニケーション場のメカニズムデザイン」の概念そのものを研究推進し、ひとまとまりの情報としてまとめて発信する機会を得ることはなかなかなかった。

そんな中、2017年の夏にパーラメンタリーディベートを推進するPDA
の中川さんと、共通の友人を通じて出会った。また、劇団の演出家をしな
がら演劇ワークショップについて実践と普及を行う劇団の蓮行さんと再会
した。それがビブリオバトルとディベートと演劇ワークショップの融合の
場として「コミュニケーション場のメカニズムデザイン」を考える契機に
なった。そこから立ち上がったプロジェクトがJST未来社会創造事業
『「知」の循環と拡張を加速する対話空間のメカニズムデザイン』（代表：谷
口忠大）（2017年〜2020年）という延べ2年半間のプロジェクトである。その
プロジェクトへと、本書の共著者でもある井之上さんや、共同監修の石川
さんが合流することになった。

　このプロジェクトの中で、僕たちは「コミュニケーション場のメカニズ
ムデザイン」の議論を進めることができた。プロジェクトが終わる最後の
合宿で、僕と石川先生で提案した。「最後に一冊の本にまとめよう」と。
そして始まったのが本書籍の執筆プロジェクトである。

　この10年間の旅路の果てに、僕らの活動や思考、研究の成果を、一冊
の本をまとめられたことを大変嬉しく思う。またこの本がコミュニケー
ションの改善に関わる研究を行う研究者にとって、新たな橋頭堡となれば
これに勝る喜びはない。

　ところで、僕の専門は広く「創発システム」であり、人工知能やロボ
ティクスの研究者だと説明されることが多い。僕にとっては人々のコミュ
ニケーションを支えるダイナミクスが最大の関心事だ。人間の心や知能の
起源を知るという意味においても。その意味でも僕個人にとって本書を刊
行できた意義は大きい。なお人工知能やロボティクスとコミュニケーショ
ン場のメカニズムの接点について興味を持っていただけた読者は『賀茂川
コミュニケーション塾——ビブリオバトルから人工知能まで』もご一読
いただければ幸いである。

　最後に謝辞をいくつか。ビブリオバトルに関しては全国のビブリオバト
ル普及委員会のメンバーやそれに関わる活動の参加者すべてに感謝した
い。皆さんの活動があるおかげでビブリオバトルの今がある。室蘭工業大
学の須藤秀紹先生には今回共著者に入ってはいただかなかったものの、構

想初期段階においてご助力いただいた。また本書で紹介した谷口の関わる研究の多くは、立命館大学創発システム研究室に在籍した学生たちとの共同研究の成果である。また本書で紹介した研究の一部は上記のJST未来社会創造事業（JPMJMI17C7）の支援を受けたものである。運営統括の國枝秀世先生始めアドバイザーの先生方、また担当の濱田志穂氏（JST）を始め関係者にはお世話になった。あわせて感謝を述べたい。

僕らの研究そのものもコミュニケーション場の上で進んでいく。三人寄れば文殊の知恵。ではもっと多くの人々がコミュニケーション場について考えればどんな知恵が生まれるのだろうか？　この本が一つのきっかけとなり、さらに多くの人がコミュニケーション場の研究や改善に参画し、この分野を推進してくださることを心から願っている。

谷口忠大

谷口氏が中核となり進められていたJST未来社会創造事業のプロジェクトに声をかけていただいたのが2017年後半。当時はこのプロジェクトの意義をあまり理解しないまま参加していた。実際、ここでのアプローチは私の専門とするゲーム理論のコミュニケーション研究とかけ離れており、谷口氏が当時から強調していたメカニズムデザインの応用方法も経済学における標準的なものとはかけ離れていた。しかしこのプロジェクトに関わることで、ゲーム理論が重要な研究対象を逃しているのでは？　と考えるに至り、現在では本プロジェクトは経済学および社会科学全般に重要な示唆を与えると感じている。

ゲーム理論におけるコミュニケーション研究と本プロジェクトが異なるアプローチにみえる理由の一つは、ゲーム理論が微積分などの解析的数学を多用しており、分析対象もその俎上に載るものが中心となっているからだ。経済学では価格や数量などを表す実数値がどのように決定されるかを分析するため、ゲーム理論を応用しやすい。

一方で、日常会話に始まり議論における発話の選択や主義・主張の伝達など、一般的なコミュニケーションの問題は標準的なゲーム理論では分析が難しい。ゲーム理論では発話者の個々の選択肢は記号として用いられ言

語的な意味を持たない。均衡として達成される選択の組み合わせが、結果
的に社会でなんらかの意味を持つと解釈される。例えば交渉問題をゲーム
理論で分析する際には、交渉に臨む個々人の利益が高くなる選択が均衡と
して達成されるが、その選択肢の言語的な意味を問うことはない。

　しかし私たちが日常で行うコミュニケーションの多くは、言葉の意味に
考えながら何を発言するかが選ばれる。気持ちや考えを伝える時や意見を
異にする人々の合意形成ではもちろん、契約や協定なども意味を考慮して
記述される。そこでは決して個々人の利益を高めるためだけに記号が羅列
されるわけではない。コミュニケーションの分析ではこのように言葉の意
味的側面を考慮しながら、経済・社会活動の理解を深めていかなければな
らない。本書で紹介されたビブリオバトル、ディベートや件の宣言は、
様々な意味の連なりで形成されている「場」なのだ。意味を考えながら言
葉の選択がどのように行われているのか、場の役割として何が必要なのか
を考えることで、ひいては社会的な慣習や民主主義・経済制度の再考にも
つながる。

　もちろんこうした考察はこれまでも言語学をはじめとして、社会学や人
類学・心理学でも行われてきた。第7章でも紹介されている議論学もその
一翼を担っている。そうした蓄積にゲーム理論的な視点を導入することで
今後の研究の大きな飛躍を期待したい。そして本書がその発端になれば幸
いである。最後になるが、私にとっては二冊目となる編著書の編集担当
を、一冊目と同様に永田透氏に担ってもらえたことは幸せであった。様々
な分野の著者が集い、新しい分野を切り開こうとする本書を出版に導いて
くれたことに感謝したい。

石川竜一郎

# 索引

【編著者】　谷口忠大 (たにぐち　ただひろ)

立命館大学情報理工学部教授。京都大学大学院工学研究科精密工学専攻博士課程修了。博士（工学）。専門分野は人工知能、創発システム、コミュニケーション場のメカニズムデザイン、記号創発ロボティクス。
著書に『ビブリオバトル——本を知り人を知る書評ゲーム』（文藝春秋、2013年）、『記号創発ロボティクス——知能のメカニズム入門』（講談社、2014年）、『賀茂川コミュニケーション塾——ビブリオバトルから人工知能まで』（世界思想社、2019年）、『心を知るための人工知能——認知科学としての記号創発ロボティクス』（共立出版、2020年）などがある。


石川竜一郎 (いしかわ　りゅういちろう)

早稲田大学国際学術院教授。一橋大学大学院経済学研究科博士後期課程単位取得退学。博士（経済学）。専門分野は理論経済学、ゲーム理論。
著書に『制度と認識の経済学』（共編著、NTT出版、2013年）、論文に「コミュニケーションの場の動的ゲーム論理」『システム制御情報学会論文誌』Vol. 32, No. 12, pp. 429–438, 2019, It is not just confusion! Strategic uncertainty in an experimental asset market, *Economic Journal*, vol. 127(Oct.): F563-F580, 2017（共著）などがある。


【執筆者】　益井博史 (ますい　ひろふみ)

［編者除く執筆順］

一般社団法人ビブリオバトル協会事務局長。神戸大学理学部地球惑星科学科卒業。学士。専門分野は読書教育、ワークショップデザイン。
著書に『ソロモン諸島でビブリオバトル』（子どもの未来社、2020年）、論文に「ビブリオバトルにおける発表順のチャンプ本決定への影響分析」『システム制御情報学会論文誌』第32巻, 12号, pp. 439-445, 2019（共著）などがある。


中川智皓 (なかがわ　ちひろ)

大阪府立大学大学院工学研究科機械工学分野准教授。東京大学大学院工学系研究科産業機械工学専攻博士課程修了。博士（工学）。専

門分野は機械力学。

著書に『授業でできる即興型英語ディベート』（ネリーズ出版、2017年）、論文に「パーラメンタリーディベート（即興型英語ディベート）における議論の整理と評価の一考察」『システム制御情報学会論文誌』Vol. 32, No. 12, pp. 446–454, 2019（共著）などがある。

## 蓮行 (れんぎょう)

京都大学経営管理大学院特定准教授。劇団衛星代表、劇作家、演出家、俳優。京都大学大学院経営管理研究科経営管理学専攻修了。経営学修士（専門職）。専門分野は演劇、コミュニケーションデザイン、ワークショップデザイン。

著書に『演劇コミュニケーション学』（共著、日本文教出版、2016年）、『コミュニケーション力を引き出す――演劇ワークショップのすすめ』（PHP出版、2009年）がある。

## 末長英里子 (すえなが　えりこ)

京都大学経営管理大学院特定助教。京都大学大学院農学研究科森林科学専攻修了。修士（農学）。専門分野は演劇教育、ワークショップデザイン。

論文に「議論における極の数の設計がコミュニケーション場に及ぼす影響：件の宣言を対象とした2極条件と4極条件の比較実験による評価」『システム制御情報学会論文誌』Vol. 32, No.12, pp.455-466, 2019（共著）などがある。

## 井之上直也 (いのうえ　なおや)

Postdoctoral Associate, Department of Computer Science, Stony Brook University. 東北大学大学院情報科学研究科博士後期課程修了。博士（情報科学）。専門分野は自然言語処理。

論文にR4C: A Benchmark for Evaluating RC Systems to Get the Right Answer for the Right Reason, Proceedings of the 58th Annual Meeting of the Association for Computational Linguistics（ACL2020）, pp. 6740-6750, 2020（共著）, 「論述構造解析におけるスパン分散表現」『自然言語処理』Vol.27, No.4, pp. 753-779, 2020（共著）などがある。

## コミュニケーション場のメカニズムデザイン

2021 年 10 月 20 日　初版第 1 刷発行

編著者―――谷口忠大・石川竜一郎

発行者―――依田俊之

発行所―――慶應義塾大学出版会株式会社
　　　　　〒108-8346　東京都港区三田 2-19-30
　　　　　TEL　〔編集部〕03-3451-0931
　　　　　　　　〔営業部〕03-3451-3584〈ご注文〉
　　　　　　　　〔　〃　〕03-3451-6926
　　　　　FAX　〔営業部〕03-3451-3122
　　　　　振替　00190-8-155497
　　　　　https://www.keio-up.co.jp/

装　丁―――米谷豪

ＤＴＰ―――アイランド・コレクション

印刷・製本―――中央精版印刷株式会社

カバー印刷―――株式会社太平印刷社